D1687921

Employer Reputation

Das Konzept „Arbeitgebermarke" neu denken.

Torsten Bittlingmaier, Bernhard Schelenz (Hrsg.)

Employer Reputation

Das Konzept „Arbeitgebermarke" neu denken.

Torsten Bittlingmaier, Bernhard Schelenz (Hrsg.)

1. Auflage

Haufe Gruppe
Freiburg · München

Bibliografische Information der Deutschen Nationalbibliothek
Die Deutsche Nationalbibliothek verzeichnet diese Publikation in der Deutschen Nationalbibliografie; detaillierte bibliografische Daten sind im Internet über http://dnb.dnb.de abrufbar.

Print ISBN: 978-3-648-07182-3 Bestell-Nr. 14014-0001
EPUB ISBN: 978-3-648-07183-0 Bestell-Nr. 14014-0100
EPDF ISBN: 978-3-648-07184-7 Bestell-Nr. 14014-0150

Torsten Bittlingmaier, Bernhard Schelenz (Hrsg.)
Employer Reputation
1. Auflage 2015

© 2015 Haufe-Lexware GmbH & Co. KG, Freiburg
www.haufe.de
info@haufe.de
Produktmanagement: Jutta Thyssen

Lektorat: Nicole Jähnichen, www.textundwerk.de
Satz: Reemers Publishing Services GmbH, 47799 Krefeld
Umschlag: RED GmbH, 82152 Krailling
Druck: Schätzl Druck, 86604 Donauwörth

Alle Angaben/Daten nach bestem Wissen, jedoch ohne Gewähr für Vollständigkeit und Richtigkeit. Alle Rechte, auch die des auszugsweisen Nachdrucks, der fotomechanischen Wiedergabe (einschließlich Mikrokopie) sowie der Auswertung durch Datenbanken oder ähnliche Einrichtungen, vorbehalten.

Inhaltsverzeichnis

Vorwort		**13**
1	**Der Weg zu einem neuen Verständnis der Arbeitgebermarke**	**17**
	Torsten Bittlingmaier	
1.1	Gestern: Employer Branding als gute Idee	17
1.2	Heute: Kritische Stimmen	18
1.3	Morgen: Neue Strategien für den Arbeitnehmermarkt	20
	1.3.1 Die Macht der sozialen Medien	21
	1.3.2 Das Unternehmen der Zukunft	21
1.4	Employer Reputation	22
2	**Der gute Ruf als Arbeitgeber: HR Touchpoint Management**	**23**
	Bernhard Schelenz	
2.1	Vielfalt zählt	23
2.2	Erfolg auf dem Markt der Meinungen	24
2.3	Das Ranking als Maß aller Dinge?	24
2.4	Der Personalmarkt ist ein Debattierclub	26
2.5	Faktoren, die begeistern	27
2.6	Wachstum von innen nach außen	28
2.7	Die eigene Position definieren	29
2.8	Den strategischen Rahmen setzen	30
2.9	Mehr als eine Markenbotschaft	31
2.10	Keine Angst vor der kritischen Story	32
2.11	Gefragt: Reputationsmanagement	33
2.12	Mit HR Touchpoint Management zum Reputationserfolg	34
2.13	Die richtige Balance finden	36
3	**Von nichts kommt nichts – Reputation kommt von Kommunikation!**	**39**
	Andreas Scheuermann	
3.1	Wie kommunizieren Unternehmen?	39
	3.1.1 Kaufen, kaufen, kaufen	39
	3.1.2 Jenseits des Kunden	40
	3.1.3 Angst und Abwehrhaltung	41
	3.1.4 Kommunikation ist Beziehungsarbeit	42

Inhaltsverzeichnis

3.2	Woher kommt unser Image?	43
	3.2.1 Der Eindruck zählt	43
	3.2.2 Die Marke als Abkürzung im Hirn	45
3.3	Was ist Employer Branding?	46
	3.3.1 Woher Employer Branding kommt	46
	3.3.2 Die Arbeitgebermarke	47
	3.3.3 Nur ein theoretisches Problem?	47
	3.3.4 Wir sind wir und wir sind anders	48
3.4	Woran mangelt es dem üblichen Employer Branding?	50
	3.4.1 Alles nur ein Missverständnis?	50
	3.4.2 Kampagne oder Kontinuität?	51
	3.4.3 Die Sieben Todsünden des Employer Branding	51
3.5	Employer Branding oder Employer Reputation?	52
	3.5.1 Nur Begriffsverwirrung?	52
	3.5.2 Der Realitätstest	53
	3.5.3 Arbeitswelt ist Zukunftsthema	54
4	**Trendsetter statt Mitläufer – Reputation statt Branding**	**55**
	Stephan Grabmeier	
4.1	Employees first! Warum die Mitarbeiter an erster Stelle stehen sollten	55
4.2	Von der Unternehmenskultur zur attraktiven Arbeitgebermarke und zum besseren Ansehen des Unternehmens	57
	4.2.1 Was wollen Mitarbeiter heute?	57
	4.2.2 Damit Sie nicht zur Runkelrübe werden	58
	4.2.3 Integriertes Personalmarketing mit dem „Employer Branding Canvas"	59
	4.2.4 Die „Wunderkinder" der Generation Y	62
4.3	Kulturtransformation jetzt!	63
	4.3.1 Werte in Unternehmen umsetzen	64
	4.3.2 Wenn Unternehmenskultur sichtbar wird: Räume und Kleidung	65
	4.3.3 Employer Branding 2.0 ist zu wenig – soziale Netzwerke prägen die Reputation	67
4.4	Begeisterte Mitarbeiter rekrutieren neue Mitarbeiter	68
5	**Vom Werden und Vergehen von Begriffen – Employer Reputation und Employer Branding**	**71**
	Prof. Dr. Markus Hundt	
5.1	Vorbemerkung	71
5.2	Begriff, Ausdruck, Konzept	72
5.3	Begriffe prägen und besetzen	74
5.4	Employer Brand, Employer Branding, Employer Reputation	78
5.5	Risiken und Chancen einer neuen Begriffsprägung	81
5.6	Fazit	84

6	**Employer Reputation und digitale Transformation – (k)eine Frage der Generationen?**	**87**
	Robert Franken	
6.1	Generation Feel Good?	87
6.2	Ein Kicker – und was dann?	89
6.3	Neue Strategien sind gefragt	91
6.4	Sinnsuche der neuen Arbeitnehmerschaft	91
6.5	Mensch statt Ressource	92
6.6	Loyalität durch Beziehungen	93
6.7	Multiplikatoren und soziale Medien	94
6.8	Transparenz ist die neue Norm	95
6.9	Digitale „Change Agents"	95
6.10	Renaissance der HR?	97
6.11	Agiles Recruiting	98
6.12	Wege zur positiven Employer Reputation	100

7	**Welche Faktoren wirken sich positiv auf die Employer Reputation aus? Eine empirische Analyse**	**103**
	Kristina Bierer	
7.1	Warum Employer Branding nicht (mehr) ausreicht	103
7.2	Employer Brand, Employer Reputation und Corporate Reputation – die Unterschiede	105
7.3	Wie entsteht eine positive Employer Reputation bei der Generation Y?	107
7.4	Ausblick	112

8	**Der gute Ruf ist kein Geschenk**	**115**
	Oliver Gerrits	
8.1	Von Marke und Ruf	115
8.2	Haltung statt Ethik	116
8.3	Kampagnenmanagement 1.0	117
8.4	Einfache Botschaften senden	118
8.5	Positives Image über negative Eindrücke?	119
8.6	Den Sinn sichtbar machen	120
8.7	Image von innen nach außen bilden	121
8.8	Herz und Hirn erreichen	122
8.9	Einzigartigkeit herausstellen und beweisen	123
8.10	Reputation zum Branding abgrenzen	124
8.11	Mit Frechmut siegen	125
8.12	Guten Ruf organisieren und belegen	126

Inhaltsverzeichnis

9	**Die Markenakademie: Wie Mitarbeiter zu Botschaftern für das Arbeitgeberimage werden**	**129**
	Isabel Ihm	
9.1	Gesucht: Mitarbeiter als Markenbotschafter	129
9.2	Mitarbeiter in den Mittelpunkt!	130
9.3	Gelebte Unternehmenskultur als Anker	134
9.4	Darum geht's: die Inhalte der Trainings	135
9.5	Phase 1: Gut begonnen ist halb gewonnen	135
9.6	Phase 2: Alles eine Frage der Planung und Organisation	138
	9.6.1 In Führung gehen und lenken	139
	9.6.2 Kommunikation, die begleitet	140
9.7	Phase 3: Aktiv gestalten und umsetzen	141
	9.7.1 Und der Nutzen für die Mitarbeiter?	142
	9.7.2 Vom Ideenfeuerwerk hin zu strategischen Lösungen	143
9.8	Phase 4: Ergebnisse bewerten und Transfer planen	143
9.9	Der Kreis schließt sich	145
10	**Erfolgreiche Employer Reputation braucht interne Kommunikation**	**147**
	Werner Idstein	
10.1	Wenn Mitarbeiter zu Botschaftern werden	147
10.2	Studienergebnisse belegen Einfluss der Mitarbeiter	148
10.3	Mitarbeiterkommunikation und Unternehmenskultur	150
10.4	Testimonials: Mitarbeiter als Botschafter	151
10.5	Tue Gutes und rede darüber	152
10.6	Werte im Realitätscheck	153
10.7	Von innen nach außen	155
	10.7.1 Analyse des Ist-Zustands	155
	10.7.2 Konzeption von Maßnahmen	156
10.8	Corporate Publishing und Content Marketing	157
11	**Der gute Ruf im Social Web**	**159**
	Prof. Dr.-Ing. Manfred Leisenberg und Prof. Dr. Walter Niemeier	
11.1	Social Media als Chance für den Mittelstand	159
11.2	Social Media Optimisation (SMO) im Kontext von Employer Reputation, Recruiting und Employer Branding	163
	11.2.1 SMO-Schritt 1: Teil der Recruiting-Community am Arbeitsmarkt werden	165
	11.2.2 SMO-Schritt 2: Recruiting-Community effektiv in Kommunikation und Employer Reputation integrieren	166
	11.2.3 SMO-Schritt 3: Erfolgskontrolle	167

11.3	Arbeitgeberbewertungsportale – Chancen und Risiken für die mittelständische Praxis	168
	11.3.1 Arbeitgeberbewertungsportal-Funktionsbereiche	168
	11.3.2 Arbeitgeberbewertungsportale im Überblick	172
	11.3.3 Vergleich der Bewertungsportale	181
	11.3.4 Was tun bei negativen Bewertungen?	183
11.4	Ranking und Reputation mittelständischer Unternehmen	184
11.5	Mit Social Media erfolgreich im War for Talent	186

12 Employer Reputation und Arbeitgebermarke als messbare Größen?   189
Thorsten Ziemann

12.1	Die Grenzen der Messbarkeit	189
12.2	Personalcontrolling als Treiber	190
12.3	Wichtig ist, was hinten rauskommt	191
12.4	Passgenau arbeiten	192
12.5	Präferenzen exakt ermitteln	193
12.6	Schlüsselfaktor Führung	194
12.7	Indikator „Strategic Readiness"	195
12.8	Was das Engagement ausmacht	196
12.9	Transparenz gewinnen	199
12.10	Die Innensicht zählt	199
12.11	Die Marke hinterfragen	201

13 Werteorientierte Unternehmenskultur   203
Petra Lewe

13.1	Werteorientierte Unternehmenskultur	203
13.2	Was bringt Werteorientierung im Unternehmen?	204
13.3	Wertekultur als Zukunftskultur	204
13.4	Die Zentrifugalkraft in der Gesellschaft	205
13.5	Authentische Wertekultur	206
13.6	Ansätze zur Kulturentwicklung	207
13.7	Vitale Wertekultur	209
13.8	Konsequenzen für das Führungsverhalten	211
13.9	Der unternehmensbezogene Werteprozess	212

14 Warum es sich lohnt, über Employer Reputation nachzudenken   215
Dr. Manfred Böcker

14.1	Ein Rückblick auf Arbeitgeberwerbung	215
14.2	Employer Branding – Mission erfüllt?	217

Inhaltsverzeichnis

14.3	Fehler aus der Employer-Branding-Praxis	220
	14.3.1 Fehler Nr. 1: Bewerber sind blöd	220
	14.3.2 Fehler Nr. 2: Brauchst du? Kriegst du!	221
	14.3.3 Social Media: eine Frage des richtigen Kanals	223
	14.3.4 Auf die Botschaft kommt es an	225
14.4	Pressearbeit und Arbeitswelten	227
14.5	Auf dem Weg zur atmenden Arbeitgeberkommunikation	229

Die Herausgeber   231

Die Autoren   233

Stichwortverzeichnis   237

Literaturverzeichnis   241

*Unser Kopf ist rund, damit das Denken
die Richtung wechseln kann.*

Francis Picabia (1879 – 1953)

Vorwort

Die Bedeutung der Reputation für den Geschäftserfolg eines Unternehmens ist unstrittig. So belegt eine Studie von Serviceplan aus dem Jahr 2012, dass rund ein Viertel des Umsatzes von ausgewählten DAX 30-Unternehmen von deren Reputation abhängt. Der Reputationserlös — also der Erklärungsanteil von Reputation am Umsatz — lag z.B. bei VW im Jahr 2010 bei 37,1 Milliarden Euro. Bei einem solchen Ergebnis kann man den guten Ruf durchaus als Geschäftsmodell ansehen. Soziologen nennen Reputation den „Schatten der Vergangenheit". Ist der Ruf einmal im kollektiven Gedächtnis archiviert, hat er Bestand. Der Investor Warren Buffett warnt: „Es dauert zwanzig Jahre, sich eine Reputation zu erwerben, und fünf Minuten, sie zu verlieren." Der Satz fiel vor dem Siegeszug von Social Media. Heute dauert es fünf Sekunden, den Ruf eines Unternehmens nachhaltig zu zerstören.

Am Wert des „guten Rufes" hat sich indes nichts verändert. Der Grund ist simpel: Reputation ist eine Grundvoraussetzung für gesellschaftliches Miteinander. Wer um den guten Leumund eines anderen weiß, der kann ihm einen Vertrauensvorschuss geben. Das ist u. a. für den Handel elementar: Der „ehrbare Kaufmann" aus Thomas Manns „Buddenbrooks" macht nicht wegen seiner schönen Augen gute Geschäfte, sondern weil seine Geschäftspartner sich erkundigt hatten, ob ihm zu trauen ist. Der „gute Ruf" hat auch heute in unserer digitalen Welt nichts an Relevanz eingebüßt. Wer bei der Verkaufsplattform eBay schlechte Bewertungen hat, erleidet mit Sicherheit Umsatzeinbußen.

Reputation bedarf eines Senders, der seinen Ruf aufbaut, und eines Empfängers, der diese Information bewertet. Jedes Unternehmen hat einen Ruf. Und damit auch das Unternehmen als Arbeitgeber. Für eine glaubhafte Arbeitgebermarke ist es in der Außen- und Innenwirkung unabdingbar, dass sowohl die Kommunikation als auch das Produkt stimmen, d.h., es genügt nicht, das Arbeitsklima oder das Arbeitszeitmodell nur attraktiv zu vermitteln, es muss auch inhaltlich überzeugen. Konzerne und Mittelständler haben in den vergangenen Jahren intensiv daran gearbeitet, ihre Arbeitgebermarke zu pflegen, sicherlich oft durchdacht und fundiert. Sie betreiben fleißig Arbeitgeberimagewerbung, besser bekannt als „Employer Branding". Seit Ende der 1990er Jahre ist diesbezüglich viel passiert. Viel Kluges wurde gesagt und geschrieben. Doch herausgestellt hat sich mittlerweile auch: Employer Branding fehlt oft die dauerhafte und stabile Verankerung, vielfach bildet „Branding" eben nur ein Momentum ab. Zudem wirkt das Branding oft oberflächlich und werblich konstruiert.

Wir glauben, es ist Zeit für einen Paradigmenwechsel. Die bloße „Markierung", das Brandzeichen, wofür der englische Begriff Branding steht, reicht nicht mehr aus,

Vorwort

um Menschen für ein Unternehmen zu begeistern und sie zu binden. Es geht um viel mehr: um das Ansehen, die Reputation.

Nur dort, wo Menschen und Unternehmen gemeinsam jeden Tag erleben, dass sie die gleichen Werte teilen und kulturell zueinander passen, wachsen die besten Fürsprecher, Markenbotschafter heran. Und diese sind dringend nötig, wenn ein Unternehmen im „War for Talent" bestehen will. Die Bewerber suchen sich Arbeitgeber zunehmend weniger nach den Aspekten Verdienst oder Karriere aus, sondern nach dem Wohlfühlfaktor. Sie steigen dort ein, wo sich die eigenen Werte vermeintlich mit denen des potenziellen Arbeitgebers decken. Werden in einem Unternehmen Werte nur behauptet, statt sie wirklich zu leben, sind die Beschäftigten enttäuscht. Wer als Arbeitgeber dagegen mit seinem Ansehen überzeugt und Werte authentisch lebt, statt sie nur auf der Tonspur zu versprechen, wird langfristig Erfolg im Arbeitsmarkt haben: Er wird zum Magneten für leistungsstarke, motivierte Mitarbeiter, die sich dauerhaft — oder je nach Lebenssituation auch nur temporär — an das Unternehmen binden wollen. Ein Unternehmen, das von innen heraus strahlt, muss nicht mühsam außen an der Oberfläche poliert werden.

Die Arbeitgebermarke, die Employer Brand, ist ständiger Erosion ausgesetzt, wird permanent neu erdacht und kann meist keine tiefen Wurzeln schlagen. Der Ruf als Arbeitgeber, die Employer Reputation, dagegen gründet tiefer. Wir plädieren daher dafür, auf das Konzept der Employer Reputation zu setzen, weil nur dieses auf Langfristigkeit zielt. Als versierte HR-Berater und HR-Kommunikatoren mit insgesamt fast 50 Jahren Berufserfahrung haben wir in der alltäglichen Arbeit mit unseren Kunden oft festgestellt, dass das Begriffskonzept „Employer Branding" zu einem Plastikwort verkommen scheint und längst nicht mehr ausreichend beschreibt, um was es eigentlich geht: den Arbeitgeber langfristig, authentisch und merkmalsdifferenzierend im Markt zu positionieren, statt mit bunten Bildern und kessen Sprüchen Werbung zu machen. Es gilt, das oft erstarrte Konzept des „Markierens" aufzugeben und stattdessen im Sinne einer atmenden Arbeitgeber-Reputation zu agieren: weg vom Permanent Make-up, hin zur täglichen Gesichtspflege beim Blick in den Spiegel. Dabei geht es nicht einfach um den Austausch von zwei Bezeichnungen. Es geht um das Offenlegen eines neuen Denkens, das dann möglich wird, wenn wir die Dinge, die wir wirklich meinen, mit dem treffenden Begriffskonzept „Employer Reputation" neu benennen.

Mit dem neuen Konzept wollen wir Personalern, Kommunikatoren und Marketingspezialisten einen neuen Denkansatz für nachhaltiges Arbeiten am guten Ruf als Arbeitgeber an die Hand geben. Wir wenden uns mit diesem Buch an Theoretiker und Praktiker, die sich mit den Aufgaben „Mitarbeitergewinnung" und „Mitarbeiterbindung" beschäftigen.

Das Buch soll zur Auseinandersetzung mit bestehenden Employer-Branding-Konzepten und unseren Ideen zum noch neuen Thema Employer Reputation einladen. Google listet im Juni 2015 weit mehr als zehnmal so viele Einträge für „Employer Brand" als für „Employer Reputation". Wir glauben, dass es umgekehrt sein müsste! Auf unseren Artikel zum Thema im Personalmagazin („Mehr als eine Marke" im Mai 2014) erhielten wir positives Feedback. Der entsprechende Wikipedia-Eintrag wird immer öfter aufgerufen. Dies und die Reaktionen auf unser Webinar „Employer Reputation" gaben den Anstoß zu diesem Buch.

Es bietet Ihnen kein fertiges Rezept, keinen neuen Aufguss von Employer Branding; vielmehr offeriert es einen ganzen Strauß unterschiedlicher Sichten auf das Thema — von Menschen, die sich professionell und aus völlig unterschiedlichen Blickwinkeln damit auseinandergesetzt haben. Es soll zu einer offenen und zukunftsweisenden Diskussion anregen. Dass sich in der Praxis erfahrene HR- und Kommunikationsexperten und Unternehmensvertreter als Co-Autoren zur Verfügung stellten und so eine enorme Vielfalt an Ideen und Impulsen rund um das Thema ermöglichen, mag als weiteres Indiz für folgende Tatsache gelten: Die Zeit ist reif, das Konzept „Arbeitgebermarke" neu zu denken, reif für Employer Reputation.

Mit diesem Herausgeberband möchten wir zu einem unvoreingenommenen fachlichen Austausch anregen. Wir danken allen Autoren für ihren unverstellten Blick und die Präsentation ihrer Ideen und Gedanken im Kontext des Employer Reputation Models.

Torsten Bittlingmaier					Bernhard Schelenz

Juni 2015

1 Der Weg zu einem neuen Verständnis der Arbeitgebermarke

Autor: *Torsten Bittlingmaier*

Als Bernhard Schelenz und ich uns erstmals über Arbeitgebermarken unterhielten, kamen wir sehr schnell zur Überzeugung: Die Employer-Branding-Konzepte, die seit vielen Jahren und mit großem Aufwand vorangetrieben wurden, haben den erwünschten Erfolg bei weitem nicht erzielt. Und die Wahrscheinlichkeit sinkt, dass sie es in Zukunft tun werden. Es ist daher höchste Zeit, über neue Lösungsansätze nachzudenken.

1.1 Gestern: Employer Branding als gute Idee

Es ist noch gar nicht so lange her, da war Markenarbeit mit Bezug auf das Arbeitgeberimage noch Neuland — insbesondere für die Personalarbeit deutscher Unternehmen. Laut Wikipedia tauchte der Begriff „Employer Brand" erstmals 1996 in einem gleichnamigen Fachartikel von Tim Ambler und Simon Barrow im Journal of Brand Management auf, einem Fachmagazin für Markenarbeit also. Die Idee mag etwas älter sein, der Begriff und die konzeptionelle Auseinandersetzung mit dem Thema sind es aber nicht.

Die zeitweise intensive Arbeit einiger Unternehmen an ihrer Arbeitgebermarke hat einiges bewirkt: Es entstanden gute Konzepte für Employer Brands. Sie gaben Orientierung und Ausrichtung und sorgten zum Teil dafür, dass eine ganz neue Funktion innerhalb der Personalabteilung geschaffen wurde. Als reines HR-Projekt jedoch waren die Employer Brands zumeist nur ein Strohfeuer. Nur dort, wo die Zusammenarbeit mit Marketing / Produktmarketing und Kommunikation gesucht und zusätzlich die Wirkung nach innen berücksichtigt wurde, konnte sich die Arbeit an der Arbeitgebermarke dauerhaft etablieren. Oft allerdings erschienen die Ansätze wenig durchdacht und im Unternehmen verankert. Sie entpuppten sich als ein reines Marketinginstrument ohne darunter liegende Substanz.

In Erinnerung bleiben einige gute Kampagnen. Aber wurden tatsächlich Arbeitgebermarken etabliert? Haben Unternehmen nachhaltig von „ihrer" Arbeitgebermarke profitiert — oder waren die Gewinner eher die Beratungsunternehmen, die das Thema rasch in ihr Angebotsportfolio aufnahmen?

1.2 Heute: Kritische Stimmen

Der Berufsverband QUEB (Quality Employer Branding) definiert es auf seiner Homepage wie folgt: Employer Branding hat zum Ziel, in den Wahrnehmungen zu einem Arbeitgeber eine unterscheidbare, authentische, glaubwürdige, konsistente und attraktive Arbeitgebermarke auszubilden, die positiv auf die Unternehmensmarke einzahlt.

Es geht also beim Branding um Wahrnehmung — und nicht um das „tatsächliche Sein". Robert Franken bringt es in seinem Beitrag „Employer Reputation und digitale Transformation — (k)eine Frage der Generationen?" auf den Punkt, wenn er formuliert: „Man könnte Employer Branding ... also als Versprechen und Employer Reputation als dessen Einhaltung verstehen". Und genau da setzt heute die Kritik an bisherigen Branding-Konzepten an. Die Meinungen zum Thema Employer Brand teilen sich grob gesagt in zwei große Lager:

- Auf der einen Seite stehen die Kritiker: Sie sehen das Thema mittlerweile skeptisch, nachdem sie anfänglich viel Gutes darin entdecken konnten. Sie vermissen die erhofften Effekte aus den enormen Bemühungen Arbeitgebermarken aufzubauen.
- Auf der anderen Seite stehen die Befürworter: Sie verteidigen ihre Employer-Branding-Konzepte gegen jede Kritik. Individuell betrachtet oft auch zu Recht, denn sie haben sich ein sehr weitgefasstes Verständnis des Begriffes Arbeitgebermarke zu eigen gemacht — weit über die ursprüngliche Branding-Idee nach der oben genannten Definition hinaus.

Die Kritik an den bisherigen Arbeitgebermarken-Projekten lässt sich in drei wesentlichen Punkten zusammenfassen:

1. Arbeitgebermarken haben keinen relevanten Bekanntheitsgrad erreicht. Fragen Sie sich einmal selbst: Welche Arbeitgebermarken kennen Sie, wenn Sie dabei klar zwischen Arbeitgeber- und Produktmarke trennen?
2. Keine Differenzierung / Abgrenzung zu anderen Unternehmen über die Arbeitgebermarke.
Die Markenwerte sind austauschbar. Machen Sie den Selbstversuch: Lassen Sie sich die Markenwerte einer Arbeitgebermarke nennen und erraten Sie dann das dahinter stehende Unternehmen — es ist nahezu aussichtslos. Im Ergebnis bietet eine solche Arbeitgebermarke damit keinerlei Wettbewerbsvorteil.
3. Es herrscht eine Inkonsistenz zwischen Produktmarke und Arbeitgebermarke. Besonders schwierig ist dabei, dass ein Produktmarkenversprechen meist relativ einfach überprüfbar ist, ein Arbeitgebermarkenversprechen jedoch kaum —

Heute: Kritische Stimmen

zumindest für den externen Bewerber. Die Marke ist eben nur die Verpackung, die das eigentliche Produkt umhüllt — und den Käufer im schlimmsten Falle zu einer falschen Annahme verführt.

Keinesfalls geht es Bernhard Schelenz und mir darum, die mitunter anspruchsvolle Markenarbeit der Personalbereiche und/oder Marketing-/Kommunikationsabteilungen zu diskreditieren. Im Gegenteil: Vieles wurde erreicht, und eine intakte Arbeitgebermarke kann ein wertvolles Element eines umfänglichen Employer-Reputation-Konzeptes sein. Das gilt insbesondere dann, wenn diese Arbeitgebermarke nicht künstlich aufgesetzt wurde, etwa nach dem Motto: „Was immer die Kunden hören wollen …".

> **! WICHTIG**
>
> Echter Wert kann nur entstehen, wenn von innen (Ist-Kultur!) nach außen entwickelt wurde.

Dass reines Branding mit Blick auf den Arbeitsmarkt jedoch nicht (mehr) ausreicht, ist ganz offensichtlich. Als Beleg dafür darf der Erfolg vieler „Mitarbeiter werben Mitarbeiter"-Aktionen gewertet werden: Hier zahlt sich die Reputation des Unternehmens in perfekter Weise aus.

Auch der Beitrag „Trendsetter statt Mitläufer — Reputation statt Branding" von Stephan Grabmeier belegt, dass der Begriff „Employer Branding" zumindest unglücklich gewählt und meist unpassend ist, sofern wir das Verständnis einer Entwicklung von innen nach außen teilen. „Erst die Mitarbeiter, dann die Bewerber", lautet sein Plädoyer. Weiter behandelt Grabmeier die spannende Fragestellung, ob Mitarbeiter tatsächlich Unternehmen prägen — oder ob nicht der umgekehrte Fall der viel wirksamere und nachhaltigere ist. Schließlich legt er die Bedeutung des Wertemanagements und der sozialen Medien für die Reputation eines Unternehmens dar — unter Abwägung aller Chancen und Risiken.

So gesehen liegt zwischen den beiden Meinungen „Branding kritisch sehen" auf der einen und „Bisherige Konzepte verteidigen" auf der anderen Seite nicht unbedingt ein Widerspruch, wenn man den Blick auf die nahe Zukunft richtet: Selbst Konzepte, die heute erfolgreich erscheinen, werden angesichts der enormen Veränderungen in Gesellschaft und Wirtschaft nicht zwingend weiter funktionieren können. Demografie, Fachkräftemangel, Digitalisierung und Demokratisierung der Arbeitswelt verlangen nach radikal neuem Denken und neuen Strategien.

1.3 Morgen: Neue Strategien für den Arbeitnehmermarkt

Der Wandel vom Arbeitgebermarkt mit hoher Arbeitslosigkeit (und den Arbeitgebern als den Umworbenen) hin zum Arbeitnehmermarkt mit Vollbeschäftigung (und Unternehmen, die sich bei potenziellen Mitarbeiterinnen und Mitarbeitern bewerben) verlangt nach neuen Personalstrategien.

Unter anderem werden wir Rekrutierungsstrategien sehen, die erheblich individualisierter sein müssen, als das heute der Fall ist. Stellenausschreibungen nach dem Motto „One Size fits All" werden nicht mehr funktionieren; maßgeschneiderte Angebote werden qualifizierte Bewerber viel eher dazu bringen, in Ihrem Unternehmen einzusteigen. Es wird sein wie beim Autokauf: Sie vertrauen einer etablierten Marke, aber das Fahrzeug, das Sie letztlich ordern, ist individuell für Sie konfiguriert …

Das bedeutet für Sie als Arbeitgeber in einem Arbeitsmarkt der Vollbeschäftigung, dass Brand-Awareness alleine nicht mehr genügt, sondern durch individuell erlebbare Erfahrungen mit dem potenziellen oder tatsächlichen Arbeitgeber angereichert werden muss. Die Summe dieser Erfahrungen bezeichnen wir als Employer Reputation.

Auch mit Blick auf die Arbeitgebermarken hat diese komplette Umkehr des Arbeitsmarktes Folgen. Eigentlich werden Marken etabliert, um der Zielgruppe zu gefallen. Leider waren selbst in der Vergangenheit — also zu einer Zeit, als die Bewerber noch Schlange standen — die Zielgruppen viel zu wenig differenziert, und genauso wenig waren es die Arbeitgebermarken. Wenn wir ehrlich sind, haben die Arbeitgebermarkenkonzepte etablierter Unternehmen heute meist keine spezifische Wahrnehmung bewirkt. Sie sind damit praktisch wertlos. Fragen Sie sich selbst mit Blick auf die DAX-Unternehmen: Welche Employer Brands kennen Sie tatsächlich, und wie signifikant unterscheiden sie sich voneinander? Die ehrliche Antwort lautet: Zu den meisten Unternehmen ist uns keine Arbeitgebermarke bekannt. Und falls doch, so ist sie derart beliebig und austauschbar, dass ein Wettbewerbsvorteil daraus praktisch nicht entstehen kann. In einem Arbeitgebermarkt ist dies relativ unkritisch, auch wenn die Frage nach dem Return on Invest selten positiv zu beantworten ist.

Aber selbst den Unternehmen, denen eine differenzierte Wahrnehmung ihrer Arbeitgebermarke bei relevanten Zielgruppen gelungen ist, droht nun Ungemach: In einem Arbeitnehmermarkt ist, wie beschrieben, eine individuelle Ansprache erfolgskritisch — und gleichzeitig darf die Darstellung des Unternehmens keine möglicherweise relevante Zielgruppe ausgrenzen.

Das führt zu folgendem Dilemma: Eine weitgefasste Arbeitgebermarke ist wirkungslos, eine enggefasste lässt wahrscheinlich die Bewerberpipeline austrocknen.

In dieser Situation werden selbst gute und gut umgesetzte Branding-Konzepte niemals ausreichend sein. Hier greift unser Ansatz, die Reputation des Unternehmens gezielt an den sog. Touchpoints, den Berührungspunkten relevanter Zielgruppen mit dem Unternehmen, zu beeinflussen.

1.3.1 Die Macht der sozialen Medien

Digitalisierung und Social Media machen das Führen einer Arbeitgebermarke enorm aufwendig und schwierig. Personal- oder Marketingabteilung können natürlich steuern, aber das Image des Unternehmens entsteht ganz woanders. Erfolge, Krisen, Skandale werden rasend schnell einem breiten Publikum bekannt — und beeinflussen den Ruf eines Unternehmens womöglich in weit höherem Maße, als eine Employer-Branding-Kampagne das je könnte. Dabei braucht es noch nicht mal großer Skandale, um ein negatives Image zu formen. Einzelmeinungen, die früher unterhalb jeder Wahrnehmung geblieben wären, tragen heute — über Facebook, kununu und Co. in Windeseile und tausendfach verbreitet — massiv zur Imagebildung bei. Die Deutungshoheit bezüglich des guten Rufs eines Unternehmens liegt damit schon lange nicht mehr beim Unternehmen allein.

Ein umfassendes Reputationsmanagement kann darauf reagieren und die Wahrscheinlichkeit positiver Wahrnehmung bzw. realistischer Einordnung von Einzelstimmen zu einem repräsentativen Gesamteindruck deutlich erhöhen. Eine Marke dagegen bleibt starr und leidet bis zur Unglaubwürdigkeit.

1.3.2 Das Unternehmen der Zukunft

Traditionelle Unternehmen sind überwiegend hierarchisch organisiert — und haben sich hohe Effizienz und Umsetzungsgeschwindigkeit oftmals teuer mit einem Mangel an Innovationsfähigkeit erkauft. Unternehmen werden künftig zu einem höheren Anteil als agile Systeme agieren müssen, um dem zunehmenden Innovationsdruck und den Vorstellungen künftiger Arbeitnehmer näher zu kommen, als das die heute vorwiegend hierarchisch organisierten etablierten Unternehmen können. Arbeiten in immer neuen Aufgabenstellungen, mit immer wieder neuen Kolleginnen und Kollegen und ohne eingefahrene Strukturen und lähmende Prozesskorsette — es wird künftig darum gehen, jeweils das Beste aus beiden Welten im Unternehmen zu etablieren.

Der Weg zu einem neuen Verständnis der Arbeitgebermarke

In dieser Arbeitswelt sind starre Arbeitgebermarken kein geeignetes Instrument; vielmehr verlangen vorhandene Employer Brands geradezu nach Einbindung in ein Employer-Reputation-Konzept, um in der Welt agiler Unternehmen erklärbar zu bleiben.

Employer Branding	Employer Reputation
zielt auf Image	zielt auf Vertrauen
ist gemacht	wächst
ist zielgruppendefiniert	ist grundlegend, umfassend
ist werblich	ist authentisch
ist durch Social Media unter Druck	wird durch Social Media gestärkt
Themen: Karriere, Vergütung & Co.	Themen: Ethik, Kultur & Co.

1.4 Employer Reputation

Robert Franken hat Recht, wenn er in seinem Beitrag Employer Reputation als strategischen Ansatz für deutlich komplexer hält als einen reinen Marketingansatz. Von großem Vorteil ist aber, dass das Konzept Employer Reputation punktuell — dosiert — entwickelt und angewendet werden kann.

Das unserer Idee von Employer Reputation zugrundeliegende Touchpoint-Modell — es wird von Bernhard Schelenz in seinem Beitrag „Der gute Ruf als Arbeitgeber: HR Touchpoint Management" ausführlich beschrieben — ersetzt die Starrheit eines Markenkonzeptes durch die in heutigen Zeiten zwingend erforderliche Flexibilität. Relevante Änderungen im Unternehmen oder der Unternehmensumwelt führen zur strategischen oder zumindest operativen Neuausrichtung und zur Änderung von Prioritäten. Wo eine Arbeitgebermarke starr und damit anfällig wird, ist unser Touchpoint-Konzept flexibel und relativ einfach neu auszurichten. Für HR-Verantwortliche ist es die ideale Grundlage der eigenen Strategiearbeit, da es strategische Vorhaben einerseits und operative Unterstützung für das Business andererseits bestens unterstützt. Reputationsmanagement kann angesichts eines Arbeitsmarktes mit Vollbeschäftigung in Teilbereichen zum zentralen Thema künftiger Personalarbeit werden. Bedingung hierfür ist die Verzahnung mit allen Handlungsfeldern modernen Personalmanagements.

2 Der gute Ruf als Arbeitgeber: HR Touchpoint Management

Autor: *Bernhard Schelenz*

Wer ein Unternehmen erfolgreich führen will, muss es im Spannungsfeld zwischen Außenwahrnehmung und Innenrealität ins Gleichgewicht bringen. Reputationsmanagement ist daher ein Gebot der Stunde — vor allem in unsicheren Zeiten. Den „guten Ruf" eines Unternehmens zu gestalten und zu organisieren, ist Aufgabe der HR-Spezialisten in Zusammenarbeit mit der Konzernführung, dem Marketing, der Kommunikation und externen Experten. Nur gemeinsam lassen sich die relevanten Berührungspunkte für erfolgreiches Reputationsmanagement identifizieren und der Ruf des Arbeitgebers intern und extern positiv beeinflussen.

2.1 Vielfalt zählt

Als Arbeitgeber sind Unternehmen heute gefordert, unterschiedlichen Gruppen differenzierte Leistungsversprechen zu geben. Eine umfassende Arbeitgebermarke unter dem Motto „One Brand fits All" kann diese Vielfalt nicht abbilden, ohne zu allgemein und somit belanglos zu werden. Wer nun aber auf die Leitlinie „Jeder Gruppe ihre Arbeitgebermarke" setzt, stellt schnell fest: Es fehlt die verbindende Klammer, die dem Arbeitgeber in seiner Gesamtheit Profil gibt.

Die Arbeitgebermarke und das von ihr vermittelte Bild sind nicht agil genug. Sie folgen in der Regel den personalwirtschaftlichen Zielen und der davon abgeleiteten HR-Strategie. Allerdings steht diese unter Druck: Eine Arbeitgebermarke, die heute noch wirkt, muss morgen vielleicht schon von einer aktuellen, neuen Marke abgelöst werden. Unternehmen können nur dann gewinnen, wenn sie hier zur rechten Zeit wirkungsvoll (nach-)steuern, kontinuierlich schärfen und sich auch vor grundlegenden Neujustierungen nicht scheuen.

2.2 Erfolg auf dem Markt der Meinungen

Die Wahrnehmung eines Unternehmens ist eine zentrale ökonomische und strategische Größe. Genauso wichtig wie der Erfolg im Markt der Produkte ist schließlich der Erfolg im Markt der Meinungen. Im Kommunikationszeitalter, das Mehrheitswahrnehmungen zur eigentlichen Realität macht, entscheidet er über den Erfolg eines Unternehmens.

Früher bestimmte der kommerzielle Erfolg das Renommee eines Unternehmens maßgeblich. Der Einfluss der Außenwahrnehmung wurde bisher von Analysten, Wirtschaftsjournalisten und anderen Meinungsbildnern eher unterschätzt. Der „weiche Faktor" Reputation hat sich inzwischen zunehmend zu einer messbaren Größe entwickelt, die sich managen lässt. Der Ruf eines Unternehmens stellt heute einen wesentlichen Teil der Börsenkapitalisierung dar und macht nach Ansicht mancher Experten bis zur Hälfte des Gesamtwerts eines Unternehmens aus — insbesondere bei feindlichen Übernahmen.

Die Konzernkommunikation und die Personaler müssen im Blick haben, dass es längst nicht mehr nur um Produkte und deren Positionierung geht, sondern auch um die breite Öffentlichkeit, den Kapital- und den Arbeitsmarkt. Die konkrete Produktleistung ist nur ein Teil der Miete, es zählen vor allem der Glaube an den Erfolg und die Verlässlichkeit des Unternehmens. Dass das am Kapitalmarkt gilt, wissen längst alle, die die sensiblen Ausschläge dort verfolgen. Ebenso gilt es für den Arbeitsmarkt. In immer mehr Bereichen fehlen sehr erfahrene und gut ausgebildete Mitarbeiter. Wo Unternehmen hier stehen, verraten nicht unbedingt die klassischen Arbeitgeberrankings. Sie haben nur bedingt Aussagekraft für das Ansehen als Arbeitgeber. Angesichts der Zahl der Arbeitgeberwettbewerbe ist kritisch zu hinterfragen, was genau beim jeweiligen Wettbewerb analysiert wird.

▶ **BEISPIEL**

Wenn nur Studierende ihre Meinung äußern, wird das Image eines Arbeitgebers an den Hochschulen sichtbar. Oder: Werden die Mitarbeiter befragt, ist oft der Zeitpunkt der Stichprobe entscheidend.

2.3 Das Ranking als Maß aller Dinge?

Den klassischen Rankings droht angesichts der Bewertungen in Social Media ein Bedeutungsverlust. Doch was online passiert, ist oft wenig transparent und scheint

2 Das Ranking als Maß aller Dinge?

häufig willkürlich. Bei Arbeitgeberbewertungsportalen beispielsweise ist die Stichprobe zufällig. Personaler können Einfluss nehmen, indem sie zufriedene Bewerber auf die Möglichkeit hinweisen, ihre Erfahrungen in diesen Portalen auszudrücken.

Richtig ist: Mit der Teilnahme an Arbeitgeberwettbewerben bekommt das Unternehmen im Bewerbermarkt Aufmerksamkeit. Wirksam ist ein Ranking auch im Sinne von Akzeptanz beim Topmanagement: Wenn der Chef liest, dass „sein" Unternehmen nur auf Rang 97 liegt, erhöht das oft die Bereitschaft, etwas zu unternehmen: „Vielleicht machen wir mal eine richtig witzige Kampagne?" …

Wie es um den Ruf von Unternehmen bestellt ist, wenn die Binsenweisheit „Bei BMW wird das tolle Auto mit eingepreist, bei Lufthansa der Traum vom Fliegen" wegfällt, lässt sich z.B. bei Blauw Research nachlesen. Bereits seit einigen Jahren führt das niederländische Beratungsunternehmen in Deutschland die Reputationsstudie „Incompany 500" durch. Die Untersuchung besteht aus zwei Stufen.

1. In Stufe 1 wird ermittelt, welche Unternehmen und gemeinnützige sowie staatliche Organisationen zu den Top 500 zählen. Die Befragten sollen frei angeben, bei welchen Unternehmen sie am liebsten arbeiten würden, in welche Unternehmen sie ihr Geld investieren und mit welchen Firmen sie gerne eine Geschäftsbeziehung pflegen möchten. Das Ergebnis: ein Ranking, das zeigt, welche Organisationen in Deutschland hinsichtlich der Reputation eine dominante Rolle spielen. In den Top 50 sind UNICEF und auch die Polizei zu finden.
2. In der zweiten Stufe wird für die Top 50 und deren unmittelbare Wettbewerber die Reputation nach einem Modell näher beleuchtet. Es berücksichtigt nicht nur einige beschreibende Items, sondern auch den Einfluss der Reputation auf das Empfehlungsverhalten. So fließen neben dem Ist-Zustand bei den Faktoren Wettbewerbsfähigkeit, Stabilität, Menschen und Qualität sowie Zugänglichkeit diejenigen Aspekte ein, die im individuellen Fall die größte Wirkung auf das Thema Reputation und damit auf das Empfehlungsverhalten haben. Das Ergebnis ist ein Stärken- und Schwächenprofil, das entscheidende Hinweise gibt, um die Reputation des eigenen Unternehmens zu optimieren.

Noch immer fokussieren sich Manager eher auf den Shareholder-Value und die Wettbewerbsfähigkeit, während ihnen die Verantwortung auf anderen Gebieten nachrangig erscheint. Bei der Suche nach hoch qualifizierten Mitarbeitern ist das kontraproduktiv. „Incompany 500" zeigt, dass Organisationen oder Behörden den High Potentials inzwischen attraktiver erscheinen als viele der großen Unternehmen, weil sie nicht vorrangig den Anteilseigner im Blick haben, sondern andere Prioritäten setzen.

Trotz der zunehmenden Bedeutung der Online-Medien dominieren in bestimmten Bereichen nach wie vor die klassischen Medien (TV, Print und Radio) als Informationsquelle für die Meinungsbildung zur Reputation.

> **BEISPIEL**
>
> Das gilt vor allem, wenn es um den Ruf von Banken geht. TNS Infratest befragte dazu im Herbst 2014 finanzaffine Personen in Deutschland, der Schweiz, Großbritannien, USA und Singapur. Die Ergebnisse: Beim Thema Banken seien Informationen durch klassische Medien weitaus wichtiger als eine Kommunikation in sozialen Medien, so TNS Infratest — trotz des Umstands, dass das durchschnittliche Online-Kommunikationsvolumen über international tätige Banken bereits heute das Volumen der journalistischen Berichterstattung in den klassischen Medien um das Vielfache übertrifft. Selbst die jüngere Zielgruppe der 18- bis 25-Jährigen vertraue hier mehr auf Empfehlungen von Freunden, Familie und auf klassische Medien als auf Beiträge in den sozialen Medien oder auf Werbung.

2.4 Der Personalmarkt ist ein Debattierclub

Doch die moderne Kommunikation nagt an den Arbeitgebermarken. Märkte sind Gespräche. Auch Personalmärkte sind solche Gespräche. Über Medien wie Facebook, Twitter und Portale wie kununu bewerten Mitarbeiter ihre Arbeitgeber. Sie tauschen sich über deren Stärken und Schwächen aus — und nehmen dabei kein Blatt vor den Mund. Keine Arbeitgebermarke ist so gut inszeniert, dass sie nicht im Sperrfeuer eines Shitstorms an Strahlkraft einbüßt.

Das Thema Internet hat auch den Umgang mit dem Ruf eines Unternehmens oder einer Organisation radikal verändert. Die Umweltorganisation Greenpeace — immer schon vorne dabei, wenn es um Reputationsmanagement geht — hat bereits 2008 mehrere Blogs unter blogs.greenpeace.de gestartet, die über Elektroschrott, die Rettung des Urwalds, der Wale und andere Aktionen berichten. So soll online mehr Hintergrundwissen über die einzelnen Aktionen geliefert werden. Vor allem aber geht es darum, die Umweltschutzorganisation im Netz authentisch darzustellen.

Greenpeace verabschiedet sich dabei von der bisherigen news-orientierten Kommunikation und konzentriert sich auf das Storytelling von Personen, die sich bei der Organisation aktiv für den Umweltschutz einsetzen. Das Ziel dieser Strategie: sich erlebbar machen und die Marke auch im World Wide Web stärken. Das Glück für die Umweltaktivisten dabei ist, dass ihre Mitstreiter besonders onlineaffin sind. Die Personenmarken der Blogger strahlen direkt auf die Reputation der Organisation aus und geben der Organisation in der Community ein Gesicht. Aber auch intern wirkt sich die mediale Strategie auf die Reputation von Mitarbeitern aus: Greenpeace ist — wie viele Konzerne auch — multinational aufgestellt. Dank der Blogs kennen sich die Kollegen nun von Angesicht zu Angesicht. Das hilft, eine vertrauensvolle Beziehung zu ihnen aufzubauen.

Vertrauen ist der Schlüsselbegriff für den Ruf. Es entsteht an einer Vielzahl von Punkten. Die Beschäftigten preisen alle wahrnehmbaren Faktoren in ihr Innenverhältnis zum Unternehmen ein. Wer glaubt, allein über Karriereversprechen und üppige Vergütung punkten zu können, liegt falsch.

„In Zukunft wird die Mitarbeiterzufriedenheit und -bindung darüber entscheiden, ob ein Unternehmen wettbewerbsfähig, leistungsstark und erfolgreich bleibt", heißt es im Kapitel „Employer Value Management" des von Armin Trost herausgegebenen Buches „Employer Branding". Und weiter: „Scheinbare Kleinigkeiten wie das Kantinenessen, die Nutzung von Social Media während der Arbeitszeit, Kreativecken, die Arbeitsplatzausstattung, Maßnahmen zur Balance von Arbeit und Freizeit, die Ausrichtung auf künftige bildungspolitische Themen etc. werden mitentscheidend dafür sein, dass ein Arbeitgeber zumindest als attraktiv wahrgenommen wird oder im Idealfall zum echten ‚Employer of Choice' aufsteigt."[1]

2.5 Faktoren, die begeistern

Geld und Macht als zentrale Treiber, das war einmal. Bei Great Place to Work®, einem international tätigen Forschungs- und Beratungsinstitut, werden die Faktoren ermittelt, die Menschen für ein Unternehmen begeistern. „Wahre Schönheit kommt von innen", könnte der Ansatz zusammengefasst werden, der von Great Place to Work®- Mitgründer Robert Levering 1988 definiert wurde. Tatsächlich lautet er: „Ein ausgezeichneter Arbeitsplatz ist einer, an dem man denen vertraut, für die man arbeitet, stolz ist auf das, was man tut, und Freude hat an der Zusammenarbeit mit anderen." Aus Sicht der Mitarbeiter braucht es für das Vertrauen zum Management drei Qualitäten: Glaubwürdigkeit, Respekt und Fairness. Das Vertrauen wird von den beiden Qualitäten Stolz und Teamorientierung ergänzt, sagt Frank Hauser, Leiter des deutschen Great Place to Work®-Instituts.

---

[1] Trost, Armin (2013).

Diese Erkenntnisse sind kein Plädoyer gegen starke Arbeitgebermarken. Im Gegenteil. Sie sollen Begehrlichkeiten wecken: „Das ist ein tolles Unternehmen, da will ich anfangen."

Die Erfahrung aus zahlreichen Employer-Branding-Projekten zeigt immer wieder die gleichen Schwachpunkte auf. Solche Projekte laufen nach einigen Jahren meist ins Leere. In den Anfangsjahren noch von einem gewissen Enthusiasmus getragen, bröckelt die Arbeit an der Arbeitgebermarke in den Mühen der Etappe. Personalwechsel, schmale Budgets und die — oft nur halbherzige — Unterstützung der Unternehmensführung tragen dazu bei. Dabei ist doch gerade für Unternehmen, die strategisch denken und ernsthaft an Zukunftssicherung interessiert sind, dauerhaftes Engagement für das Arbeitgeberansehen notwendig.

Festzustellen ist auch, dass kreative Kampagnen, kluge Claims, coole Clips und eine knackige Karrierewebsite oft nur „schöne Strohfeuer" sind. Sie sorgen dafür, dass die Verantwortlichen dafür einen Award einheimsen. Taugen sie jedoch, wenn sie nicht nachgehalten werden, um das Unternehmen dauerhaft auf Spur zu bringen? Wohl kaum. Kampagnen verglühen. Wenig zielführend ist in diesem Zusammenhang der Irrglaube, dass die Öffentlichkeit, die mit solch einem Award erreicht wird, die für das Recruiting und die Bindung relevante Öffentlichkeit ist. Wer mit großem Einsatz in der Fachwelt der Kommunikateure und HRler punktet, muss seine Kreativität auch „auf die Straße bringen", sprich, sie tatsächlich dort platzieren, wo die Nachwuchskräfte und Professionals begeistert werden können. Das lehrt, nicht zu viel Energie auf einen Award zu verwenden, sondern dort anzusetzen, wo die eigentlich gemeinte Zielgruppe präsent ist: auf Ausbildungsmessen, Social-Media-Plattformen etc.

2.6 Wachstum von innen nach außen

Marken wachsen immer von innen nach außen. Der Schluss daraus: Das Arbeitgeberansehen sollte zuerst von innen gefestigt werden, bevor es nach außen kommuniziert wird. Das Erste kostet Zeit und Geld — und Durchsetzungskraft. Daher ist es leider gang und gäbe, den externen Schritt vor diesem ersten Step zu vollziehen — was für die Mitarbeiter zu Irritationen führen kann. Vor allem dann, wenn nach außen mit Werten gepunktet werden soll, die in der internen Wahrnehmung nie über ein Postulat am Schwarzen Brett hinausgekommen sind. Und wer hat schon seine nach innen gerichtete Personalkommunikation stringent nach dem HR Touchpoint Modell organisiert und danach seine HR-Kommunikation ausgerichtet?

In der Außenwirkung wird zudem der Fehler gemacht, nicht konsequent HR-Public-Relation zu betreiben. Dabei ist PR vielfach die bessere Werbung, denn Public Relations denkt langfristig und hat den Blick „fürs Ganze". Themen und Storys werden positiv besetzt, statt auf die Strohfeuer-Awards zu schielen. HR-PR zahlt sich aus, wird aber im Rahmen von Arbeitgeber-Markenkampagnen oft kaum oder nur wenig konsequent betrieben.

Schließlich stellen sich manche HR-Verantwortlichen selbst ein Bein. Natürlich beeindrucken Dienstleister mit hippen Kreativen, stylischen Agenturräumen und dem Nimbus, alles im Griff zu haben. Doch Hand aufs Herz: Können die auch HR? Oft fehlen die Grundlagen für das Verständnis der HR-Arbeit, deren Instrumente und speziellen Probleme. Wer morgens für den Diätdrink textet, konzipiert nachmittags nicht unbedingt eine überzeugende Personalanzeige …

Die Erfahrung lehrt, dass Aussagen wie: „Ich habe noch Budget übrig, ich würde gerne noch etwas Employer Branding machen", oder: „Wir haben erst vor drei Jahren ein aufwendiges Shooting mit einer Kreativagentur gemacht, wir brauchen im Moment nichts Neues", keine Ausnahme sind. Sie belegen die Auffassung, dass die Pflege des Arbeitgeberansehens leichtsinnigerweise nicht als Daueraufgabe gesehen wird, sondern dass der vermeintlich aufgedrückte Brand-Stempel auszureichen hat. Hier ein Blick darauf, worum es eigentlich geht. Die drei Säulen der Reputation sind:

Die drei Säulen der Reputation	
1. Funktionale Reputation	Die Expertise und Kompetenz eines Unternehmens oder einer Person. Sie lässt sich vielfältig kommunizieren, etwa mit klassischer PR oder Online-PR.
2. Expressive Reputation	Die optische Unterscheidbarkeit und die Wiedererkennbarkeit eines Unternehmens oder einer Person. Sie lässt sich z. B. über exklusives Webdesign sichtbar machen.
3. Soziale Reputation	Das soziale und kulturelle Engagement eines Unternehmens oder einer Person. Sie lässt sich z. B. mit Engagement im Bereich Corporate Social Responsibility aufbauen.

2.7 Die eigene Position definieren

Schon bei der Grundlagenarbeit hapert es. Viele Unternehmen, die Employer Branding intensiv betreiben, hätten es versäumt, am Anfang eine markenwirksame Positionierung zu definieren, heißt es im „Praxishandbuch Employer Branding" von Wolf Reiner Kriegler, Gründer und Geschäftsführer der Deutschen Employer Branding Akademie. Viele Mittelständler und Konzerne hätten Employer-Branding-Strategieprojekte ins Leben gerufen, seien aber nicht zu markentauglichen Ergebnissen gelangt.

> *Sie haben meist Selbstverständlichkeiten definiert und nicht gewagt herauszustellen, was sie besonders und anders macht. Das war die Geburtsstunde der vielen austauschbaren Floskeln, die seitdem die Arbeitgeberauftritte der meisten Firmen dominieren – selbst jener, die seit Jahren Employer-Branding-Schwerstarbeit leisten.*
> *Wolf Reiner Kriegler, Praxishandbuch Employer Branding, Freiburg 2012*

Und noch einen Geburtsfehler hat Kriegler identifiziert: „Manche Unternehmen stützen ihre Employer-Branding-Analyse ausschließlich auf die formalen Faktoren und versuchen, davon eine Arbeitgeberpositionierung abzuleiten." Das führe nicht sehr weit, „denn es gibt informelle Einflussfaktoren im Unternehmen, die für die Effektivität der Arbeitgebermarke sehr viel wichtiger sind als formale Grundlagen". Es handele sich dabei um Kultur, Identität und die an der Basis gelebten Werte des Unternehmens. Sie seien weitaus weniger greifbar und meistens auch nicht kontrolliert entstanden, prägten jedoch das Bild und das Erleben des Arbeitgebers bei den Beschäftigten sehr viel stärker. Kriegers Fazit: „Eine Arbeitgebermarke, die in ihrer Positionierung auf diesen informellen Faktoren aufsetzt, ist immer authentischer, inspirierender und differenzierender als andere." Bei Familienunternehmen und anderen organisch gewachsenen Firmen sieht Krieger oft homogene Unternehmensstrukturen; eher heterogene Kulturen seien bei größeren Unternehmen im Streubesitz zu finden. Nur wer die Unterschiede würdige, könne erwarten, dass im Laufe der Jahre eine homogene Unternehmenskultur mit gemeinsamer Identität und Wertebasis entsteht.

2.8 Den strategischen Rahmen setzen

Die Beschäftigung mit den Tücken der Arbeitgebermarke als solches zeigt, dass es Fallstricke und Kurzsichtigkeit allenthalben gibt. Sie zeigt auch, dass das Konzept Employer Branding weiter gedacht und in einen konzeptionell-strategischen Rahmen eingebettet werden muss. Dieser wirkt den — wegen ihrer destabilisierenden Folgen als Erosionskräfte fungierenden — Faktoren Diversity, Agilität und Kommunikation entgegen und verstärkt die Strahlkraft der Arbeitgebermarke. So erhält Diversity eine verbindende Basis, Agilität eine nachhaltige Perspektive und Kommunikation eine ansprechende Form.

2 Mehr als eine Markenbotschaft

Es ist der Weg von der gemachten Marke zum gewachsenen Ansehen eines Unternehmens als Arbeitgeber. Es geht um Reputation. Noch einmal: Es geht um Reputation. Und schließlich: Es geht um Reputation. Der gute Ruf wirkt wie gewünscht auf einer übergeordneten, klammernden Ebene: Mit einem weiten Zeithorizont weist er über das agile Markengeschäft hinaus. Ein guter Ruf folgt nicht nach, sondern er geht voraus. Er wird nicht von Markenstrategen erdacht, sondern von anderen weitergetragen. Er entsteht in einem dauerhaften Dialog. Und hier sind wir wieder beim Ausgangspunkt: Märkte sind Gespräche.

Der Weg zu einem guten Ruf ist einfach: Mitarbeiter müssen gut über ihr Unternehmen reden. Nur das ist verbindlich und glaubwürdig. Employer Reputation gewinnt Glaubwürdigkeit und Überzeugungskraft, weil sie aus sich selbst heraus gewachsen ist und von den Mitarbeitern aus freien Stücken kommuniziert wird. Selbst kritische Stimmen kratzen nicht an einem gefestigten Image. Weil der gute Ruf über lange Jahre wächst, wird er selbst in Krisenzeiten nicht so schnell beschädigt wie die Arbeitgebermarke. Ihm wird ein größerer Vertrauensbonus entgegengebracht, der langfristig trägt. Denn Vertrauen entsteht nicht aus angesagten Markenbotschaften, sondern aus echten Erfahrungen, die zahlreiche Mitarbeiter über einen langen Zeitraum mit ihrem Arbeitgeber gemacht haben.

2.9 Mehr als eine Markenbotschaft

Während Employer Branding möglichst spezifische und eben auch wechselnde Leistungsversprechen gibt („Zügig Karriere machen", oder: „Wir bieten eine überdurchschnittlich hohe Vergütung"), gründet Employer Reputation tiefer. Sie ist viel mehr als eine Markenbotschaft. Bei ihr geht es vor allem darum, Sinn zu stiften und diesen auch erlebbar zu machen. Solch ein erlebbarer Sinn kann die ethische Haltung eines Unternehmens zu seinen Produktionsstandards sein. Sinn steht dafür, wie ein Unternehmen mit seinen Mitarbeitern umgeht. Sinn ergibt sich auch aus dem Zweck eines Unternehmens, aus dem Nutzen, den seine Produkte und Dienstleistungen den Kunden und der Gesellschaft bringen. Die Erkenntnis ist simpel: Sinn spricht alle Sinne an.

Mit dem Sinn lassen sich wirksame Ableitungen für Unternehmensbotschaften nach innen und außen gewinnen. Sie haben den Charme, eine deutlich höhere Halbwertzeit zu besitzen als Kreativkampagnen, die einzig die blasse Employer Brand in den Mittelpunkt der Kommunikation stellen. Aus kommunikativ sichtbaren Sinnbezügen ergeben sich im Lauf der Zeit das Ansehen eines Unternehmens und seine anerkannte Reputation als Arbeitgeber. Die Sinnbezüge sorgen für den Stolz, dazu zu gehören. Sie machen den Mitarbeitern Identifikationsangebote, ohne zu versuchen, sie künstlich zu binden. Sie fördern das Engagement der Beschäftigten und tragen so zum wirtschaftlichen Erfolg eines Unternehmens bei.

Damit der Sinn wahrgenommen wird, muss er konsequent kommuniziert werden. Ein wirkungsvolles Employer Reputation Management erfordert einen laufenden Dialog. Potenzielle und bestehende Mitarbeiter sollten zu einem dauerhaften und authentischen Dialog eingeladen und nicht werblich dazu überredet werden. Überzeugen statt überrumpeln. Dafür taugt weniger die — durchaus berechtigte — klassische Imageanzeige oder die schmucke Karriereseite, geeignet sind vielmehr substanzielle Beiträge in der Presse und eine effektive und effiziente HR-PR.

2.10 Keine Angst vor der kritischen Story

Um einen guten öffentlichen Ruf zu fördern, sind zunächst der Aufbau und die Gestaltung von Beziehungen zur (Fach-)Presse wichtig. Erreicht wird das mit überzeugenden Angeboten, z.B. mit einer kritischen Story oder unpopulären personalwirtschaftlichen Herausforderungen, wie z.B. der Deckelung von Boni. Das erfordert Mut — und die Kraft, sich gegen die starken Kräfte in einem Unternehmen durchzusetzen, die jedem, der das Unternehmen sieht, am liebsten eine rosarote Brille aufsetzen würden. Zu viel heile Welt macht unglaubwürdig. Zu dieser Erkenntnis gehört auch, die trendigen Personalmarketingthemen einmal — oder wenn nötig auch wiederholt — gegen den Strich zu bürsten. Nur wenn das passiert und die rosarote Brille nicht alles einfärbt, sondern auch Schattenseiten und Graustufen sichtbar werden, wirken die Erfolgsberichte und Positivbeiträge über innovative Programme des Unternehmens wirklich glaubwürdig.

Die zweite Herausforderung findet in der virtuellen Welt statt. So spielen Kontakte zu Bloggern bei einem systematischen Employer Reputation Management eine entscheidende Rolle. Hier haben es Unternehmen eben nicht mit Zielgruppen und Konsumenten ihrer Personalarbeit zu tun, sondern mit Menschen, die eine kritische Auseinandersetzung suchen. Wenn Meinungsbildner für das Arbeitgeberansehen als relevant erkannt wurden, sollten sie immer wieder mit neuen Ideen und inhaltlichen Angeboten überrascht werden. Generell gilt für den Blogger an sich, aber auch für alle anderen Meinungsbildner: Je individueller die PR-Ansprache ist, desto besser ist es. Das kostet viel Zeit, aber es lohnt sich.

Die dritte „kritische Masse" sind die Führungskräfte. Sie müssen in ihrer Rolle als „Personalarbeiter" im Sinne eines unternehmensweit konsistenten Reputationsmanagements handlungs- und sprechfähig sein. Die Reputationswerte und -stärken des Unternehmens müssen ihnen vertraut sein; sie müssen sie vorleben und überzeugend weitergeben.

2.11 Gefragt: Reputationsmanagement

Fakt ist: Ohne Reputationsmanagement geht es nicht. Dazu gehören Planung, Aufbau, Pflege, Steuerung und Kontrolle des Rufs eines Unternehmens gegenüber allen relevanten Stakeholdern.

Weil Vertrauen die zentrale Komponente des Rufs ist, wird Reputation zu einer subjektiv und kollektiv bewerteten Größe, die die Qualität der Bekanntheit des Arbeitgebers innerhalb einer Stakeholdergruppe angibt. Eine „gute Reputation" ist daher im Grunde genommen die gruppenbezogene, hoch flüchtige Momentaufnahme von Zielgruppen, bei der das geplante Soll-Image (Fremdbild) mit dem gemessenen Ist-Image übereinstimmt.

Ein guter Ruf ist nichts weiter als der Tausch von Reputation gegen Vertrauen, der die Unsicherheit und damit verbundene Transaktionskosten von einem Unternehmen zu seinen Zielgruppen senkt. Da Reputation von Kommunikation und dem von innen und außen beobachteten Organisationsverhalten abhängt, hat das Reputationsmanagement strategische Ziele, Organisationsveränderungen, Kommunikation etc. im Unternehmen im Blick und stimmt sie aufeinander ab. Im Idealfall ist Reputationsmanagement ein Paradebeispiel für integrierte Kommunikation und sowohl Teil von HR als auch der Unternehmenskommunikation — und auch das Marketing wird dabei nicht ausgegrenzt.

Wie Reputation im Unternehmen „gemacht" wird? Mit Geduld. Mit klarem Plan und Durchsetzungsfähigkeit. Das Modell „HR Touchpoint Management" hilft dabei: Mit den Touchpoints sind all jene Berührungspunkte gemeint, bei denen HRler und ihre Personalinstrumente mit den unterschiedlichen internen und externen Zielgruppen zusammenkommen. Kaum ein Unternehmen hat sich bisher die Mühe gemacht und all diese Touchpoints systematisch erfasst, analysiert und — je nach Bedarf — so bearbeitet, dass sie sich positiv auf die Personalarbeit und das Arbeitgeberansehen auswirken. Dabei sind sie *die* Gestaltungselemente der Arbeitswelt, die am Ende entscheidend für die Reputation sind. Welche dieser mannigfaltigen Berührungspunkte sind relevant?

Der gute Ruf als Arbeitgeber: HR Touchpoint Management

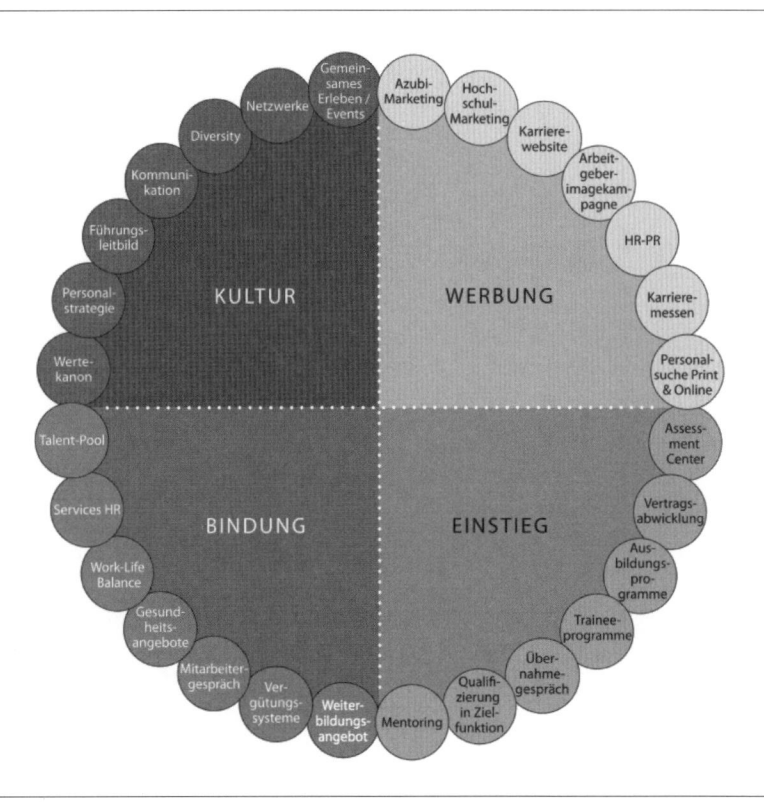

Abb. 1: Das HR Touchpoint Modell

2.12 Mit HR Touchpoint Management zum Reputationserfolg

Um zu verstehen, wie HR Touchpoint Management funktioniert, ist der multidisziplinäre Ansatz zielführend. Es muss ganzheitlich und abteilungsübergreifend gedacht werden, denn die Berührungspunkte zwischen dem Mitarbeiter und dem Unternehmen sind vielfältiger, als es den Anschein hat. Das Beispiel eines gut geführten 5-Sterne-Hotels macht das deutlich: Wer ankommt, wird von einem vornehm gekleideten Doorman begrüßt, der beim Aussteigen hilft und sich um das Gepäck kümmert. An der Rezeption fragt eine freundlich lächelnde Dame, wie die Reise war, hat die Daten bereits parat und bietet beim Einchecken ein kostenfreies Upgrade an. Im sauberen Hotelzimmer findet sich auf den akkurat gemachten Betten eine handgeschriebene Karte, auf der man persönlich begrüßt wird, und ein Blumenstrauß auf dem Beistelltisch. Auf dem Gang grüßt freundlich ein Zimmer-

2 Mit HR Touchpoint Management zum Reputationserfolg

kellner, der gerade Essen zum Nebenzimmer bringt. Beim Verlassen des Hotels fragt der Concierge, ob er mit einem Tipp für den Abend dienen könne und ob er ein Taxi rufen solle. All das ist nur eine unvollkommene Aufzählung der Touchpoints, den die Mitarbeiter des Hotels mit ihrem Gast hergestellt und gestaltet haben. Für sich genommen hat jeder einzelne überzeugt — und ein Gesamtbild erzeugt, das dem Hotel attestiert: Hier fühlt man sich wohl!

Übertragen in die HR-Welt heißt das: Im Unternehmen sollen sich die Beschäftigten wohlfühlen. Sie sollen gerne kommen, sie sollen sich respektiert fühlen und die Gewissheit haben, dass sie so, wie sie sind, ernst genommen und geschätzt werden. Um all die Touchpoints im Unternehmen dergestalt zu besetzen, dass sie diesen Eindruck glaubhaft vermitteln, muss zunächst festgestellt werden, wo das Unternehmen und HR den Menschen auf welche Weise begegnet — um dann zu sehen, wo und in welcher Art die Begegnung optimiert werden kann.

Ein wirkungsvolles HR Touchpoint Management

- beurteilt alle Medien- und Marketingmaßnahmen ganzheitlich unter dem Optimierungsaspekt,
- schafft ein einzigartiges und konsistentes Erlebnis des Unternehmens und seiner Werte,
- steigert die Kontaktqualität bei potenziellen Bewerbern und der bestehenden Belegschaft,
- bringt Zeit- und Kostenersparnis und
- optimiert und steuert die Prozesse für das Employer Reputation Management.

Dafür bedarf es einer 360°-Touchpoint-Analyse der Unternehmens- sowie der Marken- und Marktstrategie. Zunächst werden alle Kontaktpunkte erfasst, die ein Bewerber oder Mitarbeiter mit dem Unternehmen haben kann. Das kann für eine Zielgruppe 100 und mehr Touchpoints sichtbar machen. Um herauszufinden, welche davon auf den Erfolg Einfluss nehmen, gilt es, den Fokus weg zu lenken von der Idee, was gesendet wird. Die Frage ist vielmehr: Was kommt beim Empfänger an? Mithilfe von Befragungen ermittelt man, was in den Zielgruppen tatsächlich wahrgenommen und als relevant erachtet wird. Unter der Prämisse „innen zuerst" ist eine Mitarbeiterbefragung mit spezifischen Inhalten sinnvoll, um zu erfahren, wo die Präferenzen der Mitarbeiter liegen — und wo sie die Berührungspunkte zu ihrem Unternehmen festmachen.

Sichtbar werden Bedeutung und Wirkung der Touchpoints vor allem, wenn sie untereinander vergleichbar sind. Das leistet der Touchpoint Value. Er berücksichtigt die drei Wirkungsebenen der Kommunikation. Aus der statistischen Berechnung ergeben sich das qualitative und quantitative Maß des

- **Informationswerts**: Er zeigt, wie gut ein Kontaktpunkt relevante Informationen zu Produkten und Dienstleistungen transportiert.
- **Attraktivitätswerts**: Er macht transparent, wie attraktiv die Informationsvermittlung über den ausgewählten Kontaktpunkt empfunden wird.
- **Transaktionswerts**: Er verdeutlicht, wie stark ein Kontaktpunkt das Akzeptanzverhalten beeinflusst.

Zusätzlich zum Touchpoint Value lässt sich die Touchpoint-Assoziation erheben. Sie schafft eine Vergleichsmöglichkeit, welcher Kontaktpunkt von welchem Einflussfaktor besetzt worden ist und wie sich die Eindrücke differenzieren lassen. Das unterstützt dabei, Unwichtiges auszusondern und den Fokus auf die relevanten Kontaktpunkte zu legen. Wer nach der Analyse die relevanten Touchpoints identifiziert hat und die Zielgruppen kennt, kann seinen Maßnahmen-Mix gezielt optimieren.

2.13 Die richtige Balance finden

Klar ist: Reputationsmanagement wird im Zeitalter der Transparenz an Schnelligkeit, Brisanz und Bedeutung gewinnen. Nur mit der richtigen Reputationsarbeit lässt sich die Balance zwischen eigener Identität und Marke einerseits und den unterschiedlichen Erwartungen der Stakeholder andererseits finden. Will ein Unternehmen seine Reputation nicht der Willkür der internen und externen Meinungsbildung überlassen, müssen Kommunikations- und HR-Abteilungen Erwartungen, Wahrnehmungen und die Kommunikation dazu gezielt steuern. Ohne eine hohe Dynamik bei gleichzeitiger Vernetzung zwischen den beiden unterschiedlichen Unternehmensabteilungen wird das nicht zu leisten sein.

Bei sorgfältiger Planung und systematischem Vorgehen können gerade mittelständische Unternehmen einen Prozess zum Reputationsausbau initiieren, der, top-down geplant und sukzessive über alle Abteilungen eingeführt, erfolgreich sein wird. Dabei sind die Identitätsfrage und Werte wie Vertrauen und Transparenz das Zentrum und gleichzeitig die Basis der Reputationsarbeit:

- Wofür steht ein Unternehmen?
- Was sind seine individuellen Leistungsversprechen?
- Was sind seine Werte?

Die richtige Balance finden

- Worauf können sich die Mitarbeiter, Kunden, Partner, Investoren absolut verlassen?

Leitbild und Unternehmenswerte sind das Herzstück und der Ausgangspunkt der Reputationsarbeit. Die Identitätsplattform bildet die unverwechselbare DNA des Unternehmens ab. Ist die Identität des Unternehmens annähernd deckungsgleich mit den Erwartungen der jeweiligen Zielgruppe, lässt sich eine langfristig stabile Reputation entwickeln und pflegen.

10 Erfolgsregeln für ein gelungenes Employer-Reputation-Modell
1. Um Bewerber zu überzeugen und damit sie sich langfristig wohlfühlen, werden Werte kommuniziert und Geschichten erzählt. Wir gewinnen Menschen mit authentischen Storys, nicht mit Daten und Fakten und auch nicht mit einer coolen Werbung.
2. Human Resources und Unternehmenskommunikation ziehen an einem Strang.
3. Das HR Touchpoint Modell gibt den Orientierungs- und Handlungsrahmen vor.
4. Zuerst werden die Mitarbeiter intern vom Arbeitgeberansehen überzeugt, danach wird nach außen in die Bewerberzielgruppen kommuniziert.
5. Die strategisch bedeutsame Teildisziplin HR-PR wird ausreichend berücksichtigt.
6. Die Aktivitäten werden mit einer datierten Agenda geplant und die Themen für das interne und externe Arbeitgeberansehen aufeinander abgestimmt.
7. Zum Projektstart werden ausgewiesene Experten mit praktischer Erfahrung hinzugezogen.
8. Selbstkritische Betrachtung ist ausdrücklich erwünscht. Und eines noch: ein Kreativ-Award bringt in der Regel keinen einzigen Bewerber mehr.
9. Der Mut zum langfristigen Denken wird gefördert. Gefragt sind nicht schnelle Aufmerksamkeit und „dünne Inhaltssuppe", sondern nachhaltige Positionierung und unverwechselbarer Content.
10. Der Vorstand, die Geschäftsführung und das Management werden davon überzeugt: Es geht nicht ums Markieren, sondern um Ansehen und guten Ruf.

Insgesamt ist eine Gesamtstrategie gefragt, die auf agile und zielgruppenaffine Employer Brands setzt und diesen mit einem Employer-Reputation-Konzept einen dauerhaften und stabilen Rahmen gibt. Ein gutes Arbeitgeberimage lässt sich nicht mit punktuellem Aktionismus wirksam verankern. Wer glaubt, es genügt, mit einem Arbeitgebervideo alle zwei bis drei Jahre sichtbar zu werden, der irrt. Ernsthafte Employer Reputation fordert Konsequenz, dauerhaftes Bemühen und ständige Arbeit. Mithin bei der Arbeitgebermarke den gleichen Einsatz und die gleichen Anstrengungen wie beim Marken- und Produktdesign.

Die Arbeit am Ruf ist kein Vorgang mit definiertem Ende, sondern eine Daueraufgabe. Wer Reputationsmanagement betreibt, muss offen sein für sich immer schneller verändernde Kulturen — ein statisch anmutendes Employer Branding kann immer nur für eine beschränkte Zeit wirken.

Wer an der Reputation seriös arbeiten will, der muss wie ein Gärtner agieren. Er kümmert sich anfangs um ein zartes Pflänzlein, sorgt dafür, dass es ausreichend Nährstoffe bekommt, und passt auf, dass es nicht zu viel Hitze oder Kälte ausgesetzt ist. Kurzum: Es geht ums Kultivieren. Damit aus dem dürren Trieb ein starker Baum wird, braucht es einen Plan — der sich mit dem HR Touchpoint Management Modell sinnvoll organisieren lässt.

Reputationsmanagement erfordert Geduld, um mittel- und langfristig Früchte zu tragen. Diese sind dann in der Regel schöner und gehaltvoller als ein künstlich gezüchtetes Markengewächs aus dem Treibhaus „Employer Branding", das mit Kunstdünger angeregt wurde und viel zu schnell ausgetrieben hat, bevor es dann sehr schnell wieder verdorrt ist.

> **TIPP**
> Bitte künftig also mehr Langspielplatte und weniger Lautsprecher — so könnte das Arbeitsmotto für Personaler und Kommunikatoren lauten, die am Ansehen des Unternehmens als Arbeitgeber arbeiten.

3 Von nichts kommt nichts – Reputation kommt von Kommunikation!

Autor: *Andreas Scheuermann*

Als Unternehmen und insbesondere in der Rolle als Personalmanager kommuniziert man nicht immer und über alles gerne. Wenn man dann muss, z. B. weil man im „War for Talent" ins Hintertreffen geraten ist, dann versucht man sich auf dem Gebiet des Employer Branding. Doch dabei fehlt es oft an Verständnis und Grundlagenwissen in der Kommunikation. Warum reden wir dann hier bereits über Employer Reputation als „Next Big Thing"? Und wenn wir das tun: Auf welchen Grundlagen baut sie auf, und was soll sie erreichen? Wie funktioniert das Zusammenspiel von Marke und Image? Und was hat das alles mit Vertrauen, dem Frisör, dem Steuerberater und dem Herzchirurgen zu tun? All das erklärt dieser praktische Beitrag zur Theorie.

3.1 Wie kommunizieren Unternehmen?

3.1.1 Kaufen, kaufen, kaufen

Ein Unternehmen ist zuallererst am Verkauf seiner Produkte und Dienstleistungen interessiert. Schließlich entsteht hier die Wertschöpfung, wird Geld verdient und Existenz gesichert. Entsprechend bestimmt diese Perspektive in den Unternehmen das Verständnis von Kommunikation. Der Großteil der kommunikativen Maßnahmen dort ist darauf ausgerichtet, Kundenbedürfnisse zu wecken und den Verkauf von Produkten und Dienstleistungen direkt auszulösen oder zu fördern.

Dies bestimmt wiederum die Art und Weise der Kommunikation. Sie informiert nur, soweit sie muss oder dies zweckdienlich ist. Sie lebt ansonsten von bunten Bildern in der Optik und von Übertreibung in der Sache, von einseitiger Darstellung und Schönfärberei, von Faktenunterdrückung und Ablenkung. Wir alle kennen Waschmittel, die weißer als weiß waschen, künstliche Lebensmittel mit natürlichen Proteinen oder Hustensaft, der die „Schleimmonster" vertreibt. Das alles ist erlaubt, üblich, manchmal lustig und bis zu einem gewissen Grad auch erfolgreich. Mit einem umfassenden Verständnis von Kommunikation hat dies jedoch noch sehr wenig zu

Von nichts kommt nichts – Reputation kommt von Kommunikation!

tun. Aber es ist so — für die meisten Unternehmen ist Kommunikation erst einmal genau das: Werbung.

Je nach Markt, Branche und Produktkategorie schwanken die Marketingbudgets zwischen 1 — 2 % im Bereich von B2B-Industrieunternehmen und bis zu 50 % bei Produktinnovationen im Konsumgüterbereich. Ein Großteil davon wandert nach wie vor in Verkaufswerbung und Direktmarketing. Doch das Budget für Kommunikation, die auf den Aufbau eines Images zielt, nimmt zu. Die Gründe hierfür liegen auf der Hand: Immer mehr Produkte lassen sich anhand harter Fakten kaum noch unterscheiden, selbst wenn wir so tun. Ein Auto ist ein Auto und fährt. Ob Sie 5.000, 50.000 oder 500.000 Euro dafür ausgeben, entscheiden Ihr Geldbeutel und Ihr Bauch, aber selten Ihr Hirn. Im Dienstleistungsbereich ist es nochmals schwieriger. Sie kaufen dort „die Katze im Sack". Sie kaufen die entsprechenden Leistungen im Vertrauen auf ... — ja, worauf eigentlich? Beim Frisör ist ein Fehler halb so wild; Haare wachsen nach. Beim Steuerberater ist eine Fehleinschätzung mindestens ärgerlich. Beim Herzchirurgen kann sie tödlich sein.

3.1.2 Jenseits des Kunden

Stellen Sie sich folgende Frage: Wo kommunizieren wir als Unternehmen jenseits der konkreten Verkaufsabsicht mit unseren Kunden? Natürlich, in Form der klassischen Weihnachtskarte! Was noch? Sporadische „Ist-alles-in-Ordnung-Anrufe". Aber eine Befragung zur Kundenzufriedenheit? Lieber nicht, bloß keine schlafenden Hunde wecken! Wenn wir nichts verkaufen können, ist die Beschäftigung mit dem Kunden erst einmal Aufwand — Zeit und Geld, das wir für anderes verwenden können. Es wird auch nicht besser, wenn der Kunde plötzlich mit uns kommunizieren will. Denn dann hat er meistens eine Reklamation.

Wie sieht es dann erst mit den sog. Stakeholdern aus? Streng betriebswirtschaftlich betrachtet, reden wir von irgendwelchen Leuten, die keine Kunden sind und vermutlich niemals welche werden. Nun gut, vielleicht ist es wichtig, den Aktionären hin und wieder ein aufmunterndes Signal zu senden. Und natürlich sind wir nicht kleinlich, wenn der örtliche Sportverein für seine Jugendmannschaft neue Trikots braucht. Unserem Controller erklären wir das mit „Corporate Citizenship". Er lächelt freundlich und meint: „Solange es sich im Rahmen hält". Den Rahmen müssen wir natürlich selbst bestimmen. Doch egal ob Lieferanten, Behörden, Verbände oder gar Kirchen — für die meisten Stakeholder oder Bezugsgruppen haben wir schlicht keinen Plan. Oft wissen wir nicht einmal, wen wir warum als Stakeholder betrachten sollten. Wir können uns nur schwer in deren Lage versetzen und verstehen aus unserer Perspektive nicht, warum diese Gruppen sich für uns interessieren und welche Erwartungen sie möglicherweise an uns haben. Und so reduziert sich die Stakeholder-Kommunikation in den meisten Unternehmen auf ein Minimalprogramm. Man kommuniziert eben dann, wenn es einen konkreten Anlass dazu gibt.

Und zu guter Letzt wäre da noch die Öffentlichkeit. Mit der tun wir uns als Unternehmen besonders schwer. Wir wissen nämlich zu wenig über sie. Eigentlich fast nichts. Wenn wir wüssten, wo sie wohnt, würden wir ihr eine Weihnachtskarte schicken. Wenn wir wüssten, was sie will, dann würden wir vielleicht ein Produkt für sie entwickeln. Aber wir wissen ja nicht einmal, wer dazu gehört. Einerseits sind das prinzipiell alle, andererseits sind es im Ernstfall immer andere. Und das Allerschlimmste: Gehören wir selbst als Unternehmen nicht auch dazu?

3.1.3 Angst und Abwehrhaltung

Die Öffentlichkeit ist uns fremd. Und während wir die Kunden im Zusammenhang mit unseren Produkten und Leistungen kommunikativ in schöner Regelmäßigkeit überfordern, weil wir etwas von ihnen wollen, meiden wir als Unternehmen die Öffentlichkeit, so gut es geht. Die fremde Öffentlichkeit macht uns Angst. Wir befürchten immer, dass sie etwas von uns will. Und zwar etwas, das uns Aufwand und Kosten verursacht, aber keinen Ertrag bringt. Oder dass sie etwas mit uns anstellt, das wir nicht wollen.

Insbesondere der HR-Bereich scheut traditionell das Licht der Öffentlichkeit. Den meisten Personalverantwortlichen fehlt in der externen Kommunikation die Erfahrung. In der Folge mangelt es an Einschätzungsvermögen zu Themen und Akteuren. Und dies wiederum schürt die Sorge, die Aufmerksamkeit könnte auf eigene Problemfelder gelenkt werden oder vertrauliche Informationen könnten öffentlich werden. Auch die Befürchtung vor der Enthüllung von Betriebsgeheimnissen ist allgegenwärtig. Medien und Journalisten werden vor diesem Hintergrund zu einem alltäglichen Feindbild vieler Unternehmen. „Da wird einem das Wort im Mund herumgedreht", oder: „Die warten doch nur darauf, uns in die Pfanne zu hauen", sind keine seltenen Einstellungen. Man befürchtet, aufgrund eines nicht beeinflussbaren Mechanismus an den Pranger gestellt zu werden und so seine Reputation zu verlieren. Mittlerweile ist als neue Bedrohungsdimension noch das anonyme und somit ebenfalls fremde und gefährliche Internet hinzugekommen. Der sprichwörtliche „Shitstorm" wartet praktisch nur darauf, losbrechen zu dürfen.

Die Unternehmenskommunikation wird deshalb in Teilen eher als Instrument zur Kommunikationsverhinderung verstanden und mutiert so selbst zur „Verhinderungskommunikation". Aktive Information findet gar nicht statt. Anfragen werden nur zögerlich, ausweichend und irreführend beantwortet. Selbst vor Fehlinformationen, umgangssprachlich auch Lügen genannt, schrecken einzelne nicht zurück. Die Journalistenvereinigung „Netzwerk Recherche", per Definition schon eine Bedrohung für Unternehmen, vergibt deshalb jährlich den Negativpreis „Verschlossene Auster" für besonders heftige Informationsverweigerer. Kann eine Strategie der Informationsverweigerung überhaupt funktionieren?

3.1.4 Kommunikation ist Beziehungsarbeit

Und dann gibt es immer mal den Moment, wo wir als Unternehmen wahnsinnig stolz auf etwas sind. Das würden wir dann gerne in der Zeitung oder gleich bei SPIEGEL Online lesen. Doch wenn wir die Öffentlichkeit tatsächlich einmal wollen, dann ziert sie sich. Jetzt rächt sich, dass wir sie vernachlässigt haben. Sie erkennt uns erst einmal gar nicht und weiß nicht, was wir plötzlich von ihr wollen. Dazu kommt, dass wir eigentlich gar nicht wissen, wie man mit ihr spricht. Denn wenn wir kommunizieren, dann tun wir das so, wie wir es mit Kunden tun. Wir reden ständig nur von uns. Wir preisen uns an, wir übertreiben, wir spulen ein Programm herunter und hoffen, dass es funktioniert.

Es funktioniert aber nicht.

Es funktioniert vor allem deshalb nicht, weil wir den Kern der Sache übersehen haben: Kommunikation bedeutet Beziehungsaufbau. Eine Beziehung entsteht aber nicht von jetzt auf gleich; sie muss wachsen. Sie braucht Zeit. Und sie braucht Vertrauen. Oh, das Wort ist doch in diesem Beitrag schon einmal gefallen? Richtig, auch Herzchirurgen, Steuerberater und Friseure brauchen das Vertrauen ihrer Kunden. Warum nochmal? Richtig, weil vorher kein Mensch wissen kann, wie die Sache nachher ausgeht. Zurück zur Beziehung: Wenn wir an uns selbst und unser Privatleben denken, dann gibt es eine Reihe von Faktoren, die wir uns in einer Beziehung von unserem Partner wünschen.

> Verantwortung: Wir wollen, dass er weiß, was richtig ist.
> Glaubwürdigkeit: Wir wollen, dass sie meint, was sie sagt.
> Vertrauen: Wir wollen, dass er tut, was er verspricht.
> Zuverlässigkeit: Wir wollen, dass alles funktioniert.

Betrachten wir die kommunikative Dimension hinter diesen Faktoren: Wissen wir immer, was jemand meint, wenn er etwas sagt? Verstehen wir ihn, sprechen wir tatsächlich ein und dieselbe Sprache, oder reden wir von unterschiedlichen Dingen, die wir gerade im Kopf haben? Wissen wir immer, was jemand tut, um seine Versprechen einzuhalten? Viele dieser Fragen können wir nur im Dialog herausfinden. Und manches werden wir auch nicht herausfinden können. Wir müssen uns dann einfach auf unseren Eindruck verlassen. Unter welchen Bedingungen trauen wir uns das aber: uns auf einen Eindruck verlassen?

3.2 Woher kommt unser Image?

3.2.1 Der Eindruck zählt

Der Frisör, der Steuerberater und der Herzchirurg haben ein Image. Ebenso natürlich Coca-Cola, Porsche oder der Fußballbundestrainer. Das Interessante daran: Wir können unterschiedlicher Meinung sein, was wir im jeweiligen Unternehmen oder in der jeweiligen Person sehen. Denn Image entsteht in unserem Kopf. Wir setzen dabei alle Informationen, die wir bewusst oder unbewusst wahrnehmen, zu einem einheitlichen Gesamtbild zusammen — übrigens auch falsche oder unvollständige Informationen. Wir passen sie zudem in einen Rahmen ein, der aus unserem Vorwissen und unseren Vorerfahrungen gezimmert ist. Und weil Sie und ich teilweise unterschiedliche Informationen über den Bundestrainer haben, kann er ein anderes Image für Sie haben als für mich.

Drehen wir eine kurze akademische Schleife und schauen uns an, aus welchen drei Faktoren sich das Image wissenschaftlich betrachtet zusammensetzt:

- **Bekanntheit:** Sie ist Voraussetzung dafür, dass ein Mensch überhaupt ein Bild von einer Sache, einer Person oder einem Unternehmen haben kann. Bekanntheit ist relativ. Man kann regional, national oder international bekannt sein. Man kann auch international bekannt sein, aber zugleich nur bei einer bestimmten Personengruppe. Janet Yellen war im Jahr 2014 beispielsweise nach Ansicht des Wirtschaftsmagazins „Forbes" die zweitmächtigste Frau der Welt. Haben Sie ihren Namen mal gehört? Falls nicht, einfach googeln — und schon ist die Dame wieder etwas bekannter geworden. Bekanntheit allein ist allerdings noch keine nutzbringende Eigenschaft. Man kann nämlich auch aufgrund negativer Aspekte bekannt sein. Janet Yellen hat Glück; sie ist weder als Massenmörderin noch als Castingshow-Teilnehmerin bekannt.
- **Profil:** Hier geht es um tatsächliche Information und mehr oder weniger harte Fakten. Was hat jemand gemacht, was macht er gerade? Was ist die Funktion? Wofür steht er oder sie?

Von nichts kommt nichts – Reputation kommt von Kommunikation!

Für Janet Yellen können wir sagen: Frau, Amerikanerin, Jahrgang 1946, Wirtschaftswissenschaftlerin, Promotion in Yale, Dozentin in Harvard, heute Präsidentin der US-Notenbank. Diese Informationen und noch viele weitere finden Sie bei Wikipedia. Das Interessante daran: Die Informationen sind bereits in irgendeiner Form gestaltet worden, bevor wir sie aufgenommen haben. Was nicht bei Wikipedia steht, steht hier auch nicht. Und aus dem, was bei Wikipedia steht, habe ich eine willkürliche Auswahl für Sie getroffen. Das öffentliche Profil ist ein teilweise selbst gestaltetes Profil. Daher auch der Begriff der Profilierung: die absichtliche Platzierung nützlicher und positiver Informationen in der Öffentlichkeit. Und darüber haben wir natürlich Einfluss auf die Gestaltung des Images.

- **Reputation:** Jetzt sind wir beim entscheidenden Punkt des Images angekommen. Während die Bekanntheit die quantitative Größe und das Profil die inhaltliche Dimension des Images sind, ist die Reputation die eigentliche qualitative Dimension. Hier verbinden sich Informationen und Fakten mit Emotionen, Erfahrungen und Wertungen. Unter Reputation versteht die Wissenschaft nichts anderes als der allgemeine Sprachgebrauch. Es geht um das Ansehen, den guten Ruf, altertümlich auch Leumund genannt. Die Wissenschaft benennt allerdings vier Faktoren, die für eine gute Reputation entscheidend sind: Glaubwürdigkeit, Vertrauen, Verantwortung und Zuverlässigkeit. Auch die hatten wir hier schon mal, als wir über Partnerschaft und Beziehung sprachen. Dort habe ich Ihnen diese Begriffe untergeschoben, aber hier, an diese Stelle, gehören sie hin.

Wir sehen: Reputation ist das Ergebnis einer langfristigen (im Wirtschaftskontext: strategischen) Entwicklung, bei der es um Beweisführung geht:

- Das Richtige denken.
- Sagen, was man denkt.
- Tun, was man sagt.
- Erfolg vorweisen.

TIPP
Die kommunikative Kurzformel lautet schon immer:
Tue Gutes und rede darüber!

Unser gutes Image können wir also selbst herstellen und strategisch beeinflussen. Vorausgesetzt, wir stürzen uns in die „Beziehungsarbeit" mit der Öffentlichkeit. Aber warum brauchen wir überhaupt ein positives Image und eine gute Beziehung zur Öffentlichkeit, warum brauchen wir Public Relations?

3.2.2 Die Marke als Abkürzung im Hirn

Bevor Sie den Begriff in diesem Text vermissen, will ich ihn hier schon einmal einführen. Wir sprechen jetzt über die Marke. Wir kennen viele Arten davon. Im Thriller steht irgendwann der FBI-Agent da und zeigt seine Marke. Hin und wieder kleben wir noch eine auf eine Postkarte. Und von skurrilen Menschen sagt man gelegentlich, sie seien „eine Marke".

Man kann vieles unter dem Begriff der Marke verstehen, und zu allem Überfluss weichen auch die Markenkonzepte in der Wissenschaft zum Teil deutlich voneinander ab. Die gängigste und sicherlich auch zutreffende Definition lautet: Die Marke ist ein Nutzenbündel aus charakteristischen Merkmalen, die eine Differenzierung ermöglichen. Damit ist allerdings noch nicht gesagt, was eine Marke soll oder was sie kann.

Marken sind Symbole und Träger von Identität und Versprechen. In einem bekannten Markennamen und einem zugehörigen Logo versteckt sich eine unerhörte Summe an Informationen. Im Idealfall sieht man eine Marke oder hört davon und weiß sofort: Das Produkt steht für Qualität oder das Unternehmen steht für Kompetenz. Wobei es hier um eine Art Wissen geht, das nicht mehr kognitiv bearbeitet wird. Anders formuliert: Wir denken darüber nicht mehr nach. Die Marke nimmt eine Abkürzung im Hirn; sie umgeht den aktiven gedanklichen Verarbeitungsprozess und spricht direkt unser internalisiertes Erfahrungswissen an. Wir wissen eigentlich gar nicht, woher wir wissen, dass die Marke gut ist.

Für Unternehmen dienen Marken als Instrumente. Mit unserer Marke wollen wir ein bestimmtes Image herstellen und prägen — oder „das Brandzeichen aufdrücken", um das englische Wort „branding" korrekt zu übersetzen. Unser Wunschtraum dabei ist es, dass die Marke dem Kunden das Denken und uns entsprechend das Argumentieren abnimmt. „Produkte von Sony werden im Laden nicht verkauft, sondern den Kunden gnädig zugeteilt", hat es ein Kollege aus dem Elektronikhandel vor Jahren bereits beschrieben. Doch genau in diesem faszinierenden Potenzial der Marke lauert auch ihre größte Gefahr: wenn wir unser Selbstbild und das Wunschbild von uns verwechseln mit unserem Image, dem Fremdbild. Erinnern wir uns: Wir können ein Image zwar beeinflussen, aber wir bestimmen es nie allein. Und die Reputation, die Bestandteil des Images ist, wird im alltäglichen Erleben neu bestätigt oder korrigiert.

3.3 Was ist Employer Branding?

3.3.1 Woher Employer Branding kommt

Ist Employer Branding eine der üblichen Moden, die uns alle paar Jahre überfallen? Was hat der Marketing-Begriff „Branding" eigentlich im Personalmanagement zu suchen? Wird dieses Thema irgendwann wieder verschwinden? Ich kann Sie beruhigen: Das Thema wird nicht verschwinden. Ihr Aufwand, dieses Buch zu lesen, ist nicht umsonst. Im Gegenteil. Die Ursachen, die das Employer Branding hervorgebracht haben, werden sich in Zukunft noch weit stärker auswirken als bisher. Aber der Reihe nach. Der Begriff des Employer Branding wurde 1996 von Tim Ambler und Simon Barrow eingeführt. Sie sahen die Mitarbeiter als wichtigste Ressource des Unternehmens und suchten nach einer Möglichkeit, die Beziehung zu diesen zu stärken und Loyalität zu schaffen. Dazu übertrugen sie einfach das Konzept der Markenführung auf den Personalbereich. Der Grundgedanke: Wenn die Arbeitgebermarke attraktiv ist, kann man leistungsstarke Mitarbeiter besser an sich binden und zudem auch neue Talente für sich gewinnen.

Es hat dann doch eine Zeit lang gedauert, bis sich das Konzept des Employer Branding überhaupt etabliert hat. Dies lag zum einen daran, dass der „War for Talent" zwar in den Medien, aber noch nicht in allen Branchen und Unternehmen angekommen war. Und was vielleicht noch entscheidender war: Employer Branding kostet Geld. Viele fortschrittliche Personalmanager haben sich auf der Vorstands- und Geschäftsführungsebene blutige Nasen geholt: „Was wollen Sie? Geld ausgeben, damit wir als attraktiver Arbeitgeber dastehen? Wir sind ein attraktiver Arbeitgeber! Basta."

Die Zeiten ändern sich. In bestimmten Branchen, die auf Top-Absolventen oder bestimmte, hart umkämpfte und schwer verfügbare Bewerberprofile angewiesen sind, ist Employer Branding längst zur Schlüsseltechnologie geworden. Talente, Fach- und Führungskräfte sind wettbewerbsentscheidende Faktoren geworden. Jedes Unternehmen, das sich selbst bei diesen Zielgruppen besser vermarktet, übt Druck aus auf diejenigen, die es nicht tun — und schafft sich einen Wettbewerbsvorteil. Für Unternehmen ist so jenseits des Kundenmarktes eine zweite Front entstanden, an der sie mit Kommunikation auftreten müssen.

3.3.2 Die Arbeitgebermarke

Nun kommen wir also zur Marke. Mussten sich Personalmanager in der Vergangenheit schon wenig mit Kommunikation beschäftigen, so hatten sie mit Markenführung gar nichts zu tun. Werfen wir einen kurzen Blick darauf, was eine Arbeitgebermarke ist. Ambler und Barrow sprechen in Anlehnung an die generelle Markendefinition von einem „Paket an funktionalen, ökonomischen und psychologischen Nutzen, das im Rahmen der Beschäftigung entsteht und mit dem Arbeitgeber identifiziert wird". Sehr verkürzt können wir sagen: „Was kann ich tun, was bekomme ich dafür und warum mache ich das gern?" So banal diese Fragen klingen — viele Unternehmen haben sich nie die Mühe gemacht, sie zu beantworten.

Im Kern geht es bei der Bildung einer Marke, wie auch einer Arbeitgebermarke, um die Frage der Unternehmensidentität, der Corporate Identity. Das Unternehmen selbst wird dabei zur Persönlichkeit, zum Gegenüber, zum handelnden Partner. Die Definition einer Unternehmensidentität kennt folgende Parameter.

Herkunft	Woher kommen wir, was ist unsere Geschichte?
Werte	Wofür stehen wir, und zwar grundsätzlich?
Vision	Wohin wollen wir, was treibt uns an?
Leistungen	Was konkret bieten wir an?
Kompetenzen	Was können wir besonders gut?
Persönlichkeit/Tonalität	Wie erlebt man uns, wie geben wir uns?

Sie sehen: Manches aus der Markenführung kommt einem Personaler in der Praxis dann doch vertraut vor, z.B. wenn er oder sie schon mal einen Leitbild-Prozess mitgemacht hat. Doch Vorsicht! Nicht alles, was vier Beine hat, ist auch ein Zebra. Eines der größten Probleme ist nach wie vor, dass es weder ein wissenschaftliches Standardmodell für die Arbeitgebermarke gibt noch eine empirische fundierte Vergleichsmöglichkeit verschiedener Arbeitgebermarken. Anders gesagt: Wir haben eigentlich keine Basis für unsere Arbeitgebermarke, sondern müssen uns diese in jedem Unternehmen selbst schaffen. Im Wissen darum könnten wir durchaus die Frage stellen: eine Arbeitgebermarke — kann es das überhaupt geben?

3.3.3 Nur ein theoretisches Problem?

Bei vielen Aufgaben unserer täglichen Praxis wissen wir gar nicht mehr, ob wir uns mit unserer Herangehensweise überhaupt auf dem Boden empirischer Tatsachen bewegen. Offen gesprochen: Selbst Personalentscheidungen werden mehrheitlich „aus dem Bauch heraus" getroffen. Im Employer Branding läuft das ähnlich. Die Definition unserer Identität und darauf aufbauend die Definition unserer Arbeitgebermarke erfolgen sehr handgestrickt. Die oben beschriebenen Fragestellungen beantworten wir im Unternehmen meist relativ schnell im Rahmen eines Halbtages-Workshops und im kleinen Kreis. Unsere charakterlichen Eigenschaften als Unternehmen argumentieren wir herbei. Das tatsächliche Selbstbild verschwimmt mit dem Wunschbild. Eine offene, ehrliche und breit angelegte Analyse findet nicht statt, und empirische Grundlagen fehlen auch hier. Solche könnten beispielsweise in einer Mitarbeiterbefragung gewonnen werden, die nach sozialwissenschaftlichen Standards durchgeführt wird, und mit dem Ziel, die Arbeitgeberidentität zu ermitteln. Mitarbeiterbefragungen dienen allerdings oft anderen Zielen und sind anders angelegt.

Ein weiteres Problem der Arbeitgebermarke ist ihre Existenz selbst. Von Hans Domizlaff, einem Gründervater der Markentheorie, ist das Zitat überliefert: „Eine Firma hat eine Marke. Zwei Marken sind zwei Firmen." Und wir haben jetzt also eine Unternehmensmarke und dazu auch noch eine Arbeitgebermarke? In der Tat sind wir nämlich bei der Gestaltung einer Arbeitgebermarke alles andere als frei von Zwängen. Sie folgt vielmehr dem konstruierten Markenkonzept der „Corporate Brand" sowie dem bestehenden Markenimage des Unternehmens. Eine Arbeitgebermarke kann keine Eigenständigkeit besitzen; sie wird immer Bestandteil der Unternehmensmarke sein und umgekehrt genauso. Dies führt zu Spannungen, wenn wir für eine Arbeitgebermarke Attribute definieren wollen, die sich in der Unternehmensmarke nicht finden lassen.

Diese und weitere auftauchende Verständnis- und Abgrenzungsschwierigkeiten führen dazu, dass Praktiker vermehrt von einem „Arbeitgeberprofil" sprechen und auf den komplizierteren Begriff der Arbeitgebermarke verzichten. So sehr sich der Begriff der Arbeitgebermarke bewährt hat, um die Notwendigkeit der Kommunikation zu verdeutlichen, so wenig hilfreich ist er für die praktische Umsetzung. Wie schafft man denn eine eigenständige Arbeitgebermarke?

3.3.4 Wir sind wir und wir sind anders

Gehen wir nach Bauplan vor.

1. Wenn wir unsere Marke definieren wollen, ermitteln wir zuerst die Grundlagen. Wir analysieren extern unser Image und klären intern die Identität. Zur Erinnerung hier noch einmal die Bausteine der Unternehmensidentität: Herkunft und Vision, Leistungen und Kompetenzen, Werte und Persönlichkeit.

2. Im zweiten Schritt definieren wir daraus ein „Bündel an Nutzenaspekten und charakterlichen Merkmalen zur Differenzierung" — die Marke eben.

Wenn wir die Marke haben, sind wir so stolz, dass wir gleich ein paar schöne Anzeigen produzieren, denen man ansieht, dass wir stolz sind. Jedes Mal, wenn wir diese Anzeigen sehen, erkennen wir uns wieder. Aber auch nur wir. Denn der entscheidende Punkt fällt uns am Ende eines aufreibenden Prozesses der Identitätsfindung gar nicht mehr auf: Worin unterscheiden wir uns überhaupt von anderen?

Abb. 1: Eine Arbeitgebermarke

Hier sehen Sie, wie eine Arbeitgebermarke aussehen kann — zerlegt anhand der verwendeten Adjektive auf der Karrierewebsite des Unternehmens. So viel sei verraten: Es handelt sich um ein DAX-30-Unternehmen. Sie wissen nicht welches? Woher auch!

Die größte Schwierigkeit im Employer Branding ist es, eine tatsächliche Differenzierung herauszuarbeiten. Natürlich möchte sich jedes Unternehmen als attraktiver Arbeitgeber darstellen. Es greift deshalb in seiner Selbstbeschreibung auf alle Attribute zurück, von denen man denkt, dass sie bei den anvisierten Zielgruppen verfangen als „Nutzenversprechen" oder, fachlicher ausgedrückt, als „Employer Value Proposition". Doch worin liegt die Einzigartigkeit der Persönlichkeit eines Unternehmens? Wie dokumentiert man diese Einzigartigkeit seines Charakters nach außen und macht sie tatsächlich erfahrbar? Woran merken Bewerber, dass Ihr Unternehmen sich dem folgenden Grundsatz verschrieben hat: „Wir sind wir und wir sind anders"?

3.4 Woran mangelt es dem üblichen Employer Branding?

3.4.1 Alles nur ein Missverständnis?

„Die Renten sind sicher!" Ein Bundesarbeitsminister hat dieses Versprechen vor vielen Jahren geprägt. Es ist zum geflügelten Wort geworden, in erster Linie deshalb, weil niemand daran glaubt. Die gängigen Repliken lauten: „Sicher ist die Rente, nur ihre Höhe nicht", oder, in Anspielung auf die Heraufsetzung des Rentenalters: „Wenn man so alt wird, dass man noch eine Rente bekommt". Im Employer Branding passiert oft das Gleiche. Wir betreiben Waschmittelwerbung — wir sind „weißer als weiß". Wir behaupten etwas herbei, was das Publikum anhand seiner Alltagserfahrung kaum glauben kann. Es wird übrigens nicht besser dadurch, dass wir es so lange erzählen, bis wir es selbst fast glauben.

Auf die Zielgruppe kommt es an; hier brauchen wir Glaubwürdigkeit. Dazu gehört übrigens auch die Behauptung als Unternehmen, man sei etwas Einzigartiges. Diese Behauptung muss meistens den tatsächlichen Beweis ersetzen, der nicht geführt wird. Und wenn, dann erschöpft sich dieser häufig in der Bezugnahme darauf, stellvertretender Weltmarktführer für irgendein merkwürdiges Vorprodukt eines Nischenproduktes zu sein, wie z.B. linksdrehende Exzenter-Schneckenpumpen. Das reicht nicht.

Ein weiteres Missverständnis tritt bei der praktischen Umsetzung einer Arbeitgebermarke zutage. Personalmanager neigen dazu, das erarbeitete Konzept hinter der Marke wieder zu vergessen, und einzig die Visualisierung in Form eines Logos — vielleicht noch inklusive Claim — als Arbeitgebermarke zu betrachten. Natürlich soll die Visualisierung einer Marke die Eigenschaften dieser Marke repräsentieren. Aber erst einmal sieht man einer neu geschaffenen Marke ihre Eigenschaften nicht an. Und die bestehende und adaptierte Marke trägt schon ihr eigenes Päckchen mit sich herum. Die Visualisierung der Arbeitgebermarke ist nicht der Anfangspunkt, sondern der Endpunkt der Kommunikation. Erst einmal muss etwas passieren. Die Marke muss zum Leben erweckt werden durch einen kommunikativen Akt mit der Zielgruppe: ein Gespräch, einen Zeitungsartikel, einen Internet-Chat. Dabei muss die Marke mit ihren Eigenschaften erfahrbar werden. Erst dann, wenn es einen kommunikativen Austausch gab, bekommt die Visualisierung ihre Funktion für die Wiedererkennung beim nächsten kommunikativen Akt.

3.4.2 Kampagne oder Kontinuität?

Bei vielen Unternehmen wird Employer Branding als „Notmaßnahme" aus einem konkreten Engpass in der Rekrutierung heraus begonnen. Was bisher nicht so richtig klappen wollte, soll dann in einem „Gewaltakt" vorangebracht werden. Die Herangehensweise ist wiederum werblich. Ein Logo wird gebaut, ein Claim erdacht, Fotos und Werbemittel werden produziert. Damit Sie mich nicht falsch verstehen: Solche Kampagnen sind in Ordnung, wenn Sie einen größeren Rekrutierungsbedarf haben. Allerdings darf die Kampagne nicht mit dem Aufbau einer Arbeitgebermarke verwechselt werden oder als deren Ersatz gedacht sein.

Erinnern wir uns, wie ein positives Image entsteht — Bekanntheit, Profil und Reputation sind die Elemente. Kurzfristig lässt sich mit solchen Kampagnen in erster Linie der Faktor Bekanntheit erhöhen, allerdings oft für teures Geld. In gewissem Maße haben wir dabei auch Einfluss auf die Profilbildung. Die entscheidenden qualitativen Aspekte sind hingegen langfristiger Natur und bedürfen deshalb einer fortlaufenden und eigenständigen kommunikativen Pflege. Die Kampagne kann die Arbeit daran nicht ersetzen, denn die Meinungsbildung über unser Unternehmen findet auch dann statt, wenn wir nicht kommunizieren, und sie findet auch bei Leuten statt, mit denen wir nicht kommunizieren.

3.4.3 Die Sieben Todsünden des Employer Branding

Ich will für Sie noch einmal zusammenfassen, warum vieles im Employer Branding nicht funktioniert und warum viele Unternehmen deshalb im Wettlauf um die Talente und Leistungsträger nicht vom Fleck kommen. Ich nenne die Kritikpunkte ganz bewusst die Sieben Todsünden, denn ein Unternehmen, das seinen strategischen Kompetenzbedarf nicht decken kann, wird am Kompetenzmangel zugrunde gehen.

Die Sieben Todsünden des Employer Branding	
1. Ahnungslosigkeit	Unternehmen kennen weder ihr externes Image noch die Werte und Wünsche der Zielgruppen. Genauso wenig gibt es objektive Daten zur tatsächlich empfundenen Identität, dem Selbstbild der Organisation als Ganzes.
2. Egozentrik	Unternehmen kreisen um das eigene Wunschbild, reden sich selbst schön, hinterfragen sich nicht und biegen sich die Welt zurecht.
3. Planlosigkeit	Employer Branding wird nicht strategisch aufgesetzt, sondern ist getrieben von kurzfristigen operativen Bedürfnissen, meist im Zusammenhang mit akutem Rekrutierungsdruck.

Von nichts kommt nichts – Reputation kommt von Kommunikation!

Die Sieben Todsünden des Employer Branding		
4.	Unbeweglichkeit	Employer Branding ist statisch. Es wird als Projekt und nicht als Prozess gedacht. Eine einmal definierte Marke wird als Wirkungsautomatismus und Ewigkeitsgarantie betrachtet.
5.	Unentschiedenheit	Employer Branding ist generisch. Alle sagen, behaupten, versprechen das Gleiche. Echte Unterscheidungsmerkmale sind nicht erkennbar, der Mut zur Abweichung fehlt.
6.	Unehrlichkeit	Unternehmen behaupten Dinge, die nicht stimmen. Das ist doppelt schlimm. Man versucht, andere hinters Licht zu führen. Zugleich macht man deutlich, dass man Leute für dumm und naiv hält.
7.	Lustlosigkeit	Es fehlt an einer überzeugenden und fortlaufenden Thematisierung, Positionierung und Platzierung des eigenen Unternehmens als „Persönlichkeit", mit der es sich zu arbeiten lohnt.

TIPP

Einfach immer das Gegenteil dieser „Sieben Todsünden" machen, und Sie rücken dem Employer-Branding-Himmel ein gutes Stück näher!

3.5 Employer Branding oder Employer Reputation?

3.5.1 Nur Begriffsverwirrung?

Kaum haben wir Employer Branding gelernt, kommt mit Employer Reputation schon der nächste Begriff um die Ecke. Umgangssprachlich werden zudem noch die Begriffe Image und Reputation häufiger gleichbedeutend verwendet oder verwechselt. Wer soll da noch durchblicken? Um es klar zu sagen: Wichtiger als die Begrifflichkeit ist das Verständnis dessen, wie wir als Arbeitgeber kommunizieren. Employer Reputation ist Ausdruck eines neuen Verständnisses. Wenn Sie Ihren Vorstand oder Ihre Geschäftsleitung nicht mit einem neuen Begriff überfordern wollen, dann dürfen Sie gerne weiter von Employer Branding reden. Entscheidend ist das Ziel: dass Sie attraktiver Arbeitgeber werden.

Reputation ist „symbolisches Kapital", ein Gut, das in der Öffentlichkeit und im Dialog mit der Öffentlichkeit entsteht. Sie ist notwendige Voraussetzung dafür, dass wir mit Hilfe unserer Marke überhaupt ein positives Image erreichen können. Employer Reputation herzustellen ist die Aufgabe einer strategisch orientierten Arbeitgeberkommunikation. So wie das Konzept des Employer Branding strategisch gedacht ist, ist auch der Weg zur Employer Reputation als strategischer Prozess angelegt. Er setzt am Ausgangspunkt des Employer Branding an und trägt die dort angelegten Nutzenversprechen durch die (Arbeits-)Welt. Oder, um ein anderes Bild zu verwenden: Wenn das Employer Branding der Geburtsakt einer Arbeitgebermarke ist, dann ist Employer Reputation die Begleitung des Wachstums, die Aufzucht, Erziehung und Pflege der Arbeitgebermarke.

In seiner lateinischen Wortbedeutung steht „reputatio" für die Abrechnung. Das ist so gemeint, wie es klingt: Bilanz ziehen, Soll und Haben vergleichen, Gut und Schlecht gegeneinander aufwiegen. Reputation ist das Ergebnis einer fortlaufenden öffentlichen Bewertung, der wir ausgesetzt sind, ob wir wollen oder nicht. Und die Werte, an denen wir als Unternehmen gemessen werden, sind sowohl allgemeingültige Werte einer modernen Zivilgesellschaft als auch die spezifischen Wertvorstellungen unserer Zielgruppen. Allein schon um diese zu kennen, müssen wir den ständigen Dialog mit der Öffentlichkeit und mit Stakeholdern suchen.

3.5.2 Der Realitätstest

Employer Reputation zu schaffen bedeutet, die im Rahmen des Employer Branding aufgestellten Behauptungen mit Beweisen zu unterlegen. Dazu brauchen wir Themen, Menschen und Geschichten. Employer Reputation entsteht von innen nach außen. Sie knüpft an der Identität des Unternehmens an, und damit an jedem einzelnen Mitarbeiter, der zu dieser Identität beiträgt. Das beginnt bei ganz alltäglichen Dingen. Kann ein Unternehmen ein guter Arbeitgeber sein, wenn seine Callcenter-Mitarbeiter die Kunden unfreundlich behandeln? Erzählen die Mitarbeiter bei jeder sich bietenden Gelegenheit, wie überlastet, gelangweilt, genervt oder doch begeistert sie von ihrer Arbeit sind?

Wenn wir Reputation als Arbeitgeber aufbauen wollen, müssen wir vor allem präsent in den Themen sein, die unsere Arbeitswelt bestimmen. Wir müssen also mitreden und beitragen können, wenn es beispielsweise um Arbeitszeit und Belastung, Burnout und Gesundheitsmanagement, Familienfreundlichkeit oder Leistungsorientierung geht. Wir müssen so oft wie möglich zusätzliche positive Informationen über uns als Unternehmen in Umlauf bringen, die einen Bezug zu unserer Arbeitswelt haben. Dies ist die schwierigste Übung für Personalmanager. Manche dieser Themen sind problembehaftet. Viele muss man recherchieren, aufbereiten. Nicht alles kann man verwenden.

Wollen wir die Arbeitgebermarke positiv aufladen, dann brauchen wir auch die Menschen im Unternehmen. Wir müssen sie dort zum Sprechen bringen, wo sie sich für ihre Arbeit tatsächlich begeistern und mit ihrem Unternehmen identifizieren. Die Vielzahl und Qualität der Beispiele macht hier die Beweiskraft aus. Es reicht eben nicht aus, eine einzelne Geschichte auf der Homepage zu präsentieren und darauf zu warten, dass irgendwann einmal jemand darüber stolpert. Geschichten müssen „draußen in der Welt" platziert werden, in den Medien, in den sozialen Medien, im Rahmen von Live-Events. Am besten gibt es dafür zusätzlich ein „Gesicht des Arbeitgebers". Eine Gallionsfigur aus dem Management, die auch verdeutlicht, dass das Unternehmen bis in die höchste Führungsspitze hinein von den Versprechen der Arbeitgebermarke durchdrungen ist. Arbeitgeberkommunikation — Sie ahnen es — ist Chefsache! Wollten Sie für ein Unternehmen arbeiten, dessen oberste Entscheidungsinstanz nicht in der Lage ist, Orientierung vorzuleben, die sich einen Teufel um die Leute schert?

3.5.3 Arbeitswelt ist Zukunftsthema

Wenn Sie mir bisher hierher gefolgt sind, dann habe ich eine frohe Botschaft für Sie: Die Zukunft ist auf Ihrer Seite! Unsere Wirtschaft, ja unsere Lebenswelt, steht am Anfang fundamentaler Veränderungen durch die digitale Transformation aller Bereiche. Standardarbeiten und -berufsbilder werden immer weiter durch Automatisierung ersetzt; dem Menschen bleibt die wesentlich komplexere Geistesarbeit vorbehalten. Noch immer hat künstliche Intelligenz ihre Grenzen, spätestens in Fragen der Kreativität, des Einfallsreichtums oder des mitmenschlichen Umgangs. Wettbewerbsvorteile in der Wissensgesellschaft werden durch Menschen erschaffen, die über umfangreiche soziale und persönliche Kompetenzen verfügen. Der Wertewandel tut das Übrige: Menschen werden zukünftig immer kritischer die Rahmenbedingungen und Ziele der Arbeit in einem Unternehmen ergründen und hinterfragen. Wer als Arbeitgeber nicht transparent, auskunftsfreudig und aktiv kommunizierend auftritt, wird immer weniger talentierte und interessante Menschen erreichen. Darüber hinaus wird auch im zivilgesellschaftlichen Diskurs die Frage immer wichtiger, ob ein Unternehmen ein guter Arbeitgeber ist. Ich bin überzeugt: Nicht nur das Personalmanagement, die gesamte Unternehmenskommunikation wird zukünftig von den Themen der Arbeitswelt dominiert, bestimmt oder sogar getrieben werden. Employer Reputation wird in der Wissensgesellschaft zur Kerndisziplin der Corporate Communications. Das ist der Grund, warum wir gar nicht anders können, als Kommunikation mit diesem neuen Verständnis zu betreiben!

4 Trendsetter statt Mitläufer – Reputation statt Branding

Autor: *Stephan Grabmeier*

Nach wie vor erscheint Employer Branding als der vermeintlich rettende Strohhalm, wenn es um das Anwerben neuer Talente geht. Bereits seit ein paar Jahren scheint die Unternehmen die nackte Panik im Griff zu haben, nicht bei der Employer-Branding-Welle dabei zu sein. Der schon so martialisch klingende „War for Talent" verschärft bei den Unternehmen noch das Gefühl, abgehängt zu werden, wenn man nicht jedem Trend hinterherläuft. Leider ist es jedoch so: Wenn Sie nur Trends hinterherlaufen, werden Sie nie zum Trendsetter. Inhaltsleere Branding-Kampagnen sind anbiedernd und fallen nach einem kurzen Realitätscheck bei den Bewerbern durch. Dieser Beitrag zeigt, wie nachhaltiges Reputation Management aussehen muss, damit es dauerhaft erfolgreich ist. Er beleuchtet, warum der Begriff Employer Branding in die Irre führt. Denn an erster Stelle müssen die Mitarbeiter stehen; erst dann sollten die Bewerber kommen. So entsteht der gute Ruf eines Unternehmens, seine Reputation.

4.1 Employees first! Warum die Mitarbeiter an erster Stelle stehen sollten

> **BEISPIEL**
>
> Sandra M. ist 34 und arbeitet in einer großen deutschen Versicherung. Sie hat sich gerade den neuesten Werbespot fürs Personalmarketing im Intranet angesehen. Das hat sie frustriert. Sie denkt: „Anscheinend bekommen neue Mitarbeiter so einiges angeboten, was bei uns eigentlich immer undenkbar war. Flexible Arbeitszeiten, eine digitale vernetzt arbeitende Organisation, Jobsharing und Homeoffice? Bisher gab es das nicht. Außer auf PowerPoint-Folien wurde davon in den letzten Jahren intern nichts umgesetzt. Schön, wenn wir so eine Unternehmenskultur hätten, die auf Flexibilität, Transparenz und Vertrauen baut. Aber meine Erfahrungen hier waren bisher andere." Sie ist der Ansicht, dass die Marketing-Abteilung die Realität deutlich aufhübscht und sich potenziellen Bewerbern geradezu an den Hals wirft. „Intern sieht es doch ganz anders aus, als wir nach außen suggerieren. Die Wahrheit ist: Für unsere Wünsche und Vorschläge interessiert sich hier doch keiner. Die Ar-

beitsplatzausstattung ist alt und tradiert, von digitaler Vernetzung keine Spur. Jobsharing kennen die wenigsten Führungskräfte, und wenn, dann auch nur als Begriff und nicht als Fakt. Wie soll offen, transparent und vertrauensvoll gearbeitet werden, wenn das Unternehmen nur hierarchisch in Silos aufgebaut und nicht vernetzt ist? Agilität klingt gut — in der Praxis findet das aber nicht statt. Nach wie vor gelten die alten Managementmethoden und Parolen von „Höher, schneller, weiter!". Diversität — von wegen! Eine Frauenquote, die nicht der Rede wert ist, Schwulen-, Lesben- oder heterogene Religionszugehörigkeiten werden nicht sichtbar gelebt. Die farbigsten Mitarbeiter sieht man in der Employer-Branding-Kampagne, aber nicht im Unternehmen."

Bisherige Employer-Branding-Ansätze mit schicken Werbespots, trendigen Inhalten, coole Social-Media-Kampagnen und Hochglanz-Imagebroschüren mögen kurzfristig die Bewerberzahlen in die Höhe treiben. Nachhaltig sind sie in keinem Fall. Im Gegenteil: Es offenbart sich in ihnen die Schwäche der Unternehmensführung und einer ganzen Organisation. Denn die Sandras sind entscheidend! Die gelebte Unternehmenskultur und die Mitarbeiter, die diese tagtäglich ausfüllen, sind Ihr Kapital. Und zwar auch und besonders, wenn es um den Aufbau der Arbeitgeberreputation geht — aus folgenden Gründen:

- Zufriedene und innovative Mitarbeiter prägen den guten Ruf eines Unternehmens als Arbeitgeber — umgekehrt gilt das natürlich auch für unzufriedene Mitarbeiter.
- Bewerbern mit geschicktem Marketing das Blaue vom Himmel zu versprechen, aber für die Belegschaft nur das Notwendigste zu tun, zeugt nicht von einer wertschätzenden Unternehmenskultur. Im schlimmsten Fall sind Frustration und Demotivation der Mitarbeiter die Folge.
- Marketing-Täuschungsmanöver, mit denen die Realität beschönigt wird, entpuppen sich dank Sozialer Netzwerke und Bewertungsportale schnell als unwahr. Offenheit und Authentizität werden in Social Media sichtbar und tragen zur Entscheidung für oder gegen einen Arbeitgeber bei.

4.2 Von der Unternehmenskultur zur attraktiven Arbeitgebermarke und zum besseren Ansehen des Unternehmens

4.2.1 Was wollen Mitarbeiter heute?

Employer Branding funktioniert in vielen Unternehmen leider, wie so manches andere auch, immer noch nach dem Prinzip „Silo". Das Personalmarketing wurstelt im eigenen kleinen Silo vor sich hin, entwickelt Imagekampagnen und Strategien, beauftragt coole Agenturen, ohne sich allerdings großartig mit anderen Abteilungen auszutauschen oder die Zielgruppen — die Bewerber — mit in die Entwicklung einzubinden.

Sie wollen qualifizierte Talente für Ihr Unternehmen gewinnen? Dann investieren Sie nicht in die Marketing-Abteilung. Schaffen Sie eine attraktive Unternehmenskultur und sorgen Sie für moderne Arbeitswelten 4.0, die auf den Wünschen und Bedürfnissen Ihrer Mitarbeiter basieren.

Franz Kühmayer hat in seinem Leadership-Report[2] herausgefunden, dass Arbeitnehmer bei einem Arbeitgeber vor allem

- eine gute Zusammenarbeit im Team,
- die Sinnhaftigkeit der Arbeit und
- die Vereinbarkeit von Familie und Beruf

suchen. Ähnliche Ergebnisse liefern auch andere Studien wie z. B. der Hays-Report 2014/2015[3]. Dieser zeigt, dass Mitarbeiter vor allem soziale Kompetenzen von Führungskräften erwarten. Moderne Personalführung sollte laut der Studie

- eine Feedback-Kultur entwickeln,
- die Mitarbeiter motivieren und
- individuelle Entwicklungsmöglichkeiten aufzeigen und fördern.

---

[2] Kühmayer, Franz (2015).
[3] Hays AG (2014/2015).

Trendsetter statt Mitläufer – Reputation statt Branding

In die gleiche Richtung weisen die Daten aus der Studie des Forums Gute Führung[4], die unter der Leitung von Prof. Peter Kruse von der Agentur Nextpractice durchgeführt wurde: Moderne Personalführung basiert demnach vor allem auf

- Flexibilität,
- Transparenz,
- Vertrauen und
- Partizipation der Mitarbeiter.

Wenn Sie Ihr Unternehmen also als attraktive Arbeitgebermarke aufbauen wollen, dann sollten Sie zuerst den Blick nach innen richten und dafür sorgen, dass die Mitarbeiter zufrieden sind, die schon da sind.

Fragen Sie sich:

- Stimmt die Kultur in meinem Unternehmen mit dem überein, was sich Mitarbeiter heute wünschen?
- Sind die Führungskräfte in meinem Unternehmen in der Lage, die Wünsche und Bedürfnisse der Mitarbeiter zu berücksichtigen, zu moderieren und ein angenehmes Arbeitsklima zu schaffen?

Wenn das nicht passt, dann gilt es zu handeln. Treiben Sie den Transformationsprozess voran: Ändern Sie Grundlegendes in Ihrem Unternehmen statt nur an Marketing-Kampagnen zu basteln! Denn allein mit dickem Firmenwagen und fettem Gehaltsscheck locken Sie heute niemanden mehr in Ihre Firma. Faktoren wie die Möglichkeit zur Selbstverwirklichung und die im Unternehmen spürbar gelebten Werte treten bei potenziellen Arbeitnehmern immer mehr in den Vordergrund.

4.2.2 Damit Sie nicht zur Runkelrübe werden

Employer Reputation inklusive Branding muss also Teil eines Transformationsprozesses sein, der die ganze Unternehmenskultur mit einschließt und so auch auf das Personalmarketing wirkt. Es darf nicht für sich alleine als Maßnahme stehen — das ist von vorgestern. Erst wenn von innen heraus eine Transformation angestoßen und durchlaufen wurde, ist Employer Branding authentisch, passt es zum Markenkern und beinhaltet mehr als nur substanzlose Versprechen, die Sie dann doch nicht halten (können). Mit einem Employer Branding von gestern verlieren

---

[4] Initiative Neue Qualität der Arbeit (2013).

4 Von der Unternehmenskultur zur attraktiven Arbeitgebermarke

Sie noch mehr Substanz im Kampf um gute Talente und werden dadurch eher zur Lachnummer im Markt als zu einem attraktiven und modernen Arbeitgeber. Ein umfassender Ansatz — Reputationsmanagement — wird unabdingbar!

Die Goldene Runkelrübe der HR-Kommunikation zeichnet jedes Jahr die schlechtesten Employer-Branding- und -Recruiting-Kampagnen aus. Unter den bewerteten Konzepten finden sich sowohl Unternehmen, die ihr Handwerkszeug in Human Resources grundsätzlich nicht beherrschen, als auch Kampagnen, die so schlecht sind, dass sie das Gegenteil dessen bewirken, wofür sie gemacht sind. Sie schrecken neue Bewerber eher ab, als sie für das Unternehmen zu interessieren und zu begeistern. Auf der Seite http://www.goldenerunkelruebe.de/gewinner-2014/ finden sie die „Sieger" mit den schlechtesten Kampagnen.

4.2.3 Integriertes Personalmarketing mit dem „Employer Branding Canvas"

Wir von den Innovation Evangelists arbeiten viel mit agilen Methoden und haben im Rahmen unserer Canvas-Modelle den „Employer Branding Canvas" entwickelt. Er beschreibt neun Gestaltungsfelder für ein erfolgreiches integriertes Personalmarketing, das nachhaltig nach innen und außen wirkt. Der Employer Branding Canvas ist eine zu erarbeitende Roadmap, die Unternehmen zur weiteren Orientierung in Sachen Employer Branding gestalten können. Die wichtigsten Leitfragen zu jedem Gestaltungsfeld sind darin enthalten.

Employer Branding Canvas

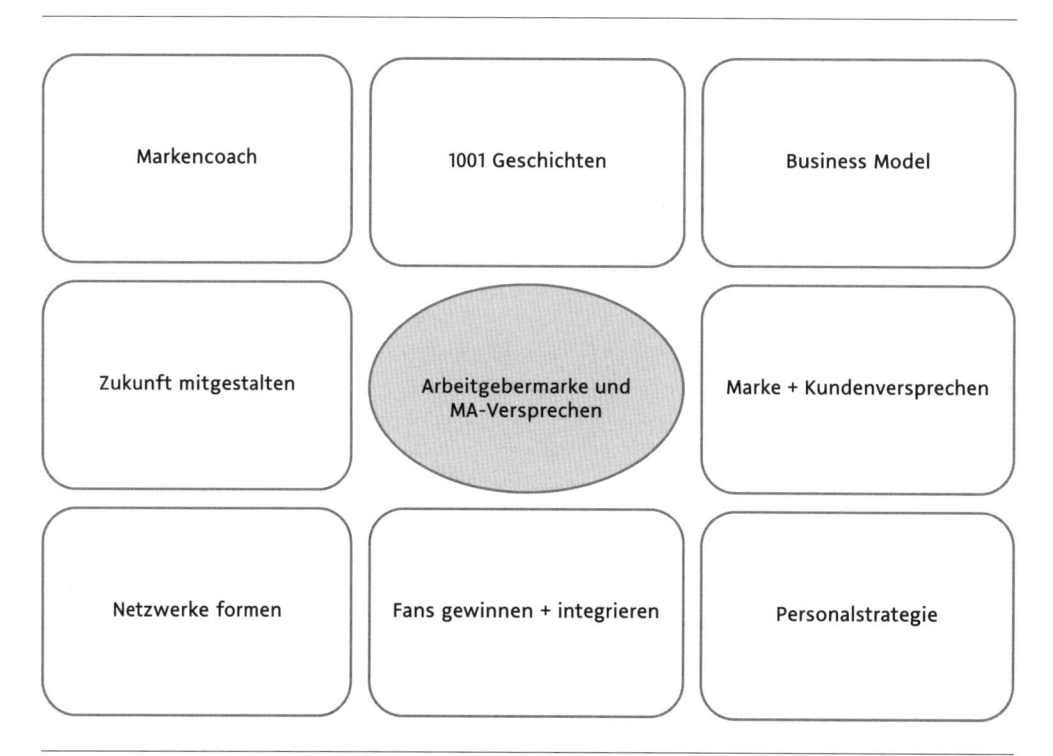

Markencoach	1001 Geschichten	Business Model
Zukunft mitgestalten	**Arbeitgebermarke und MA-Versprechen**	Marke + Kundenversprechen
Netzwerke formen	Fans gewinnen + integrieren	Personalstrategie

Abb. 1: Employer Branding Canvas

Ebenso wie Kundenservice, Vertrieb, Forschung und Entwicklung muss man auch das Personalmarketing integriert betrachten. Denn natürlich hat es auch Auswirkungen auf die Attraktivität der Arbeitgebermarke, ob ein Unternehmen seinen Umsatz steigern konnte oder nicht!

Diese Bereiche gehören zum Employer Branding
Business-Strategie
Business-Modell
Marke
Kundenversprechen
Workforce Management

Nur wenn das Mitarbeiterversprechen glaubwürdig im Einklang mit Geschäftsmodell, Marke und Kundenversprechen ist, dann ist es auch authentisch und nachhaltig.

4 Von der Unternehmenskultur zur attraktiven Arbeitgebermarke

Entscheidend ist deshalb, dass alle Bereiche miteinander vernetzt sind und gemeinsame Ziele verfolgen. Nur so sind multiplikative Effekte möglich. Eine zentrale Rolle kommt dabei den Führungskräften zu: Sie müssen eine Vorbildrolle in Bezug auf Arbeitgebermarke, Kunden- und Mitarbeiterversprechen einnehmen. Führungskräfte werden zum Markencoach — sowohl nach innen als auch nach außen. Besonders das Topmanagement ist hier gefragt: Wenn C-Level Executives für Mitarbeitergespräche bereitstehen, dann hat das die größten Auswirkungen auf die Etablierung einer offenen und transparenten Kommunikationskultur. Ein Musterbeispiel in dieser Hinsicht ist das Programm U&I des IT-Konzerns HCL Technologies (6 Milliarden US-Dollar Umsatz, 85.000 Mitarbeiter). Über U&I können Mitarbeiter Fragen und Wünsche direkt gegenüber dem Topmanagement äußern. Der CEO von HCL Technologies, Vineet Nayar, beantwortet 90 % der Fragen persönlich. Dafür wendet er wöchentlich 7 Stunden auf. Umgekehrt postet auch das Management Fragen an die Mitarbeiter, die diese beantworten, und bekommt so Einblicke in die Bedürfnisse und Probleme seiner Angestellten.[5]

> **TIPP: Bleiben Sie in Kontakt mit Ihren Mitarbeitern**
>
> Für ein nachhaltig erfolgreiches Employer Branding ist nichts so wichtig wie zufriedene Mitarbeiter. Damit Ihre Mitarbeiter zufrieden sind, müssen Sie wissen, was sie brauchen. Deshalb ist es wichtig, eine offene Feedback- und Kommunikationskultur in Ihrem Unternehmen zu etablieren. Entscheidend ist dabei, dass das Topmanagement mit gutem Beispiel vorangeht und sich der Sorgen und Wünsche der Mitarbeiter annimmt. Wenn Vineet Nayar (HCLT) oder auch ehemals René Obermann, Ex-CEO der Deutschen Telekom AG, („Direkt zu René Obermann" bei der Deutschen Telekom) sich persönlich der Fragen annehmen, dann verdeutlicht das eine wertschätzende Kultur im Unternehmen. Als Unternehmen zeigen Sie Ihren Mitarbeitern: Deine Meinung ist mir wichtig und sie zählt. So fördern Sie die Identifikation und damit die intrinsische Motivation Ihrer Angestellten. Mitarbeiter, die aktiv an einem solchen Prozess beteiligt sind, werden die Strategie und die Kultur des Unternehmens auch aktiv unterstützen und nach außen kommunizieren. Somit wird die offene Kommunikationskultur zum Treiber der Unternehmenskultur — und integriertes Employer Branding ist ein Teil davon.

Wenn sich die Firmenleitung ehrlich für Meinungen und Vorschläge der Mitarbeiter interessiert und diese sogar aktiv einholt und partizipativ nutzt, dann können Mitarbeiter, Kunden und Externe in die Entwicklung der künftigen integrierten Unternehmensstrategie eingebunden werden. Zudem ist eine solche Feedbackkultur auch ein (weiteres) Zeichen von Wertschätzung.

---

[5] Vgl. http://de.slideshare.net/hcl/employee-first-customer-second

Checkliste: Integriertes Employer Branding
Einbettung in Geschäftsmodell, Marke, Kundenversprechen
Verankerung in Unternehmensentwicklung
Management nimmt Vorbildrolle nach innen und außen ein
Rückhalt der Mitarbeiter
Ehrlichkeit, Authentizität, Transparenz
Aufbau eines authentischen Content Managements
Verzicht auf redaktionelles Hochglanz-Werbe-Blabla

4.2.4 Die „Wunderkinder" der Generation Y

Einige Unternehmen hoffen, dass gerade die viel beschworene Generation Y oder auch die Generation Z zum Treiber einer Kulturtransformation werden kann, die den Unternehmenserfolg in allen Bereichen nachhaltig steigert. Die Firmen hoffen darauf, sich mit der Gen Y/Z Change Agents an Bord zu holen. Ihre Werthaltungen, ihre Kreativität, aber auch ihr Pragmatismus und ihr strategisches Denken[6] sollen das Unternehmen von innen modernisieren und ihm neue Werthaltungen verpassen.

Man muss sich allerdings schon fragen, ob die Generation Y/Z wirklich ein monolithischer Block ist, der sich durch gleiche Lebenserfahrungen und -vorstellungen auszeichnet. Der gesunde Menschenverstand und meine persönliche Erfahrung legen etwas anderes nahe. Auch die Studie von Prof. Peter Kruse im Auftrag der Initiative Qualität für Neue Arbeit (INQA) für das Forum gute Führung weist in eine ähnliche Richtung[7]. Wie unter allen übrigen Arbeitnehmern gibt es auch in der Generation Y/Z die Pessimisten und die Optimisten:

- diejenigen, die bereits resigniert haben und Transformationsprozesse als gesamtgesellschaftliche Aufgabe sehen, bevor sich in Unternehmen etwas verändern kann, und
- diejenigen, die der Arbeitswelt und ihren Aufgaben insgesamt positiv gegenüberstehen und zuversichtlich sind, dort etwas zum Besseren wenden zu können.

---

[6] http://www.zeit.de/zeit-magazin/leben/2014-12/generation-y-arbeitswelt-glueck-angst-traumtaenzer

[7] INQA (2013).

Außerdem gilt für die Generation Y/Z das Gleiche wie für die Generation X und die Generationen davor: Sozialisierung in Unternehmen hinterlässt ihre Spuren. Die Unternehmenskultur prägt sehr viel wahrscheinlicher die Mitarbeiter als andersherum. Nur sehr starke und unabhängige Persönlichkeiten schaffen es, ihre Umgebung zu prägen. Besonders in jungen Jahren ist kaum jemand charakterlich so gefestigt, dass ihm so etwas gelingt. Sehen Sie die Wunderkinder der Gen Y/Z deshalb nicht als „Wundermittel" an, das im Handumdrehen Ihre Unternehmenskultur modernisiert. Eine Kulturtransformation kann man nicht von außen oder mit Hilfe von ein paar neuen Mitarbeitern anstoßen. Sie muss von innen heraus gedacht und strategisch umgesetzt werden. Dann kann man die Mitarbeiter rekrutieren, die eine solche neue Unternehmenskultur anzieht.

> **! ACHTUNG: Neue Mitarbeiter machen noch keinen Kulturwandel**
>
> Unternehmen sollten nicht darauf vertrauen, durch neue Mitarbeiter eine neue Unternehmenskultur etablieren zu können. Gerade die Gen Y oder Gen Z wird mit gehypten Parolen einem Erwartungsdruck unterzogen, den sie kaum jemals wird erfüllen können. Transformationsprozesse müssen von innen heraus angestoßen werden, dann können Unternehmen die Mitarbeiter rekrutieren, die zur Kultur passen — und nicht andersherum. Neue und noch dazu sehr junge Mitarbeiter werden kaum in der Lage sein, die Kultur in einem Unternehmen umzukrempeln, wenn der Wandel nicht bereits von innen angestoßen wurde.

4.3 Kulturtransformation jetzt!

Dass die Unternehmenskultur moderner werden muss, damit Unternehmen zuerst ihre Mitarbeiter motivieren und dadurch dann auch neue Mitarbeiter ins Boot holen können, dürfte nun klar geworden sein. *Wie* das funktionieren kann, verrate ich Ihnen jetzt.

Die Unternehmenskultur ist schwer fassbar; sie fußt auf weichen Indikatoren, die man nicht auf den ersten Blick sieht. Trotzdem spürt man sie, sobald man etwas mehr mit einem Unternehmen zu tun hat. Ist sie eher konservativ und autoritär geprägt, oder stehen neue Ideen, Innovationen, Vernetzung und Transparenz im Vordergrund? Die Unternehmenskultur äußert sich vor allem über Werte, die in Unternehmen gelten und gelebt werden. Aber sie zeigt sich auch in den Räumlichkeiten oder beim Dresscode.

4.3.1 Werte in Unternehmen umsetzen

Werte machen ein Unternehmen vertrauenswürdiger, glaubwürdiger und berechenbarer. Das zahlt sich aus: Die Reputation, die ein umfassendes Wertemanagement durch zufriedene Mitarbeiter und Kunden generiert, ist die Voraussetzung für den Erfolg auf den Kapitalmärkten und im Wettbewerb um Kunden und Mitarbeiter. Die Werte eines Unternehmens müssen dabei in allen Geschäftsbereichen verankert sein: Sie bestimmen die Auswahl der Kooperationspartner, der Zulieferer und die Zielgruppe. Sie haben fundamentale Auswirkungen auf die Mitarbeiterrekrutierung und -bindung: Denn Werte definieren die Kriterien, anhand derer Mitarbeiter eingestellt und dann auch beurteilt werden. Wichtig ist, dass die Werte unternehmensintern kommuniziert, gelebt und im Austausch mit allen Mitarbeitern beständig modifiziert werden. Nur so können Sie alle ins Boot holen — und das ist entscheidend[8].

> **BEISPIEL: Nachhaltigkeit in der Otto-Gruppe**
>
> Nachhaltigkeit ist der prägende Unternehmenswert der Otto-Gruppe. Zwar ist der Begriff mittlerweile ein Trendlabel, das sich jeder Zweite auf den Jutebeutel druckt. Otto versucht aber schon seit über 20 Jahren, dieses Prinzip in seinen Geschäftsbereichen zu verwirklichen. Alle zwei Jahre gibt der Konzern einen Corporate Responsibility Report heraus, in dem er den Einfluss der Unternehmensaktivitäten auf Mensch und Natur offenlegt. Außerdem stellt er Maßnahmen vor, mit denen die Verwirklichung des Nachhaltigkeitsprinzips künftig umgesetzt werden soll. Im aktuellen Report[9] nennt der Konzern klar überprüfbare Ziele. Hier ein paar Beispiele:
> - Bis 2020 soll die gesamte Baumwolle nachhaltig produziert werden (Bio, Cotton made in Africa, Recycling)
> - Bis 2020 sollen Möbel nur noch aus FSC-zertifiziertem Holz hergestellt werden
> - 50 % Reduzierung der CO_2-Emissionen bis 2020
> - Erhöhung des Anteils an FSC-zertifiziertem Papier auf 50 % bei Werbemitteln

Der Sinn der Arbeit, der für viele Arbeitnehmer heute so wichtig ist, beinhaltet auch die Orientierung an bestimmten ethischen und moralischen Kriterien. Deshalb ist es für ein authentisches, erfolgreiches und nachhaltiges Employer Branding essenziell, dass ein Unternehmen werteorientiert handelt.

---

[8] Vgl. auch von Guretzky, Bernhard (2006).
[9] Otto Group (2013).

Ein weiteres Beispiel für eine werteorientierte Unternehmenskultur ist die Sparda-Bank mit Sitz in München.

> **BEISPIEL: Die Sparda-Bank — eine Bank mit Gemeinwohlorientierung**
>
> Besonders nach dem großen Crash der Jahre 2007 und 2008 sah der Geschäftsführer Helmut Lind die Notwendigkeit einer neuen Form des Wirtschaftens. Gemeinsam mit 1.200 Firmen aus 15 Ländern verpflichtete sich die Sparda-Bank einer gemeinwohlorientierten Wirtschaft. 17 Kriterien, die im Gemeinwohlbericht genau beschrieben sind, müssen die Teilnehmer umsetzen. Wenn sie sich für ein externes Audit entscheiden — wie die Sparda-Bank — werden die Werte geprüft. Die Kriterien
> - Menschenwürde,
> - Solidarität,
> - ökologische Nachhaltigkeit,
> - soziale Gerechtigkeit,
> - demokratische Mitbestimmung und Transparenz
>
> werden jeweils in Bezug auf Mitarbeiter, Lieferanten, Geldgeber, Kunden und gesellschaftliches Umfeld evaluiert. Damit wird sichergestellt, dass die Gemeinwohlorientierung auch tatsächlich alle Unternehmensbereiche durchdringt und widerspruchsfrei umgesetzt wird[10].

Checkliste: Das sollten Sie bei der Etablierung einer werteorientierten Unternehmenskultur beachten	
Werte über eine Werteanalyse mit allen Mitarbeitern erarbeiten	
Werte in allen Geschäftsbereichen umsetzen	
Kommunikation nach innen und außen in allen Phasen des Transformationsprozesses	
Umsetzung transparent und unabhängig prüfen	
Bei Bedarf: partizipativ die Werte weiterentwickeln	

4.3.2 Wenn Unternehmenskultur sichtbar wird: Räume und Kleidung

Die Räumlichkeiten, in denen ein Unternehmen residiert, sind Ausdruck der unternehmensinternen Beziehungen — und die wiederum sind eng verwoben mit der

---

[10] Vgl. Sparda-Bank München eG (2012).

Unternehmenskultur. Der Begriff „Chefetage" kommt nicht von ungefähr: Je höher das Stockwerk, desto höher auch die Hierarchie. Auch das berühmte Eckbüro (mit Fenstern an zwei Seiten!) gehörte früher dem Chef. In tradierten Unternehmen sind Fläche und Anzahl der Fenster Ausdruck von Macht und Status. In einer modernen Unternehmenskultur lösen sich Hierarchien jedoch auf. Beziehungen sind hier vernetzt, agil und flexibel. Arbeit findet in Teams statt; sie ist immer weniger top-down organisiert.

Mit Chefetage, Eckbüro und somit Macht und Status geht eine Separierung einher. Führungskräfte sind dann nur schwer zugänglich für ihre Mitarbeiter: weder sind sie für deren Probleme ansprechbar, noch bekommen sie mit, woran diese gerade arbeiten. Heute dagegen setzt sich immer mehr die Auffassung durch, dass Hierarchien kontraproduktiv sind. Auf dem Weg durch die Ebenen verwässern Ideen, faule Kompromisse schleichen sich ein — Gift für jegliche Innovation. Unternehmen sollten sich deshalb fragen: Wie können wir durch unsere Räume und Gebäude vernetzte und agile Organisationsformen fördern? Wie können wir eine Führungskultur schaffen, die nicht auf Hierarchien fußt, sondern auf Kooperation, Transparenz und Flexibilität?

Beim Online-Händler Zappos hat man deshalb ein anderes Modell gewählt: Statt in Chefetage und Eckbüro sitzt der CEO Tony Hsieh mit im Großraumbüro. Statt räumlicher Trennung gibt es also einen großen Raum für alle — unabhängig von Funktion und Aufgabe. Das führt nicht nur — im wahrsten Sinne des Wortes — zu kurzen Wegen. Es entsteht auch eine Kultur der Offenheit, der Transparenz, der gegenseitigen Anerkennung und Wertschätzung. Räume sind also viel mehr als nur Orte, an denen wir uns aufhalten und arbeiten. Räume sind Ausdruck von Beziehungen. Da viele von uns den größten Teil unserer Zeit beim Arbeiten verbringen und produktiv sein wollen, sollten wir Wert darauf legen, dass unsere Umgebung dort zu unserem Wohlbefinden beiträgt.

▶ **BEISPIEL: Zappos — der Chef im Großraumbüro**

Der Gründer und CEO von Zappos Tony Hsieh fragte sich vor einiger Zeit: Wie sollte es in meinem Unternehmen aussehen, damit ich gerne zur Arbeit gehe? Und als er diese Frage beantwortet hatte, gestaltete er (nicht nur) die Räume radikal um. Vor allem veränderte er damit die Unternehmenskultur — die Räume waren nur der physische Ausdruck davon. Architektur und Arbeitsräume sind kulturprägend und daher systemimmanent. Bei Zappos muss keiner abends die Stifte akkurat in die Schublade sortieren. Jeder kann seinen Arbeitsplatz so gestalten, wie er möchte. Und der CEO sitzt mit im Großraumbüro, wo er für alle Mitarbeiter direkt ansprechbar ist.

Auch Dresscodes sind ein äußeres Zeichen von Unternehmenskultur. Bosch machte zuletzt mit dem Schlachtruf „Weg mit den Krawatten!" Schlagzeilen[11]. Die Abschaffung des Dresscodes als sichtbares Merkmal für eine neue Entspanntheit, die bei Bosch künftig herrschen soll: Vorgaben wurden abgeschafft, Kontrollen verringert, die Kommunikation verläuft weniger hierarchisch. Die Mitarbeiter werden buchstäblich von der Leine gelassen, treffen mehr Entscheidungen eigenverantwortlich. So haben neue Ideen größere Chancen und werden schneller umgesetzt. Bosch will innovativer werden, und das zeigt sich eben auch beim Dresscode bzw. dessen Abschaffung. Das Beispiel verdeutlicht: Eine Kulturtransformation wird von innen heraus angestoßen.

4.3.3 Employer Branding 2.0 ist zu wenig – soziale Netzwerke prägen die Reputation

Die Berichterstattung in den Medien zieht Aufmerksamkeit auf das Unternehmen und trägt so zum nachhaltigen Aufbau der Arbeitgebermarke bei. Aber nicht nur konventionelle Medien können zum Employer Branding einen Beitrag leisten. Eine große Chance liegt in der digitalen Vernetzung und in den sozialen Medien. Gleichzeitig birgt dies auch Gefahren: Ein künstlich aufgehübschtes Employer Branding wird heute schneller entdeckt als je zuvor. Durch die digitale Vernetzung können Sie als Unternehmer und Arbeitgeber Informationsflüsse kaum noch kontrollieren. Twitter, Facebook & Co. sorgen dafür, dass schnell bekannt wird, wie Firmen als Arbeitgeber agieren. Ein Unternehmen kann noch so viel Geld und Zeit in Image-Aufbau und Employer Branding investieren: Wenn die Realität statt innovativ, flexibel und vielseitig eher konservativ, langweilig und starr ist, dann bleibt das nicht lange geheim.

Stellen Sie sich einen Bundesligaverein vor: Management und Trainerstab sind ständig auf der Suche nach neuen Talenten. Gegenüber Scouts, Spielerberatern und potenziellen Neuzugängen präsentieren sie den Club als attraktiven Verein: gutes Betriebsklima und große Erfolge. Aber jedes Wochenende können Interessierte live im Fernsehen verfolgen, wie es tatsächlich um die Mannschaft bestellt ist. So ähnlich muss man sich das auch mit Unternehmen und dem Web 2.0 vorstellen: Wer sich für einen Job in einem Unternehmen interessiert, der kann sich ziemlich einfach über die „wahre" Unternehmenskultur informieren, Kontakt zu Mitarbeitern aufnehmen und Einblicke ins „Innenleben" eines Unternehmens bekommen.

---

[11] Süddeutsche Zeitung vom 02.02.2015: Unternehmenskultur bei Bosch: Weg mit den Krawatten; http://www.sueddeutsche.de/karriere/unternehmenskultur-bei-bosch-weg-mit-den-krawatten-1.2330527 (Zugriff am: 06.07.2015).

Diese Entwicklungen sind die Grundlage für Bewertungsplattformen wie kununu oder glassdoor. Dort können Mitarbeiter und andere Interessierte bewerten, wie Unternehmen als Arbeitgeber agieren.

> **BEISPIEL: Digitalisierungsberater etventure auf Platz 1 in Berlin bei kununu**
>
> Die Consulting Agentur etventure begleitet seit über vier Jahren Unternehmen auf dem Weg der Digitalisierung. Im Arbeitgeberranking bei kununu landete etventure in der Branche „Beratung & Consulting" auf Platz 1 in Berlin unter einer Auswahl von 198.000 Unternehmen. Verantwortlich dafür war sicher keine grafisch toll gestaltete Hochglanzbroschüre. Etventure-Gründer Christian Lüdtke begründet das gute Bewertungsergebnis so: „Ich denke, das zeigt, dass es uns gelungen ist, eine attraktive Unternehmenskultur zu etablieren und zu leben. Das ist meiner Meinung nach heutzutage unabdingbar, um im ‚War for Talent' zu bestehen." Etventure zeichne sich durch eine offene Arbeitskultur mit flachen Hierarchien aus, so Lüdtke weiter. Das Beispiel etventure zeigt: Statussymbole wie der dicke Dienstwagen haben ausgedient. Viel wichtiger sind die Identifikation mit dem Unternehmen und der Spaß an der Arbeit. Etventure konzentriert sich darauf, für seine Mitarbeiter spannende Aufgaben bereit zu halten, und ist ein junges Unternehmen in einer dynamischen Branche. Employer Branding geht so quasi „von selbst", denn für den guten Ruf, die Reputation, sorgen zufriedene Mitarbeiter.

Versuchen Sie nicht, den Cheffilter zu reaktivieren. Nutzen Sie lieber die Chancen, die Ihnen die Digitalisierung bietet. Bauen Sie Vertrauen auf. Das mag oft schwerfallen, denn es erfordert ein gewisses „Loslassen" seitens der Firmenleitung und des Topmanagements. Aber es lohnt sich! Investieren Sie weniger Zeit und Geld in die Planung und Umsetzung Ihrer Employer-Branding-Kampagnen. Bauen Sie lieber authentisch Ihre (Arbeitgeber-)Reputation auf, indem Sie einen Kulturwandel anstoßen, mit einer Employees-First-Strategie: Stellen Sie Ihre Mitarbeiter in den Mittelpunkt und lassen Sie sie darüber reden, wie toll es ist, in Ihrem Unternehmen zu arbeiten!

4.4 Begeisterte Mitarbeiter rekrutieren neue Mitarbeiter

Top-Teams gewinnen Top-Talente. Und wenn die Top-Talente dann noch begeistert von ihrem Unternehmen sind, dann ist das die beste Möglichkeit, neue Talente zu gewinnen. Oftmals wesentlich schneller, preiswerter und effektiver, als es das klassische Employer Branding und der Weg über Ausschreibungen je schaffen würden.

4 Begeisterte Mitarbeiter rekrutieren neue Mitarbeiter

Wenn sich die Mitarbeiter positiv über das Unternehmen äußern, sei es im öffentlichen (digitalen) oder im privaten Raum, dann ist das die beste Möglichkeit, neue Mitarbeiter zu entdecken und zu rekrutieren. Unternehmen sollten diesen Bereich so gut wie möglich fördern. „Mitarbeiterempfehlungsprogramme" — schönstes Beamtendeutsch für etwas, das auf Emotionen und Begeisterung aufbauen sollte. Dennoch: „Mitarbeiterempfehlungsprogramme" lohnen sich. Selbstverständlich gibt es diese auch schon lange digital — firstbird (http://www.firstbird.eu) startet gerade seinen Siegeszug mit digitalen Mitarbeiterempfehlungsprogrammen. Solche Programme sollten von Unternehmen unbedingt ausgebaut werden. Wenn Mitarbeiter neue Talente ins Boot holen, dann sollten sie dafür auch belohnt werden: Die Anerkennung für Empfehlungen bietet großen Gestaltungsspielraum. So kann bereits ein Hinweis auf Empfehlungsgeber gratifiziert werden, auch wenn noch kein Arbeitsvertrag unterschrieben wurde. Außerdem müssen Empfehlungsgeber nicht unbedingt aus dem Unternehmen selbst stammen: Externe Talentpools oder andere Communitys kommen ebenso in Frage. Social Recruiting und die sozialen Medien sind ein zentraler Bestandteil von Recruiting-Netzwerken und wichtiges Gestaltungsfeld des Employer Branding Canvas.

In der digitalen Welt ist Kommunikation nicht mehr linear und einseitig. Vielmehr ist sie vernetzt, trifft an Knotenpunkten aufeinander und verbreitet sich unkontrollierbar weiter: Informationen werden geteilt und weiter geteilt. Ihre Verbreitung potenziert sich mitunter — oder verläuft im Sande. Und genau das können Sie nutzen. Spüren Sie Informationen auf, die Kunden- und Mitarbeiterversprechen adressieren, und verbreiten Sie sie gezielt. Wenn Sie mit einer Employees-First-Strategie für zufriedene Mitarbeiter gesorgt haben, bekommen Sie eine authentische Employer Reputation — denn sie kommt direkt von Ihren Mitarbeitern. Dies ist glaubwürdiger und echter, als es bezahlte Werbung jemals sein könnte.

5 Vom Werden und Vergehen von Begriffen – Employer Reputation und Employer Branding

Autor: *Prof. Dr. Markus Hundt*

In diesem Beitrag werden die Begriffe Employer Brand, Employer Branding und Employer Reputation aus sprachwissenschaftlicher Sicht erörtert. Da Employer Reputation ein vergleichsweise neuer Begriff ist, stellen sich die Fragen, wie und von wem Begriffe geprägt und besetzt werden können, wie sie von den Adressaten aufgenommen und interpretiert werden und mit welchen „Verschleißerscheinungen" gerechnet werden muss. Im ersten Schritt werden dazu semantiktheoretische Grundlagen und Termini (Ausdruck, Konzept, Begriff) geklärt, danach die Begriffe Employer Brand(ing) und Employer Reputation semantisch analysiert und schließlich Vor- und Nachteile neuer Begriffsprägungen diskutiert. Es zeigt sich, dass der Begriff Employer Reputation als Neuprägung gegenüber dem mittlerweile vage gebrauchten und semantisch zum Teil entleerten Begriff Employer Brand(ing) einige Vorteile aufweist.

5.1 Vorbemerkung

Zum besseren Verständnis dieses Beitrags ist es unerlässlich, dem Leser einige sprachwissenschaftliche Grundbegriffe zuzumuten (siehe die nachfolgenden Abschnitte). Im Folgenden werden sprachwissenschaftliche Annahmen zu folgenden Fragen in möglichst allgemeinverständlicher Weise erläutert:

- Aus welchen Komponenten setzen sich sprachliche Zeichen zusammen?
- Wie kommen Bedeutungen bei Begriffen, d. h. in Naming-Prozessen, überhaupt zustande?
- Warum ändern sich die Bedeutungen von Begriffen?
- Wie können neue Begriffe eingeführt werden?
- Welche Vor- und Nachteile sind damit verbunden?

5.2 Begriff, Ausdruck, Konzept

In der Sprachwissenschaft ist ein Zeichenmodell etabliert, das drei Seiten unterscheidet:

1. Ausdruck
2. Inhalt/Konzept
3. Sache/Referent.

Wörter als materiale Zeichen (Laut-/Schriftzeichen) verweisen danach nicht direkt auf die Sache, die sie bezeichnen sollen, sondern zunächst auf einen mentalen Inhalt, der im Kopf der Leser/Hörer angesiedelt ist. Erst vermittelt über diese Zwischenstufe kommt es zur Bezugnahme auf die Sache in der Welt.

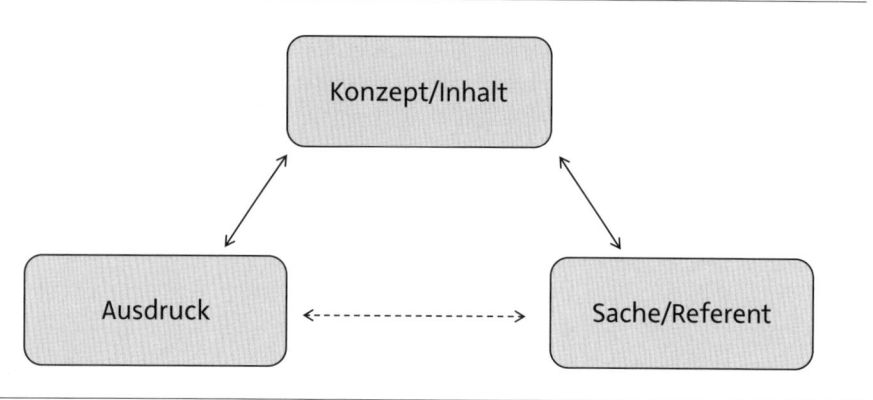

Abb. 1: Dreiseitiges Zeichenmodell

Die gestrichelte Linie zwischen dem Ausdruck und der Sache soll verdeutlichen, dass es zwischen diesen beiden Elementen immer nur eine indirekte Beziehung geben kann.

Was man gemeinhin mit dem Etikett „Begriff" bezeichnet, umfasst dabei zwei Seiten des sprachlichen Zeichens: die Konzept- (im Folgenden jeweils in KAPITÄLCHEN) und die Ausdrucksseite (im Folgenden jeweils *kursiv*). Zwar ist diese terminologische Präzisierung nicht in allen sprachwissenschaftlichen Texten zur Semantik zu finden, dennoch ist sie sinnvoll, da man mit ihr jeweils deutlich machen kann, wovon die Rede ist. Denn häufig ist es so, dass man mit „Begriff" einmal die Inhaltsseite, einmal die Ausdrucksseite oder eben beides meint.

Zusätzlich ist zu bedenken, dass uns viele Dinge und Sachverhalte, über die wir sprechen, nicht aus unmittelbarer Erfahrung gegeben sind, sondern dass diese erst durch Sprache konstituiert werden. Im Unterschied etwa zu Farbwahrnehmungen, zu konkret greifbaren Objekten (Tisch, Stuhl) oder zu Empfindungen (z. B. Schmerzen im eigenen Körper), bei denen man noch annehmen könnte, dass diese Referenten auch unabhängig von ihrer sprachlichen Fassung existieren, gilt dies für die meisten anderen Referenten nicht. So sind Konzepte wie **INFLATION, ZINS, RENDITE, BESCHÄFTIGUNGSQUOTE, DEMOKRATIE** u. v. m. sicherlich in ihren Auswirkungen konkret erlebbar. Dass wir aber davon ausgehen, dass es diese Dinge in der Welt auch tatsächlich gibt, hängt damit zusammen, dass wir sie sprachlich „verfertigen", d. h. sie in Sprache fassen. Dies gilt in gleicher Weise für die hier relevanten Konzepte des **EMPLOYER BRAND(ING)** und der **EMPLOYER REPUTATION**.

Diese Auffassung ist einem gemäßigten Konstruktivismus verbunden, nach dem uns die Dinge in der Welt (die Dinge, über die wir sprechen), nicht einfach zuhanden sind, sondern sie fast immer sprachlich vorgeformt, sprachlich konstituiert sind.[12] Die Erkenntnis von der und über die Welt ist sprachgebunden. Dies bedeutet nicht, dass alle Erkenntnis nur aus der Sprache selbst kommt, aber: ohne Sprache ist eine tiefergehendes Erkenntnis der Welt, eine Erkenntnis, die über die unmittelbare Körpererfahrung und über die unmittelbare Deutung der Daten, die sich unseren fünf Sinnen bietet, hinausgeht, nicht möglich. Gemäßigt ist diese konstruktivistische Sicht deshalb, weil sie einerseits nicht leugnet, dass die Wirklichkeit auch unabhängig von der Sprache existiert, aber andererseits daran festhält, dass Erkenntnisse über diese Wirklichkeit erst mit Hilfe der Sprache möglich sind. Es gilt, „dass aus der ‚Sprachgebundenheit' alles Erkennens gleichwohl nicht schon ‚die Sprachgeborenheit alles Erkannten'" folgt.[13]

Auch aus evolutionsanthropologischer Sicht wird diese Position unterstützt. So weisen viele Forschungsergebnisse aus diesem Bereich darauf hin, dass wir zwar in rudimentärer Form auch ohne Sprache denken können, dass aber alles Denken, das über eine ganz einfache Verknüpfung von mental vorgestellten, ganz konkreten Gegenständen hinausgeht, ohne Sprache nicht möglich ist. Denken, das diesen Namen auch wirklich verdient, vermag von den konkreten, sinnlich unmittelbar wahrnehmbaren Dingen zu abstrahieren, neue Vorstellungen aus bereits Bekanntem herauszubilden, zu imaginieren (Vorstellungskraft, kognitive Kreativität), mit diesen Vorstellungen unter Zuhilfenahme von Symbolen (sprachlichen Zeichen) zu operieren und so — losgelöst von den Zwängen der unmittelbaren sinnlichen Erfahrung — neue Konzepte zu schaffen, die dann wiederum Konsequenzen für die

---

[12] Vgl. z. B. Berger/Luckmann (1969/2012); Hundt (2015), 373 ff.; Felder/Gardt (2015), 8 ff.
[13] Westerkamp (2015), 12; zit. nach Seel (2002), 163.

sog. Realität haben können. Sprache ist das kulturelle Werkzeug[14] schlechthin, das uns komplexeres Denken überhaupt erst ermöglicht.[15] Die alte Streitfrage, ob das Denken von der Sprache unabhängig ist, oder ob das Denken vollständig von der Sprache abhängig oder gar vollständig durch sie festgelegt ist, kann somit insofern als entschieden betrachtet werden.

In der Unternehmenskommunikation und damit auch im Bereich Human Resources (HR) haben wir es fast ausschließlich mit Denken zu tun, das sprachlich gebunden ist. Dies gilt sowohl für die Sprachproduktion, in der die Konzepte und Sachverhalte durch Sprache geschaffen werden, als auch für die Sprachrezeption, in der diese sprachlich verfassten Wirklichkeiten entschlüsselt, verstanden und gelebt werden sollen.

Deswegen ist es von entscheidender Bedeutung, mit welchen Ausdrücken und Konzepten, also mit welchen Begriffen wir in der Kommunikation handeln. Die Begriffe konstituieren die Wirklichkeit, die in der Unternehmenskommunikation relevant ist. Dies gilt in ganz besonderer Weise bei der Frage, ob der eine oder der andere Begriff besser geeignet ist, das in Sprache zu fassen, was gemeint sein und somit beim Adressaten „ankommen" soll. Es geht somit nicht um einen bloßen Streit um Wörter, der mit den Dingen letztlich wenig bis gar nichts zu tun hat, sondern vielmehr darum, die Sachverhalte der Unternehmenskommunikation in Szene zu setzen, zu schaffen, die dann das Handeln in Unternehmen beeinflussen und verändern können. Insofern sind Diskurse zu geeigneten Begriffen immer auch Versuche, Sachverhalte neu zu schaffen und bisher Gewohntes neu zu sehen.

5.3 Begriffe prägen und besetzen

Das Ringen um die passenden Begriffe im Bereich der HR kann als „semantischer Kampf"[16] gesehen werden. Es geht hier um alle drei Ebenen des oben beschriebenen Zeichenmodells:

- „Ebene der Bezeichnungs- und Benennungstechniken: Mehrere Ausdrücke oder Ausdruckskomplexe lassen unterschiedliche Aspekte eines Sachverhalts vortreten

---

[14] Everett (2012) führt diese Idee detailliert aus, worauf schon der Titel verweist: „Language. The Cultural Tool".

[15] Vgl. dazu die Ergebnisse der Evolutionsanthropologie und Primatenforschung bei Tomasello (2014); ders. (2009); ders. (2002).

[16] Felder (2006), 17.

5 Begriffe prägen und besetzen

- Ebene der Bedeutungen: Bei ein und demselben Ausdruck bzw. Ausdruckskomplex divergieren Akzentuierungen von Bedeutungsaspekten (Teilbedeutungen)
- Vermeintlich identische oder tatsächlich identische Referenzobjekte werden unterschiedlich konstituiert — entweder bei gleichen Ausdrücken oder (vermeintlich) sinn- und sachverwandten Ausdrücken."[17]

Bei der Frage, ob **EMPLOYER BRAND(ING)** oder **EMPLOYER REPUTATION** ein angemessenerer Begriff für den gemeinten Sachverhalt ist, leuchtet diese Trias unmittelbar ein. Beide Begriffe fokussieren unterschiedliche „Aspekte des Sachverhalts", beide Begriffe aktivieren unterschiedliche Teilbedeutungen bei den Lesern/Hörern, beide Begriffe schaffen damit unterschiedliche Sachverhalte. Das Gemeinte ist jeweils nicht identisch, da es sprachlich anders konstituiert wird.

Die Frage ist dabei: Wie werden solche neuen Begriffe überhaupt gesetzt?

Die Bedeutungen von Begriffen (bestehend aus der Ausdrucks- und Inhaltsseite) werden von allen an der Kommunikation Beteiligten diskursiv ausgehandelt. Was wir dann über die Sachverhalte wissen, ist ein Ergebnis dieses diskursiven Aushandlungsprozesses. Dabei ist es natürlich nicht völlig ins Belieben aller Beteiligten gestellt, was die Begriffe bedeuten sollen. Die Bedeutungen müssen selbstverständlich immer wieder mit dem abgeglichen werden, was in dem Weltausschnitt, über den kommuniziert wird, funktioniert, was dort vorgefunden werden kann, was dort — z.B. aufgrund von Bedeutungsaushandlungen zu anderen Begriffen — bereits etabliert ist. So ist es z.B. wenig wahrscheinlich, dass ein Versuch, den Begriff **ARBEITSLOSIGKEIT** semantisch gänzlich neu, anders, völlig positiv konnotiert zu besetzen, erfolgreich sein kann.

Grundlage aller Wissensformen — ob nun deklarativ/knowing that oder prozedural/knowing how,[18] ob nun als implizites[19] oder intuitives vs. explizites Wissen[20] — sind Vorstellungen von den Dingen/Sachverhalten, die da gewusst werden. Diese Vorstellungen (ob vage, ungenau oder präzise und wohldefiniert) sind — wenn wir sie in Sprache fassen können — Begriffe. Grundsätzlich gibt es drei verschiedene Arten, wie wir Wissen durch Sprache verstehen, vermitteln und — von dort ausgehend — verarbeiten, erweitern, vertiefen und verändern können. Begriffe werden in vielfältiger Weise in Sprache gefasst; allerdings lassen sich in vereinfachter Form drei Verfahren feststellen, die für die Prägung, Besetzung, Veränderung, für das

---

[17] Felder (2006), 17.
[18] Thomson (1994), 385; Ryle (1949); Westerkamp (2014); Anacker (2004), Sp. 897.
[19] Polanyi (1985).
[20] Gigerenzer (2007); Kahneman (2011); Weber (2009).

Vom Werden und Vergehen von Begriffen

Verstehen und Verarbeiten von Begriffen in den jeweiligen Bedeutungsaushandlungen (Diskursen) von besonderer Bedeutung sind.[21]

1. Begriffsprägung durch Definition. Begriffe werden durch definitorische Setzungen, Argumentationen, logisch-rationales Argumentieren, Definieren von Teilbedeutungen, rationale Begriffskonstruktionen geformt. Dies ist z.B. in fachsprachlichen Diskursen häufiger zu beobachten, wenn Termini eindeutig definiert werden müssen.
2. Begriffsprägung durch Metaphern. Zur Konstitution von Begriffen werden oft metaphorische Konzepte eingesetzt, die nicht nur der Veranschaulichung dessen dienen, was man sonst auch unmetaphorisch hätte definieren können. Viele Begriffe sind ohne metaphorische Konzepte kaum vorstellbar, so z.B. die folgenden Begriffe.

Zielkonzept	Metapher
GELD	als FLÜSSIGKEIT
UNTERNEHMEN	als ORCHESTER
	als KONZERT
	als FAMILIE
	als MANNSCHAFT

3. Begriffsprägung durch Narration. In Form von Geschichten werden Begriffe nicht allein erläutert, sondern häufig auch erst gesetzt und auf eine erzählerische Weise definiert.[22] So sind nicht nur wichtige Menschheitserfahrungen in Form von Mythen, also Geschichten, überliefert, sondern das Geschichtenerzählen, heute: Storytelling, ist ein zentraler Bestandteil der Begriffskonstitution überhaupt.

Unstrittig ist auch, dass sich diese drei Verfahren nicht jeweils ausschließen, sondern sich im Normalfall ergänzen, d.h., begrifflich-definitorische Setzungen werden mit Metaphern erläutert und/oder mit dem Storytelling umfassend veranschaulicht. Es ist daher auch nicht verwunderlich, dass bei den Begriffen *Employer Brand(ing)* und *Employer Reputation* ebenfalls diese drei Verfahren zum Einsatz kommen. Klar ist auch, dass diese drei Verfahren nur sehr grobe Überbegriffe für zahlreiche Detailmethoden der Begriffsfixierung und semantischen Erläuterung sind.

---

[21] Vgl. Hundt (2015), 378 ff.; Köller (2004); ders. (2006); ders. (2012).
[22] Vgl. dazu Köller (2006) mit zahlreichen Beispielen wie dem Turmbau zu Babel, dem Baum der Erkenntnis oder dem platonischen Höhlengleichnis.

5 Begriffe prägen und besetzen

- **EMPLOYER BRANDING**: eher begrifflich definitorisch in Fachlexika z.B. bei Lies[23], umfassender auch unter Rückgriff auf verschiedene Metaphern z.B. beim Bundesministerium für Wirtschaft[24], ins Storytelling eingebunden z.B. bei DEBA[25], zum gesamten Konzept vgl. Weinrich[26] und Kriegler[27].
- **EMPLOYER REPUTATION**: begrifflich definitorisch unter Einbezug von metaphorischen Konzepten z.B. bei Bittlingmaier/Schelenz[28], umfassend — also alle drei Verfahren verwendend — mit dem Fokus auf der Vorstellung von „Märkten als Gesprächen" also somit mit Bezug zur narrativen Begriffsprägung[29].

Dies kann selbstverständlich nur eine kleine Auswahl an Literatur zu den Begriffen sein. Darstellungen in der Sekundärliteratur zu den oben genannten Begriffen stellen zunächst immer Angebote für den Diskurs zur Aushandlung der jeweiligen Bedeutungen der Begriffe dar. Ein Problem bleibt dabei: Wie stellt man sicher, dass Begriffe in einer bestimmten Weise verstanden werden?

Diese Frage ist deshalb nicht trivial, weil Begriffsproduzenten als Akteure im Diskurs nur vergleichsweise geringen Einfluss darauf haben, wie die von ihnen geprägten Begriffe von den Adressaten verstanden werden. Denn: Die Bedeutung eines Wortes, eines Satzes, eines Textes wird jeweils vom Leser/Hörer durch seine eigenen Interpretationsleistungen erzeugt. Das einfache kybernetische Informationsübermittlungsmodell (Sender — Botschaft — Kanal — Empfänger) ist unzutreffend. Der Sender, der begriffssetzende Akteur im Diskurs kann jeweils nur indirekt die Lesarten der jeweiligen Begriffe steuern. Die Lesarten der Begriffe, d.h. ihre gültigen Teilbedeutungen und damit letztlich die durch die Sprache konstituierten Sachverhalte, sind immer kontextabhängig, einem zeitlichen Wandel unterworfen (Wortkarrieren) und nicht ein für alle Mal festschreibbar, d.h. Konnotationen und Denotationen sind veränderlich, je nachdem welche Teilbedeutungen die Diskursgemeinschaft den Begriffen jeweils zuschreibt.

---

[23] Lies (2015).
[24] Bundesministerium für Wirtschaft (2012).
[25] DEBA (2015).
[26] Weinrich (2015).
[27] Kriegler (2014).
[28] Bittlingmaier/Schelenz (2015).
[29] Schelenz/Bittlingmaier (2014).

5.4 Employer Brand, Employer Branding, Employer Reputation

Wenn man wissen möchte, wie Begriffe tatsächlich gebraucht werden, genügt es nicht, in entsprechenden Wörterbüchern oder Lexika nachzuschlagen. Dort werden Bedeutungen notiert, die aus einem Sprachgebrauch ermittelt werden, den der Lexikograf für einschlägig hält. Meistens werden so die Hauptbedeutungen der jeweiligen Wörter erfasst, wenn auch mit einer zeitlichen Verzögerung, die notwendigerweise zwischen Wörterbucherstellung (Datenerhebung, Exzerption, Datenauswertung, Interpretation) und Publikation entsteht. Den aktuellen Sprachgebrauch und damit die vergleichsweise aktuellsten Lesarten von Begriffen kann man erheben, indem man entsprechende digitale Korpora befragt. Dafür geeignet sind z. B. die Korpora des Instituts für Deutsche Sprache oder das DWDS-Korpus (Digitales Wörterbuch der deutschen Sprache, Berlin-Brandenburgische Akademie der Wissenschaften). Diese Korpora decken den Bereich der Alltagssprache sehr gut ab, können aber natürlich nicht alle Fachdiskurse erfassen. Dies ist bei den Ausdrücken *Employer Branding, Employer Brand* (deutsche Entsprechung *Arbeitgebermarke*) und bei *Employer Reputation* jedoch relevant. Eine Recherche in den oben genannten Korpora ergab allerdings keine befriedigenden Ergebnisse, waren die Begriffe doch so gut wie nicht belegt. Dies deutet darauf hin, dass diese Begriffe fachspezifisch für einen bestimmten Teil der HR- und der Unternehmenskommunikation sind. Bei mehrfachen Google-Recherchen ergab sich, dass *Employer Brand(ing)* gegenüber dem neueren Begriff *Employer Reputation* offenbar derzeit zwar noch etablierter ist, *Employer Reputation* jedoch keineswegs niederfrequent vorkommt. Da die Ergebnisse von Google-Abfragen in den Frequenzen bekanntlich stark schwanken, die Ergebnisse zudem inhaltlich weniger aussagekräftig sind und daher nur Indizienfunktion haben können, wird auf die Angabe konkreter Frequenzen hier verzichtet.

Employer Branding und *Employer Brand* können als etablierte Bezeichnungen in der Unternehmenskommunikation, also in einem fachspezifischen (nicht alltagssprachlichen) Bereich angesehen werden. Es ist bekannt, dass beide Begriffe auf eine ca. 20-jährige Geschichte zurückblicken können.[30] Ebenfalls im Laufe der 90er-Jahre des 20. Jahrhundert kommt dann auch die deutsche Entsprechung für *Employer Brand* auf: *Arbeitgebermarke*. Allerdings — und dafür ist nicht allein die oben beschriebene Momentaufnahme bei Google ein Indiz — ist der Ausdruck *Arbeitgebermarke* weitaus weniger gebräuchlich in der HR- und Unternehmenskommunikation als die beiden englischsprachigen Ausdrücke.

---

[30] Erstmals in den Diskurs eingebracht von Ambler/Barrow (1996).

5 Employer Brand, Employer Branding, Employer Reputation

Von der Wortbildung her fällt als erster Unterschied zwischen *Employer Branding* und *Employer Brand* auf, dass das *Branding* den Prozess der Markenbildung fokussiert, während *Brand* das Ergebnis dieses Prozesses darstellt. Mit *Employer Branding* selbst sind diejenigen Maßnahmen der Unternehmen gemeint, die dazu führen sollen, das Unternehmen als attraktiven Arbeitgeber nach außen hin zu positionieren und identitätsstiftend nach innen zu wirken, um so die jeweils besten Mitarbeiter für das Unternehmen gewinnen und halten zu können. *Employer Branding* steht damit im Bereich des Unternehmensmarketing, bei dem das Unternehmen selbst versucht, die Sichtweise, die Außenstehende (z.B. neu zu gewinnende oder zu haltende Mitarbeiter) vom Unternehmen haben, positiv zu beeinflussen. Diese Maßnahmen gehören durchaus zum übergreifenden Bereich der Konstitution einer unternehmensspezifischen *Corporate Identity* (CI). Betrachtet man die Diskussion dazu, was man unter CI verstehen soll und welche Teilbegriffe zur CI gehören, kann man festhalten, dass sich ein gewisser Konsens abzeichnet, nach dem man zwischen *Corporate Image* und *Corporate Reputation* unterscheiden kann. Danach ist das Corporate Image eines Unternehmens eine vom Unternehmen selbst gesteuerte und hervorgebrachte Sichtweise: So will das Unternehmen gesehen und verstanden werden. Demgegenüber ist Corporate Reputation — ebenfalls als Bestandteil der CI — der Ruf, den sich ein Unternehmen im Laufe der Zeit erwirbt und zwar durch Bewertungen und Bedeutungszuschreibungen von außen, also von den Adressaten selbst.[31] Mast fasst diesen Unterschied so zusammen:

> *Image ist – im Vergleich zur Reputation – das spontane, intuitive Bild eines Unternehmens bei einzelnen Zielgruppen, während die Reputation eine meist langfristig orientierte, aggregierte Bewertung von Unternehmenseigenschaften und -handlungen in der Öffentlichkeit darstellt.*
> Mast (2015), 7

Deutlich wird hier auch: Image ist schneller veränderbar, volatiler als Reputation. Wenn nun — wie in der Darstellung von Schelenz/Bittlingmaier[32] dargelegt wird — **EMPLOYER BRAND(ING)** eher dem Begriff des **CORPORATE IMAGE** zugeordnet werden kann, bedeutet dies, dass **EMPLOYER BRAND(ING)** auch die Bedeutungskomponenten des Corporate-Image-Begriffs „erbt", mit allen Vor- und Nachteilen. Nach nunmehr über 20 Jahren der Verwendung des Begriffs **EMPLOYER BRAND(ING)** kann auch festgestellt werden, dass alle irgendwie mit dem Unternehmensimage zusammenhängenden Maßnahmen mit der **ARBEITGEBERMARKE/EMPLOYER BRAND** in Zusammenhang

---

[31] Vgl. zu den verschiedenen Modellen der CI Burel (2014), Kap. 2.2.; zum Begriff **REPUTATION** in der Unternehmenskommunikation Ebert (2015b), 514.; Mast (2015), 6-8.

[32] Schelenz/Bittlingmaier (2014).

Vom Werden und Vergehen von Begriffen

gebracht werden. Dies führt zu einer gewissen semantischen Erosion des Begriffs und zu einer Verringerung der semantischen Trennschärfe:

- vom Unternehmen gesteuerte, gemachte Sicht auf das Unternehmen,
- bewusst produziert (Marketing),
- volatil, stärker Veränderungen unterworfen.

REPUTATION ist als Teilbegriff in der Modellierung von **CORPORATE IDENTITY** fraglos ein Hochwertbegriff. Reputation muss man sich als Unternehmen — zum Teil mühsam — jedenfalls langfristig erwerben, sie ist weniger steuer- und produzierbar (Unterschied zum Image), sie wird von außen durch die Stakeholder dem Unternehmen zugeschrieben, sie wächst in einem langsamen Prozess, bei dem entscheidend ist, wie das Unternehmen das Vertrauen der Zielgruppen gewinnen und halten kann.[33] Vereinfacht gesagt ist es für ein Unternehmen allemal erstrebenswerter eine gute Reputation zu haben als bloß ein gutes Image.

Dies lässt sich m. E. in gleicher Weise auf den Begriff der **EMPLOYER REPUTATION** übertragen. Wie das **EMPLOYER BRAND(ING)** „erbt" auch **EMPLOYER REPUTATION** die Teilbedeutungen von **REPUTATION** aus dem Reputationsbegriff in der Corporate Identity. **EMPLOYER REPUTATION** wird so mit folgenden Teilbedeutungen in den Diskurs eingebracht:

- von außen zugewiesener Ruf,
- kaum durch Einzelmaßnahmen des Unternehmens direkt steuerbar,
- langsam gewachsen (Vertrauen),
- langfristig angelegt,
- erworbenes Ansehen (im Unterschied zum werblich gemachten Bild).

Dies heißt jedoch nicht, dass diese Teilbedeutungen sich im Diskurs auch dauerhaft halten können. Wie bei **EMPLOYER BRAND(ING)** und vielen anderen Begriffen, die im Laufe ihrer Verwendung verschiedenen semantischen Veränderungen unterworfen waren und sind, gilt natürlich auch für den jetzt neuen Begriff der **EMPLOYER REPUTATION**, dass er — wenn er erst einmal auf dem Markt des Diskurses ist und somit über ihn diskutiert, um seine Teilbedeutungen von den Diskursakteuren gerungen wird — dann selbstverständlich auch semantischen Veränderungen unterworfen sein wird.

---

[33] Vgl. Ebert (2015 b).

5.5 Risiken und Chancen einer neuen Begriffsprägung

Wenn Begriffe als Verbindung von Ausdrücken und Konzepten in den Diskurs eingebracht werden, beginnt ihre jeweilige Wortkarriere,[34] d.h., sie verändern ihre Bedeutungen je nach Kontext, Verwendungsfrequenz und Benutzerintentionen. Anschaulich wird dies z.B. am Begriff **CORPORATE IDENTITY**, der mit fortschreitender Zeit ein schillerndes Bedeutungsspektrum erhalten hat. Zu seiner Bestimmung werden viele Nachbarbegriffe herangezogen, die alle Anteil an der Bedeutungskonstitution haben, die jedoch auch zeigen, wie um den Begriff im Diskurs gerungen wird. Hier nur eine Auswahl der Begriffe, die bei CI eine Rolle spielen:[35] **CORPORATE BEHAVIOR, CORPORATE COMMUNICATION, CORPORATE DESIGN, CORPORATE PERSONALITY, CORPORATE IMAGE, CORPORATE CULTURE, UNTERNEHMENSPHILOSOPHIE, REPUTATION.**

Der Regelfall der Bedeutungsfixierung und der Bedeutungsentwicklung ist die Aushandlung von Bedeutungen im Gebrauch. Nur selten, etwa in eng umgrenzten fachsprachlichen Kontexten, werden Bedeutungen einmal fixiert und sind dann mehr oder weniger stabil (z.B. in manchen Rechtskontexten). Sobald Begriffe in der Diskursgemeinschaft kursieren, wird um ihre Bedeutungen gerungen; so können aus vormaligen Konnotationen, d.h. zusätzlichen emotiven oder assoziativen Bedeutungsbestandteilen, auch Denotationen werden, d.h. Bedeutungsbestandteile, die eng mit der grundlegenden Definition der Begriffe verbunden sind. Dieser Bedeutungswandel ist kein Fehler im System der Sprache, es handelt sich dabei auch nicht um zu vermeidende Nachlässigkeiten der Sprecher/Schreiber. Diese Wandelprozesse sind vielmehr konstitutive Bestandteile aller lebenden Sprachen. Im Wesentlichen gibt es vier Faktoren, die für den Sprachwandel insgesamt und damit auch für den Bedeutungswandel von Begriffen im Besonderen verantwortlich sind:

- sprachliche Ökonomie,
- Innovation,
- Variation und
- Evolution[36].

Sprache muss sich immer wieder den veränderten Gegebenheiten der Wirklichkeit, über die sie Aussagen macht, ja die sie zum Teil erst selbst durch sprachliche Setzungen schafft, anpassen. Häufig verwendete Begriffe schleifen sich in ihren Be-

---

[34] Vgl. dazu Fritz (2005), 56.
[35] Vgl. Burel (2014), Kap. 2.2., die den Begriff detailliert erläutert.
[36] Vgl. ausführlich dazu von Polenz (2000), Kap. 2.

deutungen ab, werden mit der Zeit weniger trennscharf und müssen daher immer wieder hinterfragt bzw. auch durch neue Begriffe ersetzt werden (Faktoren der Variation, Innovation und der sprachlichen Ökonomie, wobei hier Ökonomie nicht als bloße Tendenz verstanden werden darf, alles immer kürzer und unaufwendiger auszudrücken, sondern als Versuch mit möglichst wenig sprachlichem Aufwand ein kommunikatives Ziel möglichst optimal zu erreichen: Je nach kommunikativem Ziel kann auch größerer sprachlicher Aufwand, z. B. die Einführung neuer Begriffe in einen Diskurs, sprachökonomisch sein).

Um dies zu veranschaulichen mag ein Beispiel aus der deutschen Sprachgeschichte dienen (hier nur kurz und vereinfachend skizziert): Der Ausdruck *billig* wird heute in Bezug auf Produkte eher mit einer negativen Bewertung verbunden. Wenn Produkte *günstig* sind, ist das positiv, bei *billig* schwingt immer auch noch eine mangelnde Produktqualität mit. Warum ist das so? Gegenwärtig kann man mindestens fünf verschiedene Bedeutungen von *billig* ausmachen:[37]

1. „preisgünstig/niedrig im Preis" (nicht abwertend) — mit dem Handy zu telefonieren, ist so billig wie nie; der Preis ist billig; Geld bleibt billig,
2. „minderwertig, wertlos" (abwertend) — die Innenausstattung des Fahrzeugs wirkt billig; ihm ist kein Argument zu billig, um sein Ziel zu erreichen,
3. „ideenlos, geistlos, durchschaubar" (abwertend) — eine billige Ausrede; ein billiger Trick; ein billiger Witz,
4. „verachtenswert, moralisch verwerflich" (abwertend) — ein billiger Ganove, ein billiges Flittchen,
5. „angemessen, gerecht, berechtigt" — eine billige Forderung; das ist nur recht und billig; was dem einen recht ist, ist dem anderen billig; nach billigem Ermessen.

Der Zusammenhang zwischen den Lesarten 1 bis 4 liegt auf der Hand; die positive Bedeutung bei 5 jedoch nicht. Diese Bedeutung taucht heute nur noch in Wendungen wie *recht und billig* oder in Syntagmen wie *eine billige Forderung, ein billiges Anliegen* auf. Im Mittelalter und der Frühen Neuzeit war diese Bedeutung jedoch die Hauptlesart. Erst im Laufe der Zeit veränderte sich die Bedeutung des Begriffs über verschiedene Stufen.[38] Im Mittelhochdeutschen bedeutete *billig/billich* zunächst, dass etwas mit dem subjektiven Rechtsempfinden übereinstimmte, etwas war *angemessen/berechtigt*. Im 18. Jahrhundert wurde *billig*, wenn es in Verbindung mit Preisen oder Waren verwendet wurde, mit einer Zusatzbedeutung, also zunächst einer Konnotation versehen, die als Nebenbedeutung den Schauplatz betrat. Wenn ein *billiger Preis* vorlag oder *billige Waren*, bedeutete dies in erster Linie,

---

[37] Vgl. Fritz (2005), 112 ff.; Duden (1999), 600.
[38] Detailliert dazu Fritz (2005), 113 ff.; ders. (1998), 135 f.

Risiken und Chancen einer neuen Begriffsprägung

dass der Preis angemessen, gerecht, berechtigt war. Zusätzlich wurde aber assoziiert, dass die Waren einen niedrigen Preis und — daraus erschlossen — eine niedrige Qualität hatten. Der zunächst angemessene Preis wurde so zum geringen Preis, der auf mindere Qualität der Ware hindeutete. Aus der Nebenbedeutung wurde im Laufe der Zeit die Hauptbedeutung. Diese Bedeutungsveränderung setzte sich im 19. Jahrhundert bis heute fort. Zudem wurde die Bedeutung „gering, wertlos" dann nicht nur auf Waren bezogen, sondern darüber hinaus auch auf diejenigen, die diese Waren verkaufen, oder auf andere Bereiche (*ein billiger Witz*). Das, was *billig* ursprünglich ausdrücken sollte (angemessenes Preis-Leistungs-Verhältnis bei Waren), musste nun durch neue Ausdrücke aufgefangen werden. So finden wir im 19. Jahrhundert Ausdrücke wie *preiswert, günstig* oder heute *fair, fairer Preis*. Diese neuen Ausdrücke wurden von den Sprachteilnehmern nicht in einem bewussten sprachplanerischem Akt eingeführt, sondern einfach verwendet, um ein bestimmtes kommunikatives Ziel zu erreichen: die Vermeidung der negativen Teilbedeutungen, die mit *billig* verbunden waren. Insofern besteht natürlich ein Unterschied zwischen dem vorgestellten Beispiel aus der Sprachgeschichte (Bedeutungswandel bei *billig*) und der Begriffskonkurrenz zwischen **EMPLOYER BRAND(ING)** und **EMPLOYER REPUTATION**, da der neue Begriff hier bewusst in den Diskurs eingebracht wurde, um den gemeinten Sachverhalt neu zu perspektivieren. Die Prinzipien des semantischen Wandels gelten jedoch für beide Begriffe, wenn sie erst einmal ihre jeweiligen Wortkarrieren begonnen haben, gleichermaßen; dies ist die Gemeinsamkeit zwischen dem sprachhistorischen und dem aktuellen Beispiel.

Heute ist der Unterschied zwischen *billig* und *günstig/preiswert* durchaus im Bewusstsein der Sprachverwender. Dies zeigt z. B. der Slogan der Lufthansa, mit dem sie ihre „Billig"-Fluglinie Germanwings aufwerten wollte: *Günstig, aber nicht billig.*[39] Auch der Versuch, durch die Wortbildung „Günstigflieger"[40] die negativen Bewertungen des Begriffs „Billigflieger" zu vermeiden, zeugen davon, dass dieser Unterschied im Sprachbewusstsein präsent ist.

Beispiele wie das von *billig* lassen sich in der Geschichte der deutschen Sprache viele finden. Sie sollen hier nur veranschaulichen, wie sich aus vormaligen Nebenbedeutungen, aus Assoziationen, die eigentlich zunächst gar nichts mit der jeweiligen Hauptbedeutung zu tun hatten, im Laufe der Zeit Hauptbedeutungen

---

[39] Pressemeldung vom 01.07.2013. In: www.germanwings.com/de/4u/unternehmen/presse/archiv/neue-germanwings-startet-als-groesste-deutsche-low-cost-airline.html (Zugriff am 24.03.2015).

[40] Germanwings-Chef Thomas Winkelmann in einem FAZ-Interview 2013, „Wir sind die Günstigflieger der Lufthansa". In: http://www.faz.net/aktuell/wirtschaft/unternehmen/germanwings-chef-winkelmann-wir-sind-die-guenstigflieger-der-lufthansa-12265350.html (Zugriff am 24.03.2015).

entwickelten. Sie sollen zeigen, wie stark sich Bedeutungen von Ausdrücken verändern können und auch müssen, wenn man die immer wirkenden Faktoren der sprachlichen Innovation, der Variation und der Ökonomie bedenkt. Folge dieser Faktoren ist ein evolutionärer Sprachwandel.[41] Angewendet auf die Gegenüberstellung von **EMPLOYER BRAND(ING)** und **EMPLOYER REPUTATION** heißt dies Folgendes: Der mittlerweile seit 20 Jahren verwendete Begriff des **EMPLOYER BRANDS** bzw. des Prozessbegriffs **EMPLOYER BRANDING** ist ebenfalls einem semantischen Wandel unterworfen, allerdings sind vergleichbar starke Bedeutungsveränderungen wie etwa bei *billig* derzeit noch nicht erkennbar. Aber: Wie es scheint, kann er nicht mehr alle diejenigen Teilbedeutungen optimal repräsentieren, die zumindest ein Teil der Diskursgemeinschaft als relevant für den Sachverhalt erachtet, den er versprachlichen soll. Deswegen werden neue Begriffsvorschläge eingebracht, die eine neue Perspektivierung des gemeinten Sachverhalts ermöglichen sollen und die die semantischen Verschleißerscheinungen, denen *Employer Brand(ing)* bzw. *Arbeitgebermarke* zunehmend unterworfen ist, auffangen sollen.

Employer Brand(ing) ist sicherlich nicht wie *billig* einst semantisch derart entwertet und/oder negativ konnotiert. Allerdings zeigt der Vergleich mit der Entwicklungsgeschichte von *billig*, dass hier wie da um Teilbedeutungen der Begriffe gerungen wird, dass mit jedem Begriff auch eine bestimmte Sicht, eine Perspektive auf den jeweiligen Sachverhalt verbunden ist. In diesem Sinn ist **EMPLOYER REPUTATION** ein bewusster Versuch, den Sachverhalt, um den es geht, neu zu denken und damit das, was man mit dem Begriff der **ARBEITGEBERMARKE** verbunden hat, mit neuen Teilbedeutungen zu versehen. Wie für jeden anderen Begriff gilt jedoch auch für **EMPLOYER REPUTATION**, dass er in seiner Bedeutung nicht ein für alle Mal fixiert werden kann. Auch er wird sich — wenn er im Diskurs angekommen ist und von den Diskursteilnehmern entsprechend gebraucht, verändert und bearbeitet wurde — weiterentwickeln.

5.6 Fazit

In diesem Beitrag wurden die Begriffe **EMPLOYER BRAND, EMPLOYER BRANDING** und **EMPLOYER REPUTATION** aus sprachwissenschaftlicher Sicht erörtert. Es zeigte sich, dass Versuche, neue Begriffe (**EMPLOYER REPUTATION**) zu prägen, durchaus sinnvoll sein können, weil diese neuen Begriffe den jeweiligen Sachverhalt, den sie in Sprache fassen sollen, neu perspektivieren und damit zu einem neuen Denken beitragen können. Dass solche neuen Begriffsprägungen auch immer wieder notwendig sind, zeigt der Blick auf die

---

[41] Vgl. Keller (1994), 191-206.

5 Fazit

grundlegenden Faktoren des Sprachwandels, hier besonders Variation, Innovation: Bei allen Begriffen sind im Laufe der Zeit einerseits semantische Verschleißerscheinungen erkennbar, die unausweichlich sind und die die Sprachteilnehmer jeweils dazu veranlassen, neue, sozusagen unverbrauchte und nicht vorbelastete Bezeichnungen für die jeweiligen Konzepte zu verwenden. So kann man bei **EMPLOYER BRAND(ING)** durchaus von einer semantischen Verschleißerscheinung dahin gehend sprechen, als über die vage Grundbedeutung der „Marke" und den Prozess der „Markenbildung" hinaus kaum weitere Teilbedeutungen mehr präsent sind. Alles, was irgendwie zur Erkennbarkeit und zur Einzigartigkeit des Unternehmens als Arbeitgeber beiträgt, gehört irgendwie dazu. Berücksichtigt man ferner die „Gemachtheit" (Marketing) und die „Volatilität" (s.o.), die den Adressaten dieses Begriffs keineswegs verborgen bleiben, kann man gut erkennen, dass es sich hier — im Vergleich zu dem derzeit noch semantisch klarer fassbaren Begriff **EMPLOYER REPUTATION** — um einen eher vagen Sammelbegriff handelt.

Andererseits gilt aber auch: Es sind nicht nur diese semantischen Verschleißerscheinungen, die zu neuen Bezeichnungen führen. Auch die Sache selbst, die da in Sprache gefasst werden soll, wird neu gedacht, neu perspektiviert. So kommen im Begriff **EMPLOYER BRAND** oder **EMPLOYER BRANDING** Teilbedeutungen wie „Langfristigkeit", „Stabilität", „von außen zugewiesen/erworben" nicht zum Tragen. Dies kann der Begriff **EMPLOYER REPUTATION** leisten (Anleihe an dem Reputations-Begriff aus dem Bereich CI). Zum Versuch einer Begriffsschärfung (gegen die oben beschriebene Vagheit) kommt dann der Versuch, durch die Fokussierung bestimmter Teilbedeutungen, die gemeinte Sache umfassender, präziser und auch für die Adressaten nachvollziehbarer auszudrücken.

Die Versuche, Begriffe neu zu prägen und zu besetzen, sind mit denen vergleichbar, wenn ein Unternehmen umstrukturiert werden soll. Alte Abteilungen sollen verschwinden, neue entstehen, Zuständigkeiten/Funktionen/Bedeutungen verändern sich im Kontext des gesamten Unternehmens, bis am Ende wieder eine neue Struktur, ein neues, immer temporäres Gleichgewicht innerhalb des Systems der Begriffe/des Unternehmens entstanden ist. Die beste neue Begriffsprägung ist aber — wie der beste Plan in der Unternehmensneustrukturierung — zum Scheitern verurteilt, wenn er nicht kommuniziert wird, wenn nicht um die Begriffe gestritten, diskutiert und verhandelt wird. Mögen Unternehmensstrukturen in Einzelfällen auch top-down verändert werden können (mit fraglichem Erfolg), bei Begriffen funktioniert dies nie. Nur dann, wenn die Adressaten, die über den Erfolg neuer Begriffe letztlich entscheiden, den neuen Begriff annehmen, verwenden und somit in den Köpfen aller Beteiligten präsent halten, kann ein neuer Begriff Teil der Kommunikation sein. Dass im Laufe der Zeit jeweils neue Begriffe notwendig sind, als Ergebnisse des ständigen Ringens um die beste, umfassendste, der jeweiligen

Vom Werden und Vergehen von Begriffen

Gegenwart am besten gerecht werdende Beschreibung des gemeinten Sachverhalts, ist unausweichlich.

Der Vorschlag, den Begriff **EMPLOYER REPUTATION** an Stelle von **EMPLOYER BRAND(ING)** zu verwenden, ist ein diskursiver Versuch, nicht nur auf der sprachlichen Ebene etwas neu zu bezeichnen (das wäre alter Wein in neuen Schläuchen), sondern es ist zugleich der Versuch, die Sache, um die es geht, in einer neuen Perspektive zu sehen, und damit der Versuch, eine neue Wirklichkeit durch Sprache zu schaffen.

Der direkte semantische Vergleich beider Begriffe zeigt, dass es sich hier nicht allein um eine Umetikettierung handelt:

- **EMPLOYER BRAND(ING)** ist anders semantisch belegt und fokussiert[42].
- **EMPLOYER BRAND(ING)** ist — wie alle einstmals innovativen Begriffe — nach nunmehr 20 Jahren semantisch verändert und durch die Vielfalt der Begriffsverwendungen semantisch zum Teil erodiert.
- **EMPLOYER REPUTATION** kann vom Begriffsfeld des CI profitieren. **REPUTATION** ist ein überaus positiv besetzter Begriff im Begriffsfeld **CI-IMAGE-REPUTATION**.
- Mit der Neuprägung ist eine Neuperspektivierung des gemeinten Sachverhalts verbunden. Dies regt zu einem Um- und Neudenken dessen an, was unter dem Dach der Arbeitgebermarke überhaupt verstanden werden soll.

Als wichtigster Punkt in der Diskussion um die beiden Begriffe soll jedoch Folgendes festgehalten werden: Das Ringen um die jeweils besten Begriffe zur Versprachlichung und damit zur Konstitution der gemeinten Sachverhalte ist nicht ein Streit um Kaisers Bart. Hier geht es um viel mehr, nämlich darum, wie wir die Welt verstehen wollen, wie wir wichtige Sachverhalte im Bereich der Personal- und Arbeitgeberkommunikation mit und durch Sprache verstehen können und durch dieses Verstehen erst schaffen.

---

[42] Vgl. dazu auch Schelenz/Bittlingmaier (2014).

6 Employer Reputation und digitale Transformation – (k)eine Frage der Generationen?

Autor: *Robert Franken*

Wenn Unternehmen sich im Kampf um Talente gegen den Wettbewerb behaupten wollen, reicht es längst nicht mehr aus, nur auf Marketing im Zuge des Employer Branding zu setzen. Die Digitale Transformation erfordert nachhaltigere Strategien bei der Bewerbersuche. Welche Rolle spielen soziale Netzwerke? Wie kann Agilität im Unternehmen gelebt werden? Und welche Funktion haben Vorgesetzte beim Aufbau einer Employer Reputation? In diesem Beitrag werden die Chancen und Herausforderungen für Unternehmensführung und HR thematisiert und Ansätze für die erfolgreiche und moderne Positionierung der Arbeitgebermarke insbesondere vor dem Hintergrund eines Generationenwechsels auf Arbeitnehmerseite beschrieben.

6.1 Generation Feel Good?

Viel war zuletzt in den Medien die Rede von jener mehr oder weniger mysteriösen Generation Y, auch Millennials genannt, deren Ansprüche an moderne Arbeitswelten es angeblich tunlichst zu erfüllen gelte, wenn man in einer sich immer schneller und umfassender verändernden Arbeitswelt auch in Zukunft noch als attraktiver Brötchengeber für junge Fachkräfte gelten wolle. Den zahlreichen Definitionsansätzen für diese neue Arbeitnehmerkohorte folgte eine ebensolche Vielzahl an kritischen Äußerungen in Richtung der „GenY".

Manche hießen die Forderungen nach Unternehmensumgebungen, die sich den Ansprüchen der sog. Digital Natives anpassen, als Positivimpuls willkommen, während andere eine nachgerade arrogante Anspruchshaltung junger Arbeitnehmerinnen und Arbeitnehmer ausgemacht haben wollten, die offenbar nicht mehr widerspruchslos dazu bereit sind, sich den (dem Berufseinstieg immanenten) Härten zu stellen. Häufig liegt die Wahrheit zwischen den extremen Meinungen, doch in diesem Fall trifft das nicht zu. Die Wahrheit liegt ganz woanders bzw.: *Die* Wahrheit gibt es gar nicht.

Employer Reputation und digitale Transformation

Richten wir den Blick zunächst einmal auf die inzwischen laut gewordenen Forderungen nach neuen Kontexten für neue Arbeit. Diese Forderungen stammten ursprünglich vermutlich weniger von digital-nativen Angestellten als vielmehr von Personalmarketing- und HR-Strategen, die ein völlig neues Vokabular und Marketing-Arsenal für ihr Ziel des Employer Branding witterten.

Und schnell war die Digitalbranche als Katalysator zeitgemäßer Arbeitsumgebungen ausgemacht. Man blickte beinahe ungläubig auf die Unternehmen aus dem Silicon Valley, die für ihre Mitarbeiter paradiesische „Working Environments" schufen. Freie Freitage, kostenlose Verpflegung, spannende Weiterbildungen, ja sogar finanzielle Zuschüsse zum Einfrieren von Eizellen („Social Freezing") für einen möglichen späteren Kinderwunsch gehörten plötzlich zu den vermeintlichen Annehmlichkeiten für Angestellte in einigen Unternehmen der US Tech-Branche. Die Firmen überboten sich dabei im „War for Talent" gegenseitig mit immer neuen Extras für ihre Talente.

Einer der bisherigen Verlockungshöhepunkte dürfte die Genese des „Feel Good Managers" gewesen sein. Zunächst einmal klingt das ja gut: eine Person, deren einzige Aufgabe darin besteht, dafür zu sorgen, dass sich alle in der Firma wohlfühlen. Doch das berufsmäßige Betüddeln der Mitarbeiterschar deutet ein Dilemma an, in dem nicht nur die Unternehmen stecken: Wo soll das alles hinführen? Irgendwann ist das angenehmste Extra ausgereizt; immer neue Superlative bei den Rahmenbedingungen müssen zwangsläufig verpuffen. Zumal die ganzen Extras vom Wesentlichen ablenken.

Mal andersherum gefragt, noch dazu rein rhetorisch: Bedeutet die Absenz eines Feel Good Managers im Unternehmen etwa automatisch, dass sich die Mitarbeiter schlecht fühlen? „Nein!", werden viele schreien. „Feel Good" sei schließlich ohnehin Chefsache und deren Ausgestaltung daher nicht an eine Abteilung geknüpft. Weniger einfach ist die Beantwortung der Frage, welche Parameter es eigentlich sind, die das „Gutfühlen" innerhalb von Unternehmensumgebungen bedingen.

Doch zunächst ein kurzer definitorischer Exkurs. „Employer Branding kennzeichnet den Aufbau und die Pflege von Unternehmen als Arbeitgebermarke", heißt es im Gabler Wirtschaftslexikon. Ziel sei es, „sich gegenüber Mitarbeitern und möglichen Bewerbern als attraktiver Arbeitgeber zu positionieren, um so einen Beitrag zur Mitarbeitergewinnung und -bindung zu leisten".[43]

---

[43] Springer Gabler Verlag (Hrsg.), Gabler Wirtschaftslexikon, Stichwort: Employer Branding. In: http://wirtschaftslexikon.gabler.de/Archiv/596505812/employer-branding-v3.html

Im Gegensatz dazu wollen Torsten Bittlingmaier und Bernhard Schelenz das Prinzip der Employer Reputation als Ablösung des klassischen Employer Branding verstanden wissen. Ihre Gegenüberstellung beider Modelle trägt einerseits der Tatsache Rechnung, dass sich beide Begriffe nicht trennscharf unterscheiden lassen, andererseits steckt sie aber auch eine definitorische Ebene ab, innerhalb derer sich gut über das eigentliche Thema diskutieren lässt: Wie gelingt es Unternehmen als Marke attraktiv für Bewerber und Mitarbeiter zu sein und zu bleiben?

Employer Branding	Employer Reputation
zielt auf Image	zielt auf Vertrauen
ist gemacht	wächst
ist zielgruppendefiniert	ist grundlegend, umfassend
ist werblich	ist authentisch
ist durch Social Media unter Druck	wird durch Social Media gestärkt
Themen: Karriere, Vergütung & Co.	Themen: Ethik, Kultur & Co.

Quelle: Torsten Bittlingmaier/Bernhard Schelenz (10/2014)

6.2 Ein Kicker – und was dann?

Ich stelle meinen Mitarbeitern gelegentlich eine einfache Frage; ich nenne sie die „Sonntagsfrage". Mich interessiert dabei selbstverständlich nicht die Parteipräferenz der Kolleginnen und Kollegen, sondern ihre Gefühlslage am Sonntagabend, wenn sie daran denken, am Montagmorgen wieder ins Unternehmen zu gehen. Stellt sich bei diesem Gedanken ein eher mulmiges Gefühl ein, haben wir Gesprächsbedarf. Natürlich ist es Unsinn zu erwarten, dass zur sonntäglichen Tatortzeit kollektive Euphorie angesichts der Aussicht auf eine anstrengende Arbeitswoche ausbricht. Wenn die unbehagliche Ausnahme jedoch zur Regel wird, ist es Zeit zu handeln.

Höchste Zeit auch, sich den Rahmenbedingungen zu widmen, die ausschlaggebend dafür sind, dass Mitarbeiter, gleich welcher Generation, gerne für ihren Arbeitgeber arbeiten. Wobei das eigentlich schon der falsche Ansatz ist. Denn die Forderung, dass man seine Arbeit bitteschön gerne, d.h. mit gutem Gefühl („Feel good!") zu verrichten habe, entstammt der unsäglichen Diskussion um die Work-Life-Balance.

Employer Reputation und digitale Transformation

Längst haben wir zur Kenntnis genommen, dass die Dialektik Arbeit vs. Leben nicht funktionieren kann; die Zeiten, in denen Arbeit kein Teil des Lebens war, hat es vermutlich auch nie gegeben. Inzwischen ist vielfach die Rede von der Work-Life-Integration, was es nur unwesentlich besser macht. Was wird hier eigentlich in was integriert? Ist Arbeit die Ausnahme, das Leben aber die Regel?

Der Stress beginnt für alle mit der gefühlten Notwendigkeit, sich im Koordinatensystem von Arbeit und Leben permanent positionieren zu müssen. Dabei ist vielen die Fähigkeit abhandengekommen, die Maßnahmen ihres Arbeitgebers als das zu durchschauen, was sie letztendlich sind: Manipulation und Kalkül.

Das bereits erwähnte sog. Social Freezing mag eine Wahlmöglichkeit mehr sein für Frauen, die sich in Sachen Kinderwunsch und Lebensplanung nicht festlegen wollen oder können. Aus der Perspektive derjenigen Unternehmen, die eine solche Option finanziell bezuschussen, gibt es in diesem Zusammenhang aber nur einen Key Performance Indicator (KPI): den der Effizienz. Die Mitarbeiterin möge ihren Kinderwunsch doch bitte hintenan stellen und stattdessen möglichst lange und ohne Unterbrechung als Arbeitskraft für die Firma zur Verfügung stehen.

Nicht alle Zusatzangebote von Unternehmen für ihre Angestellten sind so invasiv wie das Einfrieren von Eizellen. Ein Kicker im Aufenthaltsraum, Mitarbeiter-Events, kostenloses Mittagessen oder die Kita in der Firma: All diese Dinge sind möglicherweise gut gemeint, haben aber ebenfalls ein einziges übergeordnetes Ziel: dafür zu sorgen, dass der Mitarbeiter möglichst viel seiner Zeit im Unternehmen verbringt, bzw. noch besser: verbringen will.

Interessant wird es, wenn immer mehr Arbeitnehmer das Ansinnen ihrer Arbeitgeber dechiffrieren. Denn genau dann beginnt die echte Herausforderung für Unternehmer, Konzerne und deren Personalabteilungen: wenn es darum geht, attraktiv für Fachkräfte und Mitarbeiter zu sein — und vor allem zu bleiben.

Stefan Scheller schreibt dazu in seinem Blog den entscheidenden Satz: „Das im Rahmen von Personalmarketing-Maßnahmen kommunizierte Arbeitgebermarkenversprechen muss nach dem Eintritt in das Unternehmen durch die vorgefundene Kultur tatsächlich gehalten werden."[44] Man könnte Employer Branding in diesem Zusammenhang also als Versprechen und Employer Reputation als dessen Einhaltung verstehen.

---

[44] https://persoblogger.wordpress.com/2014/05/06/employer-reputation-statt-employer-branding-braucht-es-uberhaupt-eine-arbeitgebermarke (Zugriff am 06.07.2015).

6.3 Neue Strategien sind gefragt

Wenn wir also davon ausgehen, dass wir nicht länger von Employer Branding sprechen, sondern von Employer Reputation, dann lohnt ein Blick darauf, wer eigentlich für den Ruf eines Unternehmens verantwortlich zeichnet. Im Grunde verhält es sich in dieser Angelegenheit wie mit der Umkehrung des Sender-Empfänger-Paradigmas im Journalismus. Längst liegt die Deutungshoheit über viele Sachverhalte und Zusammenhänge nämlich nicht mehr nur beim Absender von Inhalten, sondern zu einem großen Teil beim Rezipienten.

Und genau so ist das auch im Bereich des Personalmarketing. Studierte man vor zehn bis 15 Jahren in Vorbereitung auf ein Vorstellungsgespräch noch die Website des Unternehmens und ein paar Pressemitteilungen, so hat der Bewerber heute unzählige Informationsquellen jenseits der Domäne des potenziellen zukünftigen Arbeitgebers zur Verfügung. Und jene neuen Quellen entziehen sich zum Teil völlig dem Einflussbereich einstiger Employer-Branding-Strategen.

Die gute Nachricht: Das aus vielerlei Richtungen kolportierte Ansehen einer Firma ist in Summe vermutlich relativ authentisch. Die schlechte Nachricht lautet exakt identisch: Der kumulierte Ruf eines Unternehmens entspricht in der Regel den Tatsachen. Somit ist die Möglichkeit zur Manipulation von vornherein extrem eingeschränkt, was die Unternehmensführung zu unserer eigentlichen Ausgangsfrage zurückführt: Welche Rahmenbedingungen sind es, die die Employer Reputation bestimmen und bestimmen sollten? Und welche Strategie auf Unternehmensseite kann dafür sorgen, dass die Employer Reputation entsprechend positiv wahrgenommen wird?

Zunächst einmal lohnt sich der Blick auf ein paar Hypothesen zum Arbeitsmarkt der Zukunft. Im Jahr 2020 wird der Anteil der Generation Y an allen Arbeitnehmern erstmals die 50-Prozent-Marke überschreiten. Höchste Zeit also sich den Bedürfnissen dieser neuen Mehrheit und ihren Ansprüchen an Arbeitsumgebungen zu widmen.

6.4 Sinnsuche der neuen Arbeitnehmerschaft

Galten früher große Unternehmen oder Konzerne als Karrieresprungbrett, so liebäugelt heute ein signifikanter Anteil der Millennials-Absolventen mit dem Einstieg bei einem Start-up. Die Gründe hierfür sind in der Regel flache Hierarchien und ein innovatives Arbeitsumfeld. Vergleichbar hoch hingegen dürfte der Grad der Arbeitsbelastung in beiden Branchen sein. Nun, Lehrjahre sind bekanntlich keine

Herrenjahre, und die jungen Arbeitnehmerinnen und Arbeitnehmer scheint die Aussicht auf Stress im Job nicht besonders zu schrecken.[45]

Doch wie ist es dann einzuordnen, dass wiederum andere Untersuchungen zu dem Ergebnis kommen, dass die Generation Y im Grunde genommen nach Sicherheit strebt? Die Erklärungen für den vermehrten Wunsch nach einer Beschäftigung beim Staat sind jedenfalls schnell bei der Hand. In Zeiten von Globalisierung, Rentenlücke, Überalterung der Gesellschaft und undurchsichtiger bewaffneter Konflikte ist es vielleicht nur allzu verständlich, wenn wenigstens in einem Lebensbereich nach Kontinuität gestrebt wird.[46]

Schlägt Sicherheit letztendlich also doch Sinn(suche)? Oder wird es Zeit, den Blick zu heben: weg von dem untauglichen Versuch, einer ganzen Generation einen Stempel aufdrücken zu wollen, und stattdessen hin zu der Erkenntnis, dass die gemeinsamste aller Eigenschaften der Generation Y ihre Heterogenität ist? Die Unterschiede innerhalb der Generation Y sind vermutlich erheblich größer als diejenigen zu anderen Generationen. Auf diesem Wege kommt man also vermutlich nicht weiter.

6.5 Mensch statt Ressource

Aber wie kann es dann stattdessen funktionieren? Welche Rahmenbedingungen müssen etabliert werden, damit sich eine positive Unternehmenskultur herausbilden kann, die mittelfristig (hoffentlich) zur exzellenten Employer Reputation beiträgt? Jennifer Dulski, frühere Google- und Yahoo!-Managerin und heute President und COO von Change.org, postuliert in einem Interview mit dem Online-Magazin EDITION F[47] fünf Ansatzpunkte für eine Führungskraft, dank derer die Mitarbeiterinnen und Mitarbeiter sich bei ihrer Tätigkeit wohlfühlen sollen:

1. Verstehen lernen, was genau jedes einzelne Team-Mitglied motiviert
2. Sinn und Zweck jeder einzelnen Tätigkeit vermitteln
3. Etablierung von Wertesystemen
4. Gewünschte Verhaltensweisen vorleben
5. Gemeinsam Spaß haben

---

[45] http://t3n.de/news/konzern-startup-generation-y-604776/ (Zugriff am 06.07.2015).

[46] Süddeutsche Zeitung vom 08.07.2014. In: http://www.sueddeutsche.de/karriere/umfrage-zu-bevorzugten-arbeitgebern-studenten-streben-in-den-staatsdienst-1.2028390 (Zugriff am 06.07.2015).

[47] https://editionf.com/change-org-jennifer-dulski-5-things-better-workplace (Zugriff am 06.07.2015).

Ich sehe darin interessante Ansätze und möchte insbesondere auf den ersten Punkt etwas näher eingehen. Bei vielen Führungskräften scheint nämlich in Vergessenheit geraten zu sein, was die eigentliche Kernaufgabe von Führung ist. Mitarbeitergespräche, Zielvereinbarungen oder Fortbildungsveranstaltungen mögen legitime Instrumente im Repertoire eines Vorgesetzten sein. Sie bergen jedoch das Risiko, dass der Mensch hinter der Ressource Mitarbeiter aus dem Fokus rückt. Doch mit genau diesem Menschen muss sich eine Führungskraft in der Hauptsache ihrer Arbeit beschäftigen.

Verantwortlich für eine gute Unternehmenskultur und eine Arbeitsatmosphäre, die Mitarbeiter dazu bringt, sich positiv über ihren Arbeitgeber zu äußern, sind letztendlich die Führungskräfte. Sie haben maßgeblichen Einfluss auf die Employer Reputation. Und sie sind es auch, von denen man Eigenschaften fordern muss, die Mitarbeiter motivieren und voranbringen.

6.6 Loyalität durch Beziehungen

Dem Ökonom Peter Drucker wird das Zitat zugeschrieben „Culture eats Strategy for Breakfast". Es beschreibt das organisationale Dilemma, wenn abstrakte Unternehmensziele auf eine Unternehmenskultur treffen, innerhalb derer Mitarbeiter nicht im Ansatz dazu in der Lage sind, diese Ziele auch umzusetzen. Und die Voraussetzung für eine Kultur, die Agilität und Motivation fördert, ist die Auseinandersetzung mit dem Individuum. Natürlich ist das mitunter mühsam, weil die Interessen der Shareholder die Strategie eines Unternehmens postulieren und so das Handeln ihrer Mitarbeiter zu bestimmen versuchen.

Doch ohne genaue Kenntnis über den persönlichen Hintergrund eines Mitarbeiters kann ich als Führungskraft nicht sinnvoll und im Interesse des Unternehmens agieren. Es hilft mir zu wissen, wenn etwa gesundheitliche Einschränkungen bestehen, wenn Kinder Flexibilität fordern oder wenn persönliche Vorlieben in Sachen Arbeitszeit oder -ort Einfluss auf die Zufriedenheit haben. Erst dann kann ich Arbeit so organisieren, dass sie jedem Einzelnen gerecht wird.

Und erst dadurch entsteht auch Loyalität. Wenn der Mitarbeiter merkt, dass ich ihn nicht nur als bloße Ressource sehe, sondern ihn ganzheitlich und von seinen Bedürfnissen her zu antizipieren versuche, dann zahlt sich das im wahrsten Sinne des Wortes aus. Es entsteht eine belastbare Beziehung, die auch in Zeiten erhöhter Anforderungen intakt bleibt. Und die Summe solcher belastbarer Beziehungen ist dem Ruf des gesamten Unternehmens ausgesprochen zuträglich, wodurch sich der Kreis in Richtung Employer Reputation wieder schließt.

6.7 Multiplikatoren und soziale Medien

Während Employer Branding auf Bewerber als Zielgruppe abgestimmt ist, zielt Employer Reputation auf die Mitarbeiter. Sie werden als Multiplikatoren verstanden und auch eingesetzt. Nach einer Untersuchung der PR-Agentur Weber Shandwick aus dem April 2014 posten 50 % der Angestellten mindestens von Zeit zu Zeit etwas über ihren Arbeitsalltag in den Social Media.[48]

Employer Reputation ist durch diese authentische Eigeninitiative der Mitarbeiter in deren Kanälen viel nachhaltiger als etwa Employer Branding, braucht aber auch länger, um Wirkung zu erzielen. Eine entscheidende Rolle beim Aufbau von Employer Reputation spielt also das Internet und dort vor allem die Social Media. Facebook dürfte dabei der meistgenutzte Kanal sein, aber auch andere Plattformen, wie z. B. kununu, sind je nach Branche beachtenswert.

Eine große Herausforderung für Unternehmensführung und HR gleichermaßen ist dabei ein gewisser Kontrollverlust über die Kommunikation. Denn einer der wesentlichen Erfolgsfaktoren in den verschiedenen Social-Kanälen ist die Authentizität der Äußerungen. Zwar kann ich meinen Mitarbeitern gewisse Leitlinien an die Hand geben, wie sie sich in Bezug auf das Unternehmen, das sie vertreten, äußern sollen. Gleichzeitig muss ich aber auch ein Höchstmaß an Freiheit einräumen, schließlich handelt es sich bei den einzelnen Kanälen um mehr oder weniger privat genutzte Umfelder.

Ziel kann also nicht die kommunikative Maßgabe durch das Unternehmen sein. Stattdessen gilt es, die Zufriedenheit der Mitarbeiter im Blick zu haben, so dass deren Äußerungen in den Social Media in eine nachhaltige Employer Reputation einzahlen.

Diese Ausgangssituation dürfte für viele Personalabteilungen in Unternehmen eine signifikante Herausforderung darstellen. Der Automobilzulieferer Continental hat dabei vor nicht allzu langer Zeit einen interessanten Schritt vollzogen und seine Abteilung von „Human Ressources" in „Human Relations" umbenannt. Natürlich müssen hier auch Taten folgen, aber der Ansatz lässt vermuten, dass einige richtige Schlüsse aus der Veränderung von Arbeitsumgebungen und Mitarbeiterbeziehungen gezogen wurden.

---

[48] Weber Shandwick (2014).

6.8 Transparenz ist die neue Norm

Kununu.com ist nach eigenen Angaben die größte Arbeitgeberbewertungsplattform im Netz. Über 200.000 Unternehmen werden dort gelistet und bewertet, mehr als 800.000 Bewertungen von Unternehmen wurden bereits online gestellt. Es scheint, als gäbe es kein Vertun: Die Bedeutung von Employer Reputation ist längst in der Realität verankert; die Unternehmen tun gut daran, dieser Tatsache Rechnung zu tragen.

Das bedeutet auch, dass der Social Footprint, also die entsprechende Sichtbarkeit einer Identität in den sozialen Medien, nicht mehr nur länger von Bewerbern gefordert wird. Auch Unternehmen benötigen zur Erlangung von Authentizität entsprechende Präsenzen in den verschiedenen digitalen Kanälen. Doch die Domänen, die der Kontrolle durch das Unternehmen selbst unterliegen, sind nicht mehr ausreichend. Stattdessen erwartet der Bewerber der Zukunft authentische Äußerungen der Mitarbeiter in den Timelines von Twitter, Facebook, XING und Co.

Die Tatsache, dass Transparenz die neue Normalität ist, sollte zudem eigentlich eine gute Nachricht sein. Denn sie führt auch dazu, dass gewisse Auswüchse im HR-Marketing nicht mehr länger von Erfolg gekrönt sind. Vorbei sind die Zeiten, in denen derjenige Arbeitgeber am attraktivsten für Bewerber war, der das höchste Budget für sein Employer Branding zur Verfügung stellen konnte.

Ähnlich wie die Hersteller von Produkten oder die Anbieter von Dienstleistungen sind in Zeiten zunehmender Transparenz auch die Arbeitgeber wieder zur Rückbesinnung auf die eigentlich entscheidende Größe gezwungen: auf das Produkt selbst. Und die Produkt*eigenschaften* sind es, deren Ausgestaltung in Summe für eine positive Employer Reputation sorgt.

6.9 Digitale „Change Agents"

Die Arbeitswelt wandelt sich rasend schnell; viele Unternehmen können mit ihren Strukturen kaum folgen. Dabei sollten sie besser jetzt als später verstehen, dass Bewerber keine Bittsteller mehr sind, sondern elementarer Bestandteil des digitalen Change-Prozesses. Im „War for Talent" bleibt dasjenige Unternehmen auf der Strecke, das nicht in der Lage ist, attraktiv für Mitarbeiter mit einem ausgeprägten digitalen Background zu sein. Denn diese Mitarbeiter sind die „Change Agents", ohne die kein Unternehmen überleben kann.

Employer Reputation und digitale Transformation

Dabei ist es völlig unerheblich, wie digital die Produkte oder Dienstleistungen eines Unternehmens sind. Die Digitalisierung erfasst alle Bereiche. Die folgende Abbildung aus einer Deloitte-Studie[49] zeigt eindrucksvoll, wie zeitnah und mit welcher Heftigkeit unterschiedliche Branchen davon erfasst werden.

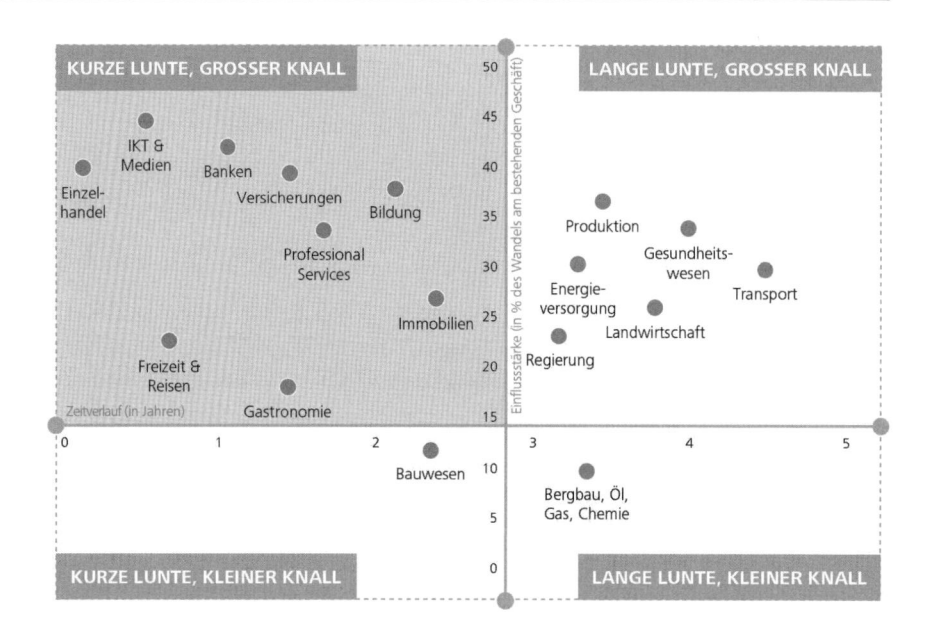

Abb. 1: Digitalisierung der Branchen: Disruption Map nach Industrien, basierend auf Analysen von Heads! und Deloitte Digital

Kein Wunder also, dass immer mehr Branchen aus dem Bereich „Kurze Lunte, lauter Knall" dem Thema Digitaler Fachkräftenachwuchs strategische Priorität einräumen. Dem immer wieder zitierten Fachkräftemangel kann man dabei unter Umständen mit Einwanderung, der (wünschenswerten) Beschäftigung von mehr Frauen oder mit dem Rückgriff auf Arbeitnehmer jenseits der 60 begegnen, aber wer den Anschluss an die Digitalisierung verliert, hat keine Alternativen. Employer Reputation spielt dabei eine ganz entscheidende Rolle.

Junge Arbeitnehmer brauchen

1. eine steile Lernkurve oder
2. charismatische Führungskräfte, an denen sie sich orientieren können, oder
3. ein Arbeitsumfeld, das ihnen große Freiheiten bietet und in dem sie sich verwirklichen können.

---

[49] Deloitte (2015).

Nr. 1 entfällt bei Unternehmen, die auf digital bestens ausgebildete Mitarbeiter angewiesen sind, die helfen sollen, das Unternehmen zu transformieren. Auch Nr. 2 ist ein Problem: Inzwischen herrscht ein gewisser Mangel an solchen Führungskräften. Und auch an Nr. 3 hapert es: Freiheit wird häufig so durch Überbelastung korrumpiert, dass auch hieraus kein allzu positiver Langzeiteffekt abzuleiten sein dürfte.

Employer Reputation könnte daher gerade für jüngere Arbeitnehmer einen neuen Rahmen zur Orientierung schaffen. Und zwar dadurch, dass Sie Ihre Zielsetzung auf Orientierung und Sicherheit als Angebot für Ihre Mitarbeiter ausrichten. So bemüht ZEIT-Autorin Tina Groll einige Klischees zur Generation Y: „Eine sinnvolle Tätigkeit ist ihnen wichtiger als die Karriere. Sie wollen ständig Feedback vom Chef, eine ausgeglichene Work-Life-Balance und mögen es, wenn sie ihre eigenen Tools wie Smartphone, Tablet oder Laptop mit zur Arbeit bringen können."[50]

Gleichzeitig betont eine IBM-Studie das Thema Sicherheit, und zwar bezogen auf den Arbeitsplatz selbst und auf die finanziellen Rahmenbedingungen.[51] Was läge da näher, als sich wieder auf das zu besinnen, was Arbeitgeber früher nachgerade ausgezeichnet hat: eine gewisse Heimatfunktion für ihre Angestellten.

Somit wären weniger der Kicker im Aufenthaltsraum oder das subventionierte Jobticket relevant als vielmehr die Faktoren Langfristigkeit und Sicherheit. Unternehmen werden wieder zu einer verlässlichen Planungsgröße, wodurch ihre Attraktivität für Bewerber in einem Bereich ansteigt, der nicht mit kurzfristigen Employer-Branding-Budgets korreliert. Und eines merken viele Unternehmen bereits heute: Mit Geld und einer mittelmäßigen Karriere können wir die Bewerber nicht mehr locken. Sie brauchen also ein erneuertes Versprechen, das sich aus der Dualität Sicherheit und Umfeld speist.

6.10 Renaissance der HR?

Beim Thema der Digitalen Transformation scheinen die Human Ressources den Anschluss an das Marketing und vor allem die IT verloren zu haben. Letztere treiben das Thema seit Jahren voran, die Unternehmensführung versucht mühsam Schritt zu halten, während HR die eigene Rolle erst neu definieren muss.

---

[50] Zeit Online, Artikel vom 04.05.2015. In: http://www.zeit.de/karriere/beruf/2015-05/generation-y-mythen-leseraufruf (Zugriff am 06.07.2015).

[51] IBM (2015).

Employer Reputation und digitale Transformation

In einem Interview mit HRweb.at äußert sich Prof. Dr. Dr. Ayad Al-Ani vom Alexander von Humboldt Institut auf die Frage, welche Rolle die HR bei der Digitalen Transformation spielen.

> *In dem Sinne, dass die neue Digitale Wirtschaft vorgibt, dass die Organisation um selbstgesteuerte Individuen herum gebaut werden muss und nicht mehr die Individuen in die Organisation eingepasst werden, würde man vermuten, dass HR hier eine zentrale und vielleicht sogar avantgardistische Rolle spielen müsste. Aber tut HR das auch? Die Ausgangssituation in den meisten Unternehmen ist für eine solche Rolle schwierig. Denn trotz aller Beteuerungen des Vorstands über die Wichtigkeit des Humankapitals, haben HR-Aspekte nach wie vor oftmals nicht die höchste Priorität.*
>
> Prof. Dr. Dr. Ayad Al-Ani (http://www.hrweb.at/2015/03/digitale-transformation/)

Dabei wäre gerade die Personalabteilung prädestiniert, den Wandel nicht nur zu propagieren, sondern zu gestalten. Viel wichtiger als Technologien und Mechanismen sind die Menschen, die den digitalen Wandel gestalten müssen. Sie zu ermutigen, vorzubereiten und zu begleiten, ist eine entscheidende Aufgabe innerhalb des Transformationsprozesses. Change ist kein Projekt mit einem Anfang und einem Ende, sondern permanenter Begleiter von Arbeitgebern und Unternehmen. Organisationen müssen deshalb entsprechend gestaltet werden. In diesem Zusammenhang müssten die HR daher eine Schlüsselrolle einnehmen.

Soweit zur Grundlage für den nachhaltigen Aufbau einer Employer Reputation. Sie schließt nahtlos an die Diskussion um das Individuum als Marke an. Doch während Bewerber ihre „Personal Brand" mit Hilfe von Blogs, eigenen Web-Präsenzen und Sozialen Profilen pflegen und ausbauen, reicht dies für Arbeitgebermarken nicht mehr aus. Anstatt die eigene Marke nur zu inszenieren, müssen Unternehmen den Bewerbern einen Schritt voraus sein, indem sie eine Umgebung für deren Personenmarken gestalten, an die man gerne andocken möchte.

6.11 Agiles Recruiting

Ein Aspekt, der dabei häufig vernachlässigt wird, ist der der Agilität. Sicherheit geht allzu häufig einher mit Schwerfälligkeit der Prozesse; doch Mitarbeiter mit einem eher digitalen Schwerpunkt suchen nach dynamischen Umfeldern. Das bedeutet zwar auch maximale Flexibilität seitens des Arbeitgebers in Bezug auf BYOD („Bring your own Device"), Arbeitszeiten oder möglicher Sabbaticals, aber das reicht bei weitem nicht aus. Auch hier hat das Individuum Vorrang, auf dessen unterschied-

6 Agiles Recruiting

liche Anforderungen an leistungsunterstützende Arbeitsumgebungen — wenn möglich — Rücksicht zu nehmen ist.

Und Agilität bezieht sich nicht nur auf dynamische Prozesse im IT-Projektmanagement, wie etwa bei Scrum[52] oder Kanban[53]. Längst hat das Thema auch das Recruiting erreicht. So fordern Mitarbeiter in komplexen Projekten ein Mitspracherecht bei Neueinstellungen, die ihr eigenes Team betreffen. Damit dient agiles Recruiting der Team-Chemie und greift gleichzeitig auf die Netzwerke der Mitarbeiter zu. Agiles und Social Recruiting bilden dabei eine Kombination, von der Unternehmen und Mitarbeiter enorm profitieren können.

Die HR-Abteilung im Unternehmen ist beim Prozess des agilen Recruiting Projektpartner der Teams. Das Prinzip ist ebenso dynamisch wie naheliegend: Wenn ein Scrum-Team zu dem Schluss kommt, weitere Ressourcen einplanen zu müssen, dann erarbeitet es entsprechende Anforderungen und formuliert gemeinsam mit der Personalabteilung eine Stellenausschreibung. Bewerber werden im Team interviewt, die Auswahl erfolgt in der Regel ebenfalls in gemeinsamer Abstimmung.

Eine solche Vorgehensweise hat mehrere Vorteile. Das Projekt-Team übernimmt Verantwortung bis hin zum „Hire and Fire" und besitzt so den Blick für alle Parameter eines Prozesses. Das verhindert „Silo-Denken" und fördert die Interdisziplinarität im Unternehmen. Gleichzeitig entsteht durch den Schulterschluss mit HR eine starke Allianz im Bereich Recruiting, die externe Dienstleister kaum durchbrechen können. Und die Teilhabe an sämtlichen Prozessschritten bedingt einen hohen Identifikationsgrad mit dem Unternehmen, der letztlich wieder positiv in die Employer Reputation einzahlt.

---

[52] „Vorgehensmodell der agilen Softwareentwicklung, das davon ausgeht, dass Softwareprojekte aufgrund ihrer Komplexität nicht im Voraus detailliert planbar sind. Aus diesem Grund erfolgt die Planung nach dem Prinzip der schrittweisen Verfeinerung, wobei die Entwicklung des Systems durch das Team nahezu gleichberechtigt erfolgt." (Springer Gabler Verlag, Hrsg., Gabler Wirtschaftslexikon, Stichwort: Scrum , im Internet: http://wirtschaftslexikon.gabler.de/Archiv/381707698/scrum-v6.html)

[53] „In Japan entwickeltes System zur flexiblen, dezentralen Produktionsprozesssteuerung; ‚Kanban' bedeutet wörtlich ‚Karte' und bezeichnet die Identifizierungskarte, die sich bei jedem Endprodukt, jeder Baugruppe und jedem Einzelteil, das im Betrieb verwendet wird, befindet." (Quelle: siehe Fußnote zuvor, Stichwort: Kanban-System, im Internet: http://wirtschaftslexikon.gabler.de/Archiv/74282/kanban-system-v8.html).

6.12 Wege zur positiven Employer Reputation

Employer Reputation ist sicherlich eine nachhaltigere Strategie als bloßes Employer Branding. Gleichzeitig ist ein solcher strategischer Ansatz aber auch erheblich komplexer und aufwändiger zu implementieren als ein reiner Marketingansatz. In Zeiten großer Veränderungen durch die Digitalisierung sowie neuer Ansprüche und Bedürfnisse seitens der Arbeitnehmer setzt sich eine gute Employer Reputation aus vielen verschiedenen Bausteinen und Faktoren zusammen.

Organisational, strukturell und in Bezug auf die richtige Leadership sind Unternehmen schlicht gezwungen, sich, auch und vor allem im Bereich HR, völlig neu aufzustellen. Die Umwälzungen sind so signifikant, dass ein „Weiter so!" nicht nur keine gute Alternative wäre, sondern schlicht den Fortbestand des Unternehmens gefährdet.

Die wichtigsten Faktoren für eine positive Employer Reputation stammen aus ganz unterschiedlichen Bereichen, daher tun sich so viele Unternehmen vermutlich auch so schwer damit. Nicht mehr nur die Personalabteilung ist für den Ruf des Unternehmens bei Bewerbern zuständig, sondern das gesamte Unternehmen — und ganz besonders die Geschäftsführung. Ihr muss immer daran gelegen sein, dass die Einflussmöglichkeiten aus allen Abteilungen positiv zum Gesamtergebnis beitragen können. Dafür muss sie die Voraussetzungen schaffen.

Einer der wichtigsten Faktoren sind die Führungskräfte im Unternehmen. Ihr Führungsstil, ihre Antizipation individueller Mitarbeiterbedürfnisse und ihr charakterliches Vorbild sind ein wesentlicher Impuls für den Identifikationsgrad vor allem der jungen Mitarbeiter mit dem Unternehmen. Es werden charismatische Chefs gebraucht, für die Leadership kein lästiges Nebenprodukt ist, sondern Hauptaufgabe und Berufung zugleich.

Kaum weniger wichtig ist die Einbeziehung von Mitarbeitern als Multiplikatoren. Soziale Netzwerke sind ein wesentlicher Ort, an dem sich Employer Reputation manifestiert und wirkt. Das Storytelling übernehmen dabei die Mitarbeiter, ganz individuell und sehr heterogen in ihrer Art, das eigene Unternehmen darzustellen. Authentizität ist dabei Grundvoraussetzung. Auf Seiten des Unternehmens setzt das ein hohes Maß an Toleranz und Vertrauen voraus. Gleichzeitig ist der Social Footprint von Unternehmen und Vorgesetzten ein Gradmesser für deren Glaubwürdigkeit.

Nachhaltigkeit ist nicht nur ein Mechanismus der Employer Reputation, sondern die Voraussetzung für deren positive Ausgestaltung. Kurzfristige Maßnahmen im

Sinne des Employer Branding sind teuer — und durchschaubar. Dagegen sind Verlässlichkeit, Flexibilität und Sicherheit als Werte eines Unternehmens Ausdruck einer Rückbesinnung auf das, was ursprünglich einmal für Loyalität sorgte. Es lohnt sich daher, genau diese Arbeitgebereigenschaften zu reaktivieren.

Innerhalb der Organisation braucht es das Ineinandergreifen der Abteilungen und Bereiche, um optimal auf das Ziel einer mittel- bis langfristig positiven Employer Reputation einzahlen zu können. Sie ist einerseits Chefsache, muss also fest in der Unternehmensführung verortet und in der Strategie verankert sein. Zugleich hat aber jede einzelne Abteilung die Aufgabe, ihren Beitrag zu leisten, mit HR in der beschriebenen Sonderrolle.

Und schließlich muss die Strategie hinter dem Thema Außendarstellung bzw. Außenwirkung des Unternehmens auf Bewerber agil sein. Die Zeiten ändern sich oft und schlagartig. Was gestern noch Konsens war, kann heute bereits gefährlich sein. Hier ist Angstfreiheit gefragt, gepaart mit einer guten Fehlerkultur und einem hohen Maß an Flexibilität. Klingt einfach, ist es aber nicht. Dennoch überwiegen die Chancen die Risiken bei weitem.

7 Welche Faktoren wirken sich positiv auf die Employer Reputation aus? Eine empirische Analyse

Autorin: *Kristina Bierer*

Employer Branding galt jahrelang als Allheilmittel im „War for Talent" und gegen den Fachkräftemangel. Doch mit der Zeit kam die Ernüchterung: Reine Employer-Branding-Kampagnen steigern die Bewerberzahlen mitnichten ins Unermessliche, denn die Attraktivität als Arbeitgeber wird viel langfristiger geprägt. Dieser Beitrag zeigt, basierend auf den Ergebnissen des CLEVIS Praktikantenspiegel 2015, dem 7.500 Arbeitgeberbewertungen von Praktikanten zugrundeliegen, welche Einflussfaktoren auf die Employer Reputation wirken und wie diese langfristig aufgebaut werden kann.

7.1 Warum Employer Branding nicht (mehr) ausreicht

Der Fachkräftemangel ist in aller Munde. Diskutiert wurde im HR-Bereich in den vergangenen Jahren verstärkt über die Schwierigkeiten, die Recruiter bei der Besetzung von Stellen haben. Insbesondere in den technischen Berufsfeldern sowie in Gesundheits- und Pflegeberufen sind Engpässe bei der Stellenbesetzung zu beobachten. Wurde in der Vergangenheit vor allem über den Fachkräftemangel bei akademischen Berufen geklagt, hat sich in den letzten Jahren auch die Situation in nicht-akademischen Berufsfeldern verschärft[54].

Die Unternehmensberatung CLEVIS GmbH hat 76 Unternehmen zu den Herausforderungen im Rahmen der betrieblichen Ausbildung aus dem Jahr 2014 befragt. Die Untersuchung zeigt, dass Personaler vor allem die Rekrutierung von qualifizierten Auszubildenden sowie Employer Branding und den voranschreitenden Fachkräftemangel fürchten. Der Zusammenhang dieser Top-3-Herausforderungen ist offensichtlich, wurde doch Employer Branding in den vergangenen Jahren als Allheil-

---

[54] Bundesagentur für Arbeit (2014).

Welche Faktoren wirken sich positiv auf die Employer Reputation aus?

mittel im Kampf gegen den Fachkräftemangel angepriesen. Zutage trat dies bei den Unternehmen vor allem in der Identifikation der Employer Value Proposition, also dem Nutzenversprechen eines Arbeitgebers, und deren Kommunikation im Rahmen von Employer-Branding-Kampagnen, der Gestaltung des Bewerberportals und der Stellenanzeigen. Insgesamt steigt die Aufmerksamkeit für ein effizientes Employer Branding unabhängig von der Unternehmensgröße. Während jedoch bei Konzernen Employer Branding schon lange als strategisches Instrument etabliert ist, fangen viele kleine und mittelständische Unternehmen gerade erst damit an, sich intensiv mit diesem Thema auseinanderzusetzen.[55]

Doch nicht immer sind die Employer-Branding-Bemühungen von Erfolg gekrönt. Häufig werden die weniger gelungenen Branding-Aktivitäten in Blogs und auf den einschlägigen Social-Media-Kanälen geteilt und kommentiert und erzielen dann einen gegenteiligen Effekt. Seit 2013 wird — angelehnt an die „Goldene Himbeere", die im Gegensatz zum Oscar für die schlechtesten Filmbeiträge verliehen wird — die „Goldene Runkelrübe" für besonders schlechte Beispiele der HR-Kommunikation in den Kategorien Stellenanzeige, Recruiting-Video, Karrierewebsite und Social-Media-Auftritt verliehen. In den vergangenen zwei Jahren wurde diese zweifelhafte Ehre nicht nur lokalen Unternehmen, wie z. B. der Volksbank Franken und der Kreissparkasse Birkenfeld, sondern auch großen Institutionen und Unternehmen, wie z. B. dem Europäischen Patentamt, Unilever oder der Allianz, zuteil.

Es wird deutlich, dass viele Unternehmen Employer Branding mit der Fortsetzung des bis dato bekannten Personalmarketing gleichsetzen. Ein strategischer Vorteil im „War for Talent" entwickelt sich daraus nur selten. Recruitingportale mit konstruierten, wenig aussagekräftigen Mitarbeiterbildern und Imagevideos, die Lacher und Häme hervorrufen, werden selten die gewünschte Zielgruppe erreichen und kaum das Recruiting qualifizierter Fachkräfte erleichtern. Gerade in Zeiten, in denen Bewertungsportale für Arbeitnehmer bei der Jobsuche immer wichtiger werden, gilt es authentisch und glaubhaft aufzutreten, da die Arbeitgeberbotschaften belastbar sein müssen. Aufgrund der immer größer werdenden Relevanz von Bewertungsplattformen wie kununu.com, meinchef.de, glassdoor, XING etc. sind „echte" Informationen zum Arbeitgeber leichter zugänglich als je zuvor. Eine Studie des Bundesverbands Informationswirtschaft, Telekommunikation und neue Medien (BITKOM) zeigt, dass bereits jetzt jeder vierte Befragte sich bei kununu.com, meinchef.de etc. über den potenziellen Arbeitgeber informiert. Besonders die 30- bis 49-Jährigen legen Wert auf den virtuellen Erfahrungsaustausch. 35 % dieser Altersgruppe nutzt die Be-

---

[55] Institute for Competitive Recruiting (2014).

wertungsplattformen.[56] Eine noch so innovativ gestaltete Employer-Branding-Kampagne wird nicht überzeugen, wenn die öffentlich zugänglichen Erfahrungen der Mitarbeiter und Bewerber auf den Internet-Portalen eine andere Sprache sprechen.

Folgerichtig kann ein Unternehmen nur dann attraktiv auf potenzielle Bewerber wirken, wenn Außendarstellung und Innendarstellung ein kongruentes, authentisches Bild vermitteln. Das gelingt nur, wenn Mitarbeiter und Bewerber aktiv in die Employer-Branding-Kommunikation integriert werden. Nur so kann verhindert werden, dass neue Mitarbeiter mit falschen Vorstellungen in das Unternehmen eintreten, dort hart von der Realität getroffen werden und das Unternehmen enttäuscht wieder verlassen.

7.2 Employer Brand, Employer Reputation und Corporate Reputation – die Unterschiede

Bei der Entwicklung einer Employer Brand werden zwar in der Regel die Mitarbeiter in Form von Mitarbeiterbefragungen, Fokusgruppen etc. aktiv miteingebunden, die Wirkung der Employer Brand richtet sich aber immer nach außen. In der Umsetzung werden Kampagnen erarbeitet, Bewerberseiten erstellt, Stellenanzeigen optimiert und Social-Media-Seiten aufgesetzt. Werden in diese Aktivitäten „echte" Mitarbeiter integriert, wird von Employee Branding gesprochen. Dies ist mittlerweile gang und gäbe.

> **BEISPIEL**
>
> So zeigt z. B. McDonald's in Recruiting-Kampagnen eigene Mitarbeiter bei der Arbeit in einer McDonald's-Filiale. Bewerberseiten mit Zitaten von Mitarbeitern zum Arbeitgeber sind ein gängiges Instrument, um die Authentizität der Employer Brand zu erhöhen. Zahlreiche Unternehmen nehmen ihre ehemaligen Praktikanten in die Pflicht und binden sie als sog. Campus Captains aktiv in das Hochschulmarketing ein. Die Studierenden werben auf Hochschulmessen für das Unternehmen, können aber auch eigenständig ein Praktikum bei dem Arbeitgeber „bewerben".

---

[56] BITKOM: Bewerber informieren sich im Internet über Unternehmen; http://www.bitkom.org/de/themen/54633_76188.aspx, 2013.

Welche Faktoren wirken sich positiv auf die Employer Reputation aus?

Die Unternehmensreputation (Corporate Reputation) bezeichnet die gesamte Beurteilung eines Unternehmens aus Sicht der unterschiedlichen Stakeholder.[57] Sie wird im allgemeinen Verständnis oftmals mit dem Ruf einen Unternehmens gleichgesetzt. Die Reputation muss langfristig aufgebaut werden, kann aber im Falle eines Vertrauensbruchs auch sehr schnell wieder zerstört werden. Unternehmensreputation ist von der Unternehmensidentität und dem -image zu trennen.

- Die Unternehmensidentität beschreibt, wie sich eine Organisation intern definiert.
- Das Unternehmensimage wird durch Marketing- und Kommunikationsaktivitäten geprägt. Es kann kurzfristig durch gekonnte Marketingmaßnahmen verändert werden.

Eine positive Unternehmensreputation kann Wettbewerbsvorteile generieren. Forschungsarbeiten zeigten beispielsweise, dass eine hohe Reputation das Vertrauen der Kunden in die Produkte bzw. Dienstleistungen steigert. Dies erhöht die Verkaufsraten und die Bereitschaft des Kunden, einen höheren Preis für die Produkte im Vergleich zu den Konkurrenzprodukten zu zahlen. Ebenso konnte beobachtet werden, dass eine hohe Unternehmensreputation auch auf dem Recruitingmarkt zu Wettbewerbsvorteilen führt. Unternehmen, die eine hohe Unternehmensreputation haben, werden automatisch als attraktivere Arbeitgeber wahrgenommen. Die Bewerbungsneigung steigt.[58]

Employer Reputation bezeichnet die Wahrnehmung eines Unternehmens als Arbeitgeber durch die Stakeholder-Gruppen. Kern-Stakeholder sind Mitarbeiter, Bewerber und potenzielle Bewerber. Aber auch Kunden, Investoren und die allgemeine Öffentlichkeit nehmen ein Unternehmen als Arbeitgeber wahr.

Fraglich ist, inwiefern ein Stakeholder überhaupt zwischen der Corporate Reputation und der Employer Reputation unterscheiden kann bzw. welche Zusammenhänge bestehen. Haben Unternehmen, die aufgrund ihrer wirtschaftlichen Gesamtsituation, ihrer Marktführerschaft und internationalen Anerkennung eine positive Corporate Reputation haben, automatisch auch eine positive Employer Reputation? Werden sie als sicherer Arbeitgeber mit hohen Karrierechancen und einem angenehmen Arbeitsumfeld empfunden? Außerdem stellt sich die Frage, für welche Unternehmen die Employer Reputation relevant ist: Können kleine und mittelständische Unternehmen überhaupt langfristig eine positive Employer Reputation aufbauen?

---

[57] Formbrun, Charles J. (1996).
[58] Schloderer, M. (2010).

7.3 Wie entsteht eine positive Employer Reputation bei der Generation Y?

Der CLEVIS Praktikantenspiegel, die größte deutschsprachige Befragung zur Arbeitgeberqualität, zu Markenimage und Employer Branding, untersucht bereits seit 2010 jährlich die Unterschiede zwischen Sein und Schein bei Arbeitgebern. Befragt werden Praktikanten, die die Arbeitgeberqualität im Rahmen ihres Praktikums bewerten. Darüber hinaus bewerten die Praktikanten aber auch die Außenwahrnehmung eines anderen Unternehmens, welches explizit nicht der Praktikumsarbeitgeber ist. Auf Basis dieser Bewertungen lassen sich wichtige Aussagen über die Arbeitgeberpräferenzen der Generation Y, der nächsten Generation am Arbeitsmarkt, treffen.

Anhand der Studie CLEVIS Praktikantenspiegel 2015 lassen sich die Faktoren analysieren, die Einfluss auf die Employer Reputation haben:

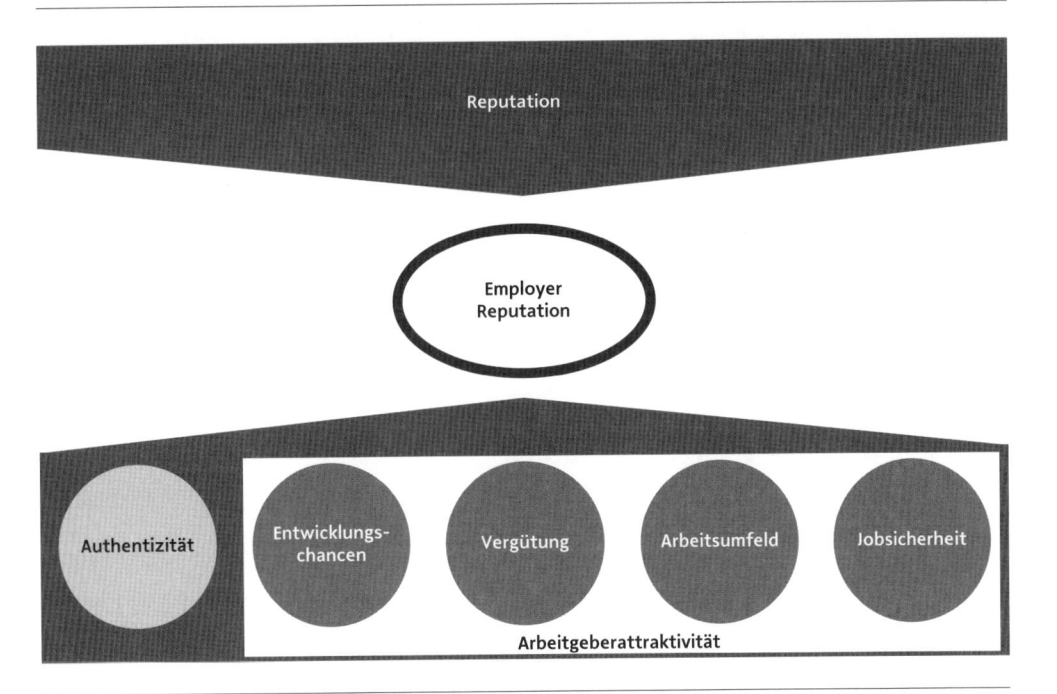

Abb. 1: Modell zur Analyse der Einflussfaktoren auf die Employer Reputation

Die Studie prüft, welcher der folgenden Faktoren in diesem Modell den größten Einfluss auf die Employer Reputation bei der Generation Y hat:

Welche Faktoren wirken sich positiv auf die Employer Reputation aus?

- Die **Reputation** spiegelt Sympathie und Vertrauen in das Unternehmen wider sowie die Wahrnehmung der Marktstellung, der internationalen Anerkennung und der Qualität der Leistungen.
- Die **Authentizität** erfasst die Glaubwürdigkeit und Konsistenz der Arbeitgebermarke eines Unternehmens sowie die Fähigkeiten, gezielt Personen anzusprechen, die zum Unternehmen passen und sich mit dessen Werten identifizieren.
- Die **Arbeitgeberattraktivität** umschreibt die Wahrnehmung der Faktoren Entwicklungschancen, Vergütung, Gestaltung des Arbeitsumfelds im Unternehmen und die Sicherheit des Arbeitsplatzes bei dem Arbeitgeber.

Die Ergebnisse des Regressionsmodells zeigen (Abb. 1), dass der Faktor „Authentizität" den größten Einfluss auf die Employer Reputation hat, gefolgt von den Entwicklungschancen und der Unternehmensreputation. Dies bedeutet, dass ein Arbeitgeber, der im Vergleich zur Konkurrenz ein konsistenteres und glaubwürdigeres Bild seiner Arbeitgebermarke vermittelt, eine höhere Employer Reputation haben wird. Den zweithöchsten Einfluss hat die Wahrnehmung der Karrierechancen. Unternehmen, die von Stakeholdern als Unternehmen mit abwechslungsreichen Aufgaben, hervorragenden Karriereaussichten und der Chance, sich fachlich weiterzuentwickeln, wahrgenommen werden, haben also ebenfalls eine hohe Employer Reputation. Aber nicht nur diese zwei Faktoren machen eine hohe Employer Reputation aus, auch die Reputation des Unternehmens als solches zahlt auf die Employer Reputation ein. Wenn ein Unternehmen als überdurchschnittlich erfolgreich in seinem Markt wahrgenommen wird und darüber hinaus noch einen sympathischen Eindruck macht, ist die Employer Reputation auch höher. Der Faktor „Arbeitsumfeld", also die Frage, ob dem Unternehmen ein angenehmes Umfeld in Bezug auf Kollegen, Aufgaben, Work-Life-Balance etc. zugeschrieben wird, wirkt sich ebenfalls positiv auf die Employer Reputation aus.

Die Faktoren „Jobsicherheit" und „Vergütung" haben zwar auch einen signifikanten positiven Einfluss auf die Employer Reputation, allerdings ist dieser im Vergleich zu den anderen vier Faktoren zu vernachlässigen.

Betrachtet man das Regressionsmodell zum Employer Branding differenziert nach männlichen und weiblichen Teilnehmern, zeigt sich lediglich, dass der Einfluss der Vergütung auf die Employer Reputation bei Frauen noch geringer ist, während bei Männern eine attraktiveres Arbeitsumfeld einen höheren Einfluss auf die Arbeitgeberreputation hat.

Bei Studierenden der sog. MINT-Fächer (Mathematik, Informatik, Naturwissenschaft, Technik), also den Berufsbildern, die laut Studien besonders vom Fachkräftemangel betroffen sind, und bei denen der „War for Talent" besonders wütet,

7
Wie entsteht eine positive Employer Reputation bei der Generation Y?

haben die Faktoren „Jobsicherheit" und „Vergütung" keinen signifikanten Einfluss auf die Employer Reputation.

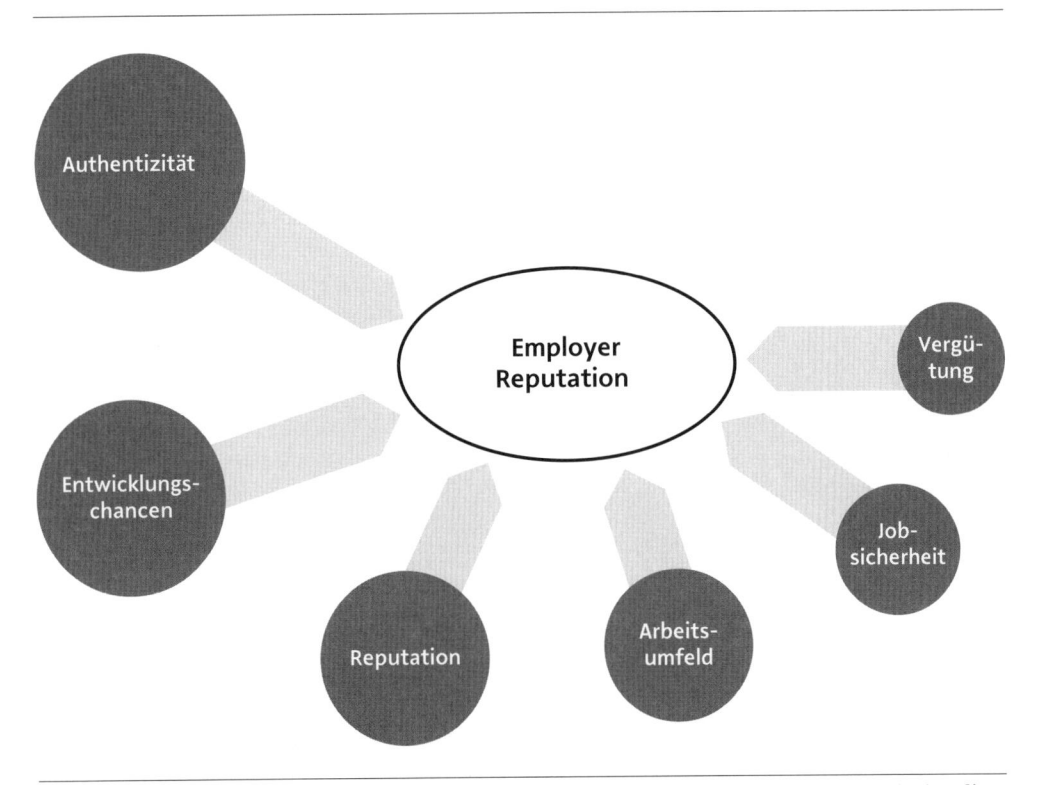

Abb. 2: Stilisierte Darstellung der Höhe des Einflussfaktors auf die Employer Reputation auf Basis einer linearen Regressionsanalyse

Diese Ergebnisse bringen wichtige Erkenntnisse für Unternehmen, was die Positionierung als Arbeitgeber anbelangt. Zunächst einmal sind sie eine gute Nachricht für Arbeitgeber, deren Unternehmensreputation eher negativ ist, da eine positive Employer Reputation trotzdem durch einen authentischen Auftritt als Arbeitgeber und die Aussicht auf gelungene Karrierepfade im Unternehmen aufgebaut werden kann. Im Gegensatz dazu spielen attraktive Vergütungsmodelle und die Aussicht auf eine sichere Anstellung nur eine nachgelagerte Rolle. Diese Erkenntnisse sind unter Berücksichtigung des Aspekts Fachkräftemangel im Talent Management unbedingt zu beachten. Soll also die Generation Y angesprochen werden, ist es wichtig, glaubhaft als Arbeitgeber aufzutreten. Dies bedeutet, dass die Voraussetzung für einen Wettbewerbsvorteil im „War for Talent" eine gute Arbeitgeberqualität ist, da nur dann die unternehmenseigenen Mitarbeiter die vom Unternehmen in Arbeitgeberkampagnen versprochenen Stärken auch bestätigen werden und somit ein authentischer Eindruck entsteht.

Welche Faktoren wirken sich positiv auf die Employer Reputation aus?

Die Arbeit an der Arbeitgeberqualität bringt Vorteile, aber auch Aufwände mit sich. Der Aufbau und Erhalt einer guten Arbeitgeberqualität ist langwierig — wirkt dafür aber umso nachhaltiger beim Aufbau einer positiven Employer Reputation. Wird diese positive Arbeitgeberqualität nach außen getragen, stärkt dies die Wahrnehmung des Unternehmens als Arbeitgeber — größtenteils unbeeinträchtigt vom Markenimage eines Unternehmens.

Im Rahmen des CLEVIS Praktikantenspiegel 2015 wurden neben den Einflussfaktoren der Employer Reputation auch die Einflussfaktoren der Arbeitgeberqualität untersucht, um zu identifizieren, welche Aspekte eines Praktikums für die Generation Y besonders wichtig sind. Daraus können wichtige Schlüsse für die Praxis abgeleitet werden. Sie ebnen den Weg, das Praktikum als strategisches Instrument zur Personalgewinnung und Personalbindung auszubauen und so einen strategischen Vorteil im „War for Talent" nutzen zu können.

Zu diesem Zweck wurde — ähnlich dem Modell der Employer Reputation — mit einer Regression untersucht, welche Faktoren es sind, die den größten Einfluss auf die Arbeitgeberqualität haben.

Die Analyse zeigt, dass „Lernen" den größten Einfluss auf die Arbeitgeberqualität hat. Der Faktor „Lernen" bezeichnet die Zufriedenheit der Praktikanten mit den Lerneffekten, dem Einfluss, den sie darauf nehmen können, und die Möglichkeit, theoretisches Wissen anzuwenden. Des Weiteren spielen die Fähigkeit des Vorgesetzten, Wissen zu vermitteln und auf die Bedürfnisse der Praktikanten einzugehen, sowie die allgemeine Zufriedenheit mit dem Vorgesetzten, zusammengefasst im Faktor „Führung", eine große Rolle. Ebenso sind die Aufgabengestaltung, also das Maß an Autonomie, die Aufgabenvielfalt, die Arbeitsbelastung sowie das Anforderungsniveau und die Möglichkeit, eigene Ideen einzubringen, essenziell im Rahmen eines Praktikums.

Es gibt auch weniger wichtige Faktoren: Eine eher nachgelagerte Bedeutung haben Teamklima und Arbeitsumfeld. Die Zufriedenheit mit der Vergütung hat ebenso einen sehr geringen Einfluss auf die Arbeitgeberqualität.

Gute Praktika zeichnen sich also dadurch aus, dass der Lerncharakter über das komplette Praktikum hinweg im Vordergrund steht. Außerdem sollten die Lerninhalte in Verbindung mit der Aufgabengestaltung beeinflussbar sein und je nach Lernkurve des Praktikanten angepasst werden. Praktikanten geht es aber nicht vordergründig darum, die erlernten Inhalte aus der Uni auch in der Praxis anwenden zu können, sondern Neues dazuzulernen bzw. generell den Arbeitsalltag in einer bestimmten Abteilung oder Branchen kennenzulernen. Wird bei der Aufgabengestaltung der

Wie entsteht eine positive Employer Reputation bei der Generation Y?

Background der Praktikanten berücksichtigt, steigert dies weiter die Zufriedenheit. Außerdem wollen Praktikanten, dass sie und ihre Ideen im Arbeitsalltag ernstgenommen werden. Der hohe Einfluss des Faktors „Führung" auf die Arbeitszufriedenheit bestätigt die wichtige Rolle des Fachbetreuers. Dabei geht es aber nicht nur darum, die Aufgabenstellung strukturiert zu gestalten und Feedback zu geben, sondern auch die Praktikanten durch aktive Wissensweitergabe zu coachen.

Zusammengefasst zeichnet sich ein gutes Praktikum dadurch aus, dass eine ansteigende Lernkurve im Vordergrund steht und Praktikanten eigenständig arbeiten dürfen, ohne dabei das Gefühl zu haben, auf benötigte Hilfestellungen verzichten zu müssen.

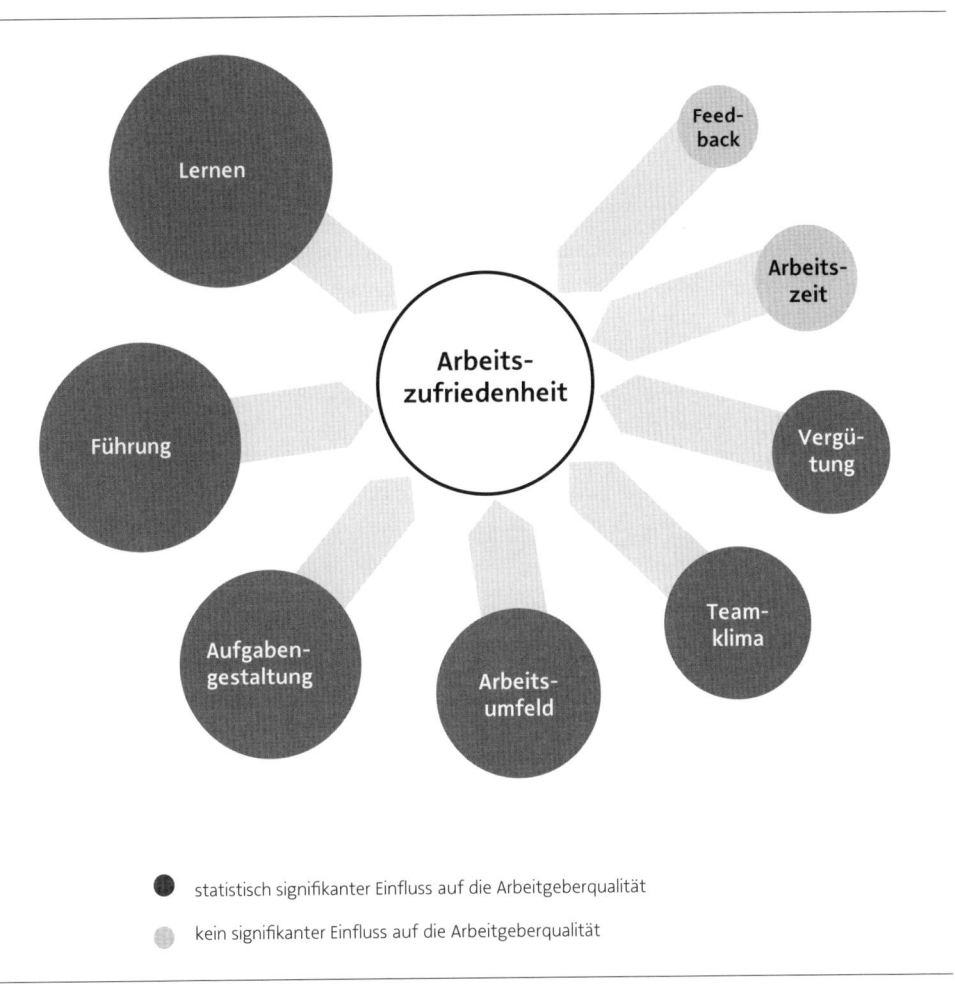

Abb. 3: Stilisierte Darstellung der Höhe des Einflussfaktors auf die Arbeitgeberqualität

Welche Faktoren wirken sich positiv auf die Employer Reputation aus?

Werden diese Aspekte bei der Gestaltung des Praktikantenprogramms beachtet, hat dies zwei positive Auswirkungen auf die Employer Reputation und Mitarbeitergewinnung eines Unternehmens:

Gute Praktika steigern die Wahrscheinlichkeit, dass ein ehemaliger Praktikant sich erneut bei diesem Unternehmen bewirbt, immens. Dies ist wichtig im „War for Talent", da sich ein erfolgreiches Praktikantenprogramm so auch positiv in der Personalbeschaffung auswirkt.

Zudem ist die Wahrscheinlichkeit, dass Praktikanten ihren ehemaligen Arbeitgeber Freunden, Bekannten und Kommilitonen weiterempfehlen, signifikant höher, wenn sie mit ihrem Praktikum zufrieden waren. Diese positive Einstellung gegenüber dem Arbeitgeber kann weiter genutzt werden, indem die ehemaligen Praktikanten z.B. als Markenbotschafter bzw. Testimonials genutzt werden und auf Hochschulmessen mit auftreten, mit Bewerbern in Kontakt kommen oder Teil des Recruitingprozesses werden.

Dies ist die Basis für einen authentischen Auftritt als Arbeitgeber und somit für eine positive und langfristig beständige Employer Reputation, welcher die Stakeholder glauben können. In den Zeiten von kununu.de, glassdoor.com & Co. sind aber nicht nur die Weiterempfehlungen innerhalb des Netzwerks eines Praktikanten wichtig. Ein zufriedener Praktikant wird seine positive Erfahrung ggf. nicht nur mit seinen Freunden und Kommilitonen teilen, sondern auch auf den Plattformen im Internet veröffentlichen. Viel wahrscheinlicher, als dass eine positive Erfahrung im Netz geteilt wird, ist aber, dass ein Praktikant ein schlechtes Praktikum im Netz bewertet und diese Erfahrung mit weit mehr Personen teilt, als kontrollierbar ist. Die Versprechungen, die ein Arbeitgeber in seinen Employer-Branding-Kampagnen potenziellen Bewerbern macht, sind dann nicht mehr haltbar und glaubhaft. Die Employer Reputation wird negativ belastet und nachhaltig Schaden nehmen.

7.4 Ausblick

Die Relevanz von Employer Branding als Teil der HR-Strategie ist in Anbetracht der Rahmenbedingungen, die heutzutage herrschen, wie z.B. des Fachkräftemangels und des „War for Talent", unumstritten. Die Daten des CLEVIS Praktikantenspiegel zeigen jedoch, dass das Konzept des Employer Branding zu kurz gedacht bzw., wie es von den Unternehmen derzeit gelebt wird, nicht ausreichend ist, um sich einen nachhaltigen Vorteil auf dem Arbeitsmarkt zu schaffen.

7 Ausblick

Die Studie macht es offensichtlich: Entscheidend bei der Wahrnehmung eines Unternehmens als Arbeitgeber sind nicht die Versprechungen, die Employer-Branding-Kampagnen machen, oder die Produkte und Dienstleistungen, die ein Unternehmen anbietet, sondern die Authentizität als Arbeitgeber sowie die Entwicklung, die ein Mitarbeiter im Unternehmen vollziehen kann.

Um vor allem von der Generation Y als attraktiver Arbeitgeber am Markt wahrgenommen zu werden, sollte der Arbeitgeber eine hohe Arbeitgeberqualität bieten, die auch von den Mitarbeitern so nach außen kommuniziert wird. Nur wenn also die im Rahmen von großen Employer-Brand-Kampagnen, Vorstellungsgesprächen oder auf Hochschulmessen gemachten Versprechungen auch so von den Mitarbeitern vor allem in den Social Media erlebt und bestätigt werden, wird das Unternehmen langfristig eine gute und stabile Employer Reputation aufbauen.

8 Der gute Ruf ist kein Geschenk

Autor: *Oliver Gerrits*

Ein guter Ruf macht Unternehmen stark. Er fördert den Verkauf, macht attraktiv für Nachwuchskräfte, verschafft Einfluss bei der Politik — um nur ein paar Vorteile zu nennen. Doch um eine positive Reputation zu erlangen, ist bisweilen harte und vor allem zielgerichtete Arbeit notwendig. So ist die Formel „lange Tradition" plus „gutes Produkt" längst noch kein Garant für das Resultat „positives Image". Am Beispiel von Nichtregierungsorganisationen lässt sich nachzeichnen, wie ein guter Ruf gemacht wird. Dieser Seitenblick liefert Parallelen und Einsichten für die Arbeit am Arbeitgeberansehen.

8.1 Von Marke und Ruf

Menschen für sich begeistern — das wollen alle. Parteien, Vereine, Organisationen und viele andere mehr — nicht zu vergessen die Unternehmen, die alles Mögliche in Bewegung setzen, um qualifizierten Nachwuchs zu ködern und Professionals zu halten.

Doch dafür braucht es ein positives Image. Ein guter Ruf ist nicht einfach da. Er kann „künstlich" erzeugt werden, indem gezielt das Image gefördert wird, aber Reputation fußt immer auch auf einem „Standing", das innerhalb von Jahrzehnten und über Generationen gewachsen ist. Aus der Unternehmenswelt fallen einem spontan Unternehmen ein, die seit vielen Jahren bestehen und es geschafft haben, so in das öffentliche Bewusstsein zu sickern, dass sie mehr sind als bekannt: Sie sind anerkannt.

> **BEISPIEL**
> Mercedes Benz ist solch eine Marke, die zum einen Tradition besitzt, zum anderen auch mit Wertigkeit und Werten gleichgesetzt wird. Auch Unternehmen wie Boehringer Ingelheim oder Siemens profitieren mit ihrem Image von der Mischung aus Herkunft, Produkten und Reputation.

Die genannten Firmen und viele andere große und kleine mehr haben sich ihren Ruf mühsam erarbeitet. Bei manchen ist er ganz von selbst immer solider geworden, einfach weil das Produkt und die Außendarstellung über die Jahre so überzeugend positiv waren, dass die Reputation sozusagen als Nebeneffekt entstand. Andere haben ganz bewusst daran gearbeitet, wie sie nach außen wahrgenommen werden.

Wichtig ist, Marke und Ruf so einzuordnen, wie sie zueinander stehen. Marke ist ohne Ruf nichts, Ruf steht ohne Marke im luftleeren Raum. Daher lässt sich Employer Reputation als Weiterentwicklung des Employer Branding interpretieren. Employer Reputation bezieht den konzeptionell-strategischen Gesamtrahmen mit ein, der als Ziel hat, den Ruf des Unternehmens positiv zu gestalten. Für Beschäftigte und Bewerber muss ein Sinn gestiftet und erlebbar gemacht werden. Sinnstiftend ist es z.B., wenn ein Unternehmen eine positive ethische Haltung zu seinen Produktionsbedingungen einnimmt.

8.2 Haltung statt Ethik

Wie Marke und Ruf gemacht werden und zugleich Ethik sichtbar gemacht wird, lässt sich am Beispiel von internationalen Nichtregierungsorganisationen (NGO) wie Greenpeace oder Amnesty International nachvollziehen.

Greenpeace ist die einflussreichste Umweltorganisation Deutschlands, ohne viel Wind um sich selbst oder ihre Frontleute zu machen, frei nach dem Motto: Die Marke ist alles, das Unternehmen braucht kein Gesicht. Normalerweise haben hierarchisch aufgestellte Organisationen selten einen guten Ruf, doch Greenpeace findet sich in den Reputations-Rankings von Nichtregierungsorganisationen stets in den Top-Rängen. Gäbe es eine Greenpeace-Partei, könnten sich 26 % der Deutschen vorstellen, sie zu wählen. Das fand das Magazin Stern anlässlich des 30. Gründungstages des deutschen Greenpeace-Ablegers im Jahr 2010 heraus — und: 61 % der Bürger vertrauen der Organisation.

Um diesen Status zu erklären, muss man unterschiedliche Aspekte berücksichtigen. Zum einen betreibt Greenpeace klassischen Lobbyismus. In Berlin unterhält man dafür eigens eine Truppe. Weltberühmt wurde Greenpeace hingegen durch Aktionismus: Öffentliche Aufmerksamkeit zu erregen, ist notwendig, um wahrgenommen zu werden. Denn nur wer wahr- und ernstgenommen wird, bekommt Spenden. Daher hat Greenpeace seine Öffentlichkeitsarbeit mit knapp 40 Mitarbeitern in Hamburg straff organisiert. Am ersten Wochenende nach der Atomkatastrophe in Fukushima war die Umweltorganisation in sage und schreibe 700 Interviews präsent.

"Wir stehen für Glaubwürdigkeit", behauptet Greenpeace von sich selbst — und bekommt von den anderen Öko-Vereinigungen entgegengehalten: „Ihr seid eine Werbeagentur mit angeschlossener Stuntman-Truppe". Richtig ist: PR ist das Kerngeschäft von Greenpeace.

8.3 Kampagnenmanagement 1.0

Wer die PR-Kraft von Greenpeace verstehen will, muss ins Jahr 1975 zurückgehen. Genauer gesagt in den Juli. Der Ort: Nordpazifik. Durch hohe Wellen hielt ein kleines Schnellboot mit zwei langhaarigen Kerlen an Bord auf drei russische Walfangschiffe zu. Drei riesengroße Tötungsmaschinen gegen zwei Hippies im Boot, die sich festkrallen mussten, um nicht ins Meer gespült zu werden. Es war die Geburtsstunde der „Mindbomb", der Gedankenbombe. Die Kombination aus militärisch anmutender Strategie und kalkulierter Konfrontation hat das moderne Kampagnenmanagement wie kaum ein Konzept zuvor verändert. Einer der beiden im Boot war Rex Weyler. Er lebt heute in Vancouver und ist das letzte lebende Mitglied der Gründungstruppe. Als er auf seinem waghalsigen Ritt zwischen den Wellen das Bild erspähte, das er im Kopf hatte, drückte er auf den Auslöser. Das Motiv: eine tödliche Harpune im Rücken eines riesigen Wals. Die Verwendung von emotionsgeladenen Fotos war die ideale Munition für die Mindbombs, die in der medialen Öffentlichkeit zünden sollten.

Den Begriff der Mindbomb schuf der spätere Pulitzer-Preisträger Bob Hunter, der bei Greenpeace von Anfang an dafür warb, Techniken und Taktiken moderner Werbung für die neuen sozialen Bewegungen zu nutzen. Sein Motto: Was Konzerne können, können wir von der Öko-Bewegung auch. Hunter setzte darauf, dass den Menschen nur so eine ökologische Erfahrung außerhalb ihrer normalen Erlebenswelt vermittelt werden konnte. Da Lieschen Müller nicht mit im Schlauchboot saß und keine Vorstellung von der Verarbeitung der Walkadaver hatte, musste man ihr möglichst authentisch vermitteln, wie es wirklich beim Walfang zuging.

Das Mittel dazu: Einfache Bilder für komplexe Zusammenhänge sollten von den Medien transportiert werden und in den Köpfen emotionale Wirkung entfalten — ergo: explodieren wie eine Bombe. Greenpeace strickte darum herum eine internationale Kampagne mit griffigen Claims — und war mit einem Schlag präsent. Ein Lohn für Strategie, Planung und Disziplin, denn ohne diese Grundlagen ließ sich eine komplexe Kampagne mit diversen Mitstreitern in zahlreichen Medienkanälen mit unterschiedlichen Kommunikationselementen nicht bedienen. „Wer die besten Headlines und Fotos bekommt, gewinnt", fasste Bob Hunter die Strategie vor 30 Jahren zusammen.

Der Nimbus David gegen Goliath, der im Juli 1975 auf dem Pazifik geboren wurde, hat seitdem nichts von seiner Strahlkraft eingebüßt. Schließlich hatte es Greenpeace immer wieder mit schier übermächtigen und gefährlichen Gegnern zu tun: Konzernen, die Luft, Wasser und Boden verpesteten, oder Regierungen, die nicht davor zurückschreckten, Aktivisten zu inhaftieren und Schiffe zu versenken. Dieser Nimbus hat Greenpeace nahezu unangreifbar gemacht. Wer die idealistischen Frauen und Männer mit Weltverbesserungsmission schlecht machen will, steht schnell selbst übel beleumundet da. Greenpeace ist umzingelt von Freunden, profitiert davon, dass das Thema Ökologie zum Allgemeingut geworden ist.

8.4 Einfache Botschaften senden

Auf dieser Find'-ich-gut-Welle surfen längst Organisationen wie der World Wildlife Fund oder Robin Wood — übrigens eine Abspaltung von Greenpeace. Fakt ist: Das Heldenimage nehmen inzwischen auch andere für sich in Anspruch. Grund für die Organisation, sich neue Wege zu erschließen, um die Mindbombs zu zünden. Die „große Welle" wird zunehmend im Social Web erzeugt. Einer dieser Coups war ein 60 Sekunden langer Video-Spot, in dem ein Angestellter einen Kitkat-Riegel aufreißt und hineinbeißt. Doch nicht, wie erwartet, in Schokolade, sondern in den Finger eines Orang-Utans. Greenpeace wollte damit Aufmerksamkeit dafür erzeugen, dass in Borneo Urwald für Palmöl-Monokulturen vernichtet wird. Auch der Kitkat-Riegel-Hersteller Nestlé verwendete damals Palmöl. Er wollte den Spot verbieten, weil Markenrechte missachtet worden seien. Und genau das machte die Kampagne erst zum richtigen Scoop. Millionen klickten das Video an, selbst Nachrichtensendungen zeigten den Clip. Die Mindbomb hatte gezündet. Als Greenpeace dann noch eine Videoleinwand vor der Nestlé-Zentrale in Frankfurt aufstellte, über die sämtliche Twitter-Einträge zum Thema liefen, war Nestlé sturmreif geschossen: Der Konzern verpflichtete sich, kein Palmöl mehr auf Kosten des Regenwaldes zu verwenden.

Die Robin-Hood-Philosophie des Widerstands gegen die Reichen und Mächtigen, um den Armen die Umwelt und ihr Leben zu erhalten, transportiert die einfache Botschaft vom starken Gegner, der in die Knie gezwungen wird, und ist die Erfolgsformel von Greenpeace. Um diesen Ruf zu schützen, halten sich die Öko-Krieger dort zurück, wo es nichts oder eher wenig zu gewinnen gibt. Beispiel: die Explosion der Ölplattform Deepwater Horizon im Golf von Mexiko. Der Schaden war immens, aber für Greenpeace gab es nur wenige Ansätze, um sich zu präsentieren. Vielleicht auch, weil die Kampagne gegen das Versenken der Ölplattform Brent Spar in der Nordsee Mitte der 1990er Jahre der bisher größte PR-Unfall für die Organisation war. „Wir haben gewonnen, die Meere haben gewonnen, es hat sich gelohnt", verkündete Greenpeace damals — und verschwieg, dass man weit überhöhte Zahlen über die Giftmenge an Bord veröffentlicht hatte. Als Fachleute verkündeten, das Versenken der Stahlplattform sei für die Umwelt besser gewesen als die Verschrottung an Land, bewegte das den damaligen Greenpeace-Chef Thilo Bode von einem „Kommunikations-GAU" zu sprechen, der „fatal fürs Image" gewesen sei. Mindestens ebenso schlimm für Greenpeace war der Zweifel an der ureigenen DNA, die mit der Gewissheit einhergeht, unbedingt im Recht zu sein und recht zu handeln und eigentlich von jeder Legitimationspflicht entbunden zu sein, wie es in der Studie „Greenpeace auf dem Wahrnehmungsmarkt" heißt[59].

8.5 Positives Image über negative Eindrücke?

Grundsätzlich stellt sich die Frage: Ist beim Aufbau von Reputation eigentlich alles erlaubt? Heiligt nicht manchmal der gute Zweck die Mittel? Greenpeace, Amnesty International und viele andere NGO sind damit grundsätzlich konfrontiert. Das Greenpeace-Beispiel von der Mindbomb zeigt, dass Aufsehenerregen ein Schlüssel für Imagebildung ist — ganz gleich, ob es um Menschenrechte und Gerechtigkeit bzw. den Klima-, Umwelt-, Tier- oder Verbraucherschutz geht.

Um die Aufmerksamkeit der Medien zu erregen, setzen die Organisationen häufig auf drastischste Darstellungen von Missständen. Affen mit Drähten im Kopf, tote Fische an der Wasseroberfläche, ein Säugling mit aufgeblähtem Bauch und dem Gesicht voller Fliegen — und wessen Herz und Geldbörse geht nicht auf, wenn er in die Augen von süßen Babyrobben blickt?

Amnesty International dagegen macht immer wieder mit Bildern außergewöhnlicher Ästhetik und Symbolkraft aufmerksam. Dem Betrachter ist klar, dass Menschen, die wegen ihrer Überzeugung unterdrückt werden, nicht in Abwasserkanälen ihr Dasein fristen. Die Botschaft des Unterdrückten, der aus einem Gully zum Betrachter auf der Straße heraufschaut, ist jedoch eindeutig.

Zu dieser Strategie, die eine gewisse Transferleistung beim Betrachter voraussetzt, kommt zunehmend die satirische Aktion oder bewusste Provokation zur Aufmerk-

---

[59] Krüger, Christian (2000).

samkeitssteigerung. Erinnert sei z.B. an die Aktion der Jungsozialisten in Mecklenburg-Vorpommern, die Neonazis mit „Storch Heinar"-Plakaten verulkten. Ein Vogel mit Hitlerbärtchen ließ die bei Rechten beliebte Modemarke Thor Steinar einfach nur lächerlich aussehen.

Das Bemühen der Satire zeigt das Dilemma der NGO auf. Wer nicht mit Gedankenbomben, Ästhetik oder schrägem Humor seinen Ruf aufpoliert, sondern mit drögen Fakten, der muss damit leben, in der Öffentlichkeit nicht wahrgenommen zu werden. Und ob sich die Organisation FEMEN wirklich der Zustimmung großer Bevölkerungsteile erfreut, wenn eine Aktivistin im Kölner Dom barbusig „Ich bin Gott" skandiert, darf bezweifelt werden. Das Anliegen der Frauenrechtlerinnen selbst wird von der Radikalität und der Beliebigkeit der Ziele ihrer Proteste beschädigt.

8.6 Den Sinn sichtbar machen

Unternehmen können aus dem Vorgehen der NGO ebenso lernen wie aus den Verirrungen, die damit einhergegangen sind. Denn das Ziel ist das Gehirn. Es geht nicht darum, *wer* es erreicht, sondern *wie* es angesprochen wird. Von den NGO lernen, heißt Reputationsmanagement lernen. Denn klar ist: Bei all dem, was mit Reputation zu tun hat, muss der Sinn sichtbar werden, zum anderen ist ständige Kommunikation gefordert. Dabei haben Unternehmen einen echten Nachteil. Sie können nicht auf Mindbombs setzen, ihr Ruf steigt nicht, wenn sie mit den Bildern von Tierversuchsleid Aufmerksamkeit erzeugen. Sie brauchen als Arbeitgeber ein wirkungsvolles Employer Reputation Management. Und das erfordert einen Dialog. Dieser Austausch mit der Öffentlichkeit darf nicht überreden, er muss überzeugen und authentisch erlebt werden.

Um diese Authentizität zu gewinnen, muss sich ein Unternehmen seiner selbst bewusst sein, sozusagen die eigene DNA herausarbeiten. Eine Arbeitgebermarke lässt sich nicht einfach verordnen. Aber sie wächst genauso, wie es die Reputation von NGO tut. Nur gründet der Nimbus eines erfolgreichen und traditionsbewussten Familienunternehmens nicht auf einem Schlauchbooteinsatz gegen Walfänger. Firmen müssen andere Identifikationsmerkmale setzen, aber genauso die positiven Areale der Wahrnehmung besetzen, wie es die Imagepolierprofis der NGO tun.

Die Begriffe gleichen sich: Es geht um Verlässlichkeit, um Kontinuität, um Fairness — um nur ein paar der Faktoren zu nennen, die für das positive Image eines Unternehmens ebenso unerlässlich sind wie für eine Organisation oder eine Persönlichkeit des gesellschaftlichen Lebens. Eine Firma, die seit Jahrzehnten ein hervorragendes

8 Image von innen nach außen bilden

Produkt vertreibt, regional und überregional als solider Arbeitgeber gilt, soziale Verantwortung übernimmt, ihre Beschäftigten gerecht behandelt und bezahlt, hat einen guten Ruf zu haben.

Insofern könnte man bei einem Unternehmen wie MEWA annehmen, das mit der Reputation sei ein Selbstläufer, denn die wichtigen Merkmalsfaktoren Tradition, Produkte und Dienstleistungen sind durchweg positiv ausgeprägt vorhanden. Die Abkürzung MEWA leitet sich aus „Mechanische Weberei Altstadt" ab. 1908 gegründet, versorgt das Unternehmen europaweit von 42 Standorten aus seine Kunden mit Berufs- und Schutzkleidung, Putztüchern, Ölauffang- und Fußmatten sowie Teilereinigern im Full-Service. Ergänzend können per Katalog Artikel für Arbeitsschutz unter der Marke „World Wide Work by MEWA" bestellt werden. Etwa 4.900 Mitarbeiter betreuen rund 172.000 Kunden aus Industrie, Handel, Handwerk und Gastronomie. 2014 erzielte die MEWA Gruppe einen Umsatz von 583 Millionen Euro und ist heute führend im Segment Textil-Management.

Für den guten Ruf gibt es belegbare Daten und Fakten: MEWA war das erste Textil-Management-Unternehmen, das nach der internationalen Qualitätsnorm ISO 9001 zertifiziert wurde. Das Unternehmen war Vorreiter bei der Umweltmanagementnorm ISO 14001 und erhielt 2007 den „European Good Practice Award" für besonders ergonomische Näharbeitsplätze. Im November 2013 kam MEWA unter die Top 3 des Deutschen Nachhaltigkeitspreises in der Kategorie „Deutschlands nachhaltigste Produkte / Dienstleistungen". 2013 wurde das Unternehmen vom Verlag Deutsche Standards zum zweiten Mal als „Marke des Jahrhunderts" und 2015 zum zweiten Mal als „Weltmarktführer" ausgezeichnet.

Trotzdem war das Unternehmen oft nicht auf dem Schirm bei der Auswahl „Top-Arbeitgeber". Es mangelte an Bekanntheit. Daher drängte die Frage: Wie kann MEWA als Arbeitgeber sichtbarer im Markt werden? Der Weg führte über die MEWA-Werte zur Sinnstiftung: Wer den Sinn seiner Arbeit erkennt, sieht den Arbeitgeber mit anderen Augen.

8.7 Image von innen nach außen bilden

Unter der Prämisse, dass Image von innen nach außen wächst, war es ein strategischer Ansatz für MEWA, die Mitarbeiterinnen und Mitarbeiter stärker an das Unternehmen zu binden und damit mehr Motivation und Gemeinschaftsgefühl zu erzeugen. Um das zu erreichen, wurde ein Konzept mit einer nach innen gerichteten Personalkommunikation und einer nach außen gerichteten Arbeitgeberkommunikation entwickelt, das auf denselben Grundlagen ein wahres und positives, weil sinngebendes Bild des Unternehmens und des Arbeitgebers MEWA vermittelt.

In einer Ist-Analyse wurde definiert: Wo will MEWA hin — und welche Menschen braucht das Unternehmen jetzt, morgen und übermorgen dafür? Mit externer Unterstützung wurden die 4.300 Angestellten als wichtige Markenbotschafter identifiziert und eingesetzt.

In dem Claim „Menschen. Werte. MEWA." floss das zusammen, was das Unternehmen ausmacht. Ein Wert ist eine erstrebenswerte oder positive moralische Eigenschaft bzw. Qualität. Menschen verbinden das Wort Werte sowohl mit Objekten, ganz klassisch betriebswirtschaftlich, als auch mit Ideen, sittlichen Idealen oder Charaktereigenschaften.

Ein Unternehmen verbindet idealerweise beides. Es steht für Erfolg, also Wertschöpfung, und basiert auf gelebten ideellen Werten. Insofern bringt der Arbeitgeber-Claim das Ganze auf den Punkt. Der Claim drückt gewissermaßen die DNA des Unternehmens aus.

Die MEWA-Grundwerte Persönlichkeit, Wirtschaftlichkeit, Qualifikation, Qualität, Investment, Umwelt und Verantwortung sind tatsächlich im Bewusstsein der Mitarbeiterinnen und Mitarbeiter präsent. Getreu der Maxime „nach innen zuerst" wurde die Kampagne zunächst über die Mitarbeiterzeitschrift „MEWA-Journal" gespielt, über das Intranet, bei Veranstaltungen oder über Plakate.

8.8 Herz und Hirn erreichen

Die Reaktion der Mitarbeiter war eindeutig. Der Claim erreichte die MEWA-Mannschaft dort, wo es darauf ankommt: im Hirn und im Herzen. Emotional und inhaltlich, das spiegelte das Feedback eindeutig wider, war „Menschen. Werte. MEWA." ein Volltreffer. Positiv wurde die Authentizität wahrgenommen. Die MEWA-Welt wurde nicht über Stockfotos und Standard-Statements aus dem PR-Wortschatz vermittelt, sondern von den Menschen, die wirklich MEWA sind. Dazu gehört, dass bei der Auswahl nicht nur die Schönsten der Schönen das Unternehmen repräsentieren. Wer Authentizität fordert, muss sie zulassen und die Vielfalt abbilden, die tatsächlich existiert.

Visualität, Authentizität und Positionierung des Arbeitgeber-Claims wurden so positiv aufgenommen, dass zahlreiche Testimonials bereit waren zu sagen: „Ich stehe für MEWA!"

8 Einzigartigkeit herausstellen und beweisen

Im Teil 2 der Kampagne, ein Quartal nach dem internen Launch, wurde die neue MEWA-Arbeitgebermarke mit einem externen Werbeauftritt eingeführt und nachhaltig gefestigt.

Genutzt hat es auf allen Ebenen, so z. B. beim Recruiting: Die Interessenten sprachen an auf die Maxime „Karriere trifft Sinn". Ein wichtiger Baustein, um Reputation zu gewinnen, war der Imagefilm „Menschen. Werte. MEWA.", der 2013 den HR Excellence Award als bestes Arbeitgebervideo gewonnen hat. In dem Film erzählen Menschen authentisch und aus einer sehr persönlichen Perspektive, warum sie bei MEWA arbeiten.

Der dreiminütige Spot überzeugte die Jury mit der ehrlichen und gleichzeitig hochemotionalen Umsetzung dieses HR-Themas. Er zeigt Menschen, die mehr sind als nur Arbeitnehmer bei MEWA. Sie haben Fähigkeiten, Fertigkeiten, Ziele und vor allem Werte, die sie nutzbringend in das Unternehmen einbringen. Das Video ist ein hervorragendes Mittel, um Emotion zu vermitteln. Sie gewinnt die notwendige Glaubwürdigkeit, wenn sie nicht von Schauspielern vermittelt wird, sondern von den Menschen, die das Unternehmen tatsächlich ausmachen, die es mitgestalten und weiterbringen.

8.9 Einzigartigkeit herausstellen und beweisen

Die Arbeitgebermarke muss sich abgrenzen, eine eigene Strahlkraft entwickeln. Ziel der Employer Brand ist es, die Einzigartigkeit des Unternehmens als Arbeitgeber herauszustellen, um eine starke Positionierung auf dem Arbeitsmarkt zu haben. Dabei ist das Image für die ersten, emotionalen Impulse entscheidend. Hier sind die Grenzen zwischen Unternehmensmarke und Arbeitgebermarke in vielen Bereichen fließend.

Die entscheidende Abgrenzung jedoch findet bei den Werten statt. Eine Arbeitgebermarke umfasst das Wertesystem eines Unternehmens und seine Art zu agieren. Das macht sie aus — und unverwechselbar. Wie beliebig Unternehmen agieren, zeigt ein einfacher Test: Wer kennt sie nicht, die „führenden Unternehmen" mit „einzigartigen Chancen und Entwicklungsmöglichkeiten" für Menschen, die „Leidenschaft und Teamgeist" mitbringen? Wer die Begriffe „einzigartige Chancen" in der Suchmaschine mit „Karriere" verbindet, erntet knapp sechs Millionen Treffer bei Google.

Das zeigt: Der PR-Werkzeugkasten in der Standardausführung reicht nicht, um ein Unternehmen wirklich darzustellen. Die Aussagen müssen eine gewisse Wahrhaftigkeit atmen. Statements wirklichkeitsnah und plausibel zu vermitteln, ist eine

Sache für Profi-Texter. Sie bringen das Original in lesbare und authentische Form und schaffen es zugleich, die gewünschten Botschaften einzubinden. Das leisten sie, indem sie Raum für Geschichten lassen und für spannende Erkenntnisse, aber immer auch das Ziel im Blick haben: Was löst dieser Text beim Leser aus? Wird erreicht, was erwünscht ist?

8.10 Reputation zum Branding abgrenzen

Unternehmen werden adäquat sichtbar, wenn es ihnen gelingt, gewachsene Reputation „nach außen" zu transportieren und zum gemachten Branding abzugrenzen. Sie punkten mit ihren Werten statt mit der Marke. Sie stehen für Echtheit, Glaubwürdigkeit, Zuverlässigkeit, Sicherheit und Wahrheit — kurz für Authentizität. Das alles ist erfüllt, wenn sich keine Diskrepanz zwischen dem ergibt, was ein Außenstehender von einem Unternehmen denkt, und dem, was vermittelt werden soll.

Authentisch sein bedeutet auch, dass ein Unternehmen Gewinn machen möchte. Der Ansatz, die Unternehmenswerte so zu beschreiben, dass auch jede NGO sich damit zu 100 % identifiziert, greift bei Unternehmen zu kurz. Bei ihnen gilt es, stets daran zu denken, was eine Firma tatsächlich ausmacht. Die Unternehmenswerte Wirtschaftlichkeit, Qualifikation, Qualität und Investment sind das, was man betriebswirtschaftliche Werte nennt. Auch sie gehören dazu. Eine Firma funktioniert nicht, weil gemeinsam ein Produkt oder eine Dienstleistung ausdiskutiert wird; am Ende des Tages zählt der Erfolg. Er sichert Arbeitsplätze. Aber er erfordert auch Leistung.

Kein Arbeitnehmer ist so blauäugig, nicht zu wissen, dass ein Beschäftigungsverhältnis ein Geschäft auf Gegenseitigkeit ist. Leistung bedingt Gegenleistung. Hat mein Unternehmen Erfolg, profitiere ich davon. Das ist die Authentizität des Arbeitgebers, der nicht virtuelle Werte verkündet, sondern jene, die als existent wahrgenommen und gelebt werden. Werte sind da. Oder sie sind nicht da. Das Gute bei Werten ist: Sie können wachsen. Langsam, wie eine Marke. Und irgendwann sind sie da, weil sie gelebt und nicht befohlen werden. Werte brauchen Zeit und Wertschätzung als Dünger.

8.11 Mit Frechmut siegen

Auch Zertifikate und Auszeichnungen, die für Arbeitgeberleistungen erhalten wurden, wirken imagebildend. Wer das Zertifikat von „Beruf und Familie" hat oder vorne bei wichtigen Rankings zu finden ist, muss das beim Werben um Reputation nicht verschweigen. Wichtig bei den Bemühungen um Authentizität ist auch: anders als die anderen sein. Frisches Denken tut dem Ruf gut. Ein Beispiel dazu ist „Frechmut". Der Begriff ist Anfang 2013 geboren und im Buch „Einstellungssache: Personalgewinnung mit Frechmut und Können"[60] beschrieben worden. Frechheit und Mut sollen damit die beiden Grundlagen sein, um den Arbeitgeberauftritt prägnanter zu gestalten.

Die fünf Essenzen des Frechmuts	
Frech sein!	Ein Unternehmen muss sich trauen aufzufallen. Es muss sogar provozieren können — aber mit Stil und mit einem gewissen Augenzwinkern. Das Unternehmen darf Grenzen ausloten und vermeintliche Gesetzmäßigkeiten in Frage stellen.
Mutig sein!	Ein kluger Mut, der auf die eigene Stärke vertraut, etwas wagt — und auch mal Mut zur Lücke zeigt. Wichtig ist nicht, dass Sie auf dem Weg zu einem guten Arbeitgeberimage makellos dastehen, sondern dass Sie glaubwürdig bleiben.
Leidenschaftlich sein!	Einen Plan haben und hart arbeiten. Mittel für Image freizumachen, ist eine Kunst, die Hartnäckigkeit erfordert. Zur Leidenschaft gehört auch, neugierig zu sein. Schauen Sie sich nach interessanten Lösungen um oder entdecken Sie Ideen.
Egoistisch sein!	Eine gewisse Unbescheidenheit schafft Aufmerksamkeit und bringt Kontakte. Menschen, die ganz bewusst an ihrem Ego, also an sich, ihrem Netzwerk und ihrer Wirkung arbeiten, strahlen als Markenbotschafter positiv auf das Unternehmensimage ab.
Tätig sein!	Schaffen Sie Allianzen, reden Sie miteinander. Marketing, Personalabteilung und Unternehmensleitung sind strategische Partner. Machen Sie Beteiligte zu Verbündeten, sichern Sie sich nur so viel ab wie nötig und machen Sie das Beste aus dem Hier und Jetzt.

Für Mittelständler ist Employer Branding und ein gezieltes Reputation Management die Chance, sich von den Konzernen abzuheben. Gleichzeitig wird so Standortmarketing für die Region betrieben. Denn eine authentische und attraktive Arbeitgebermarke grenzt sich einerseits gegen die aufmerksamkeitsstarken Kampagnen der Konzerne ab, andererseits hebt sie sich so von der Masse der meist unbekann-

---
[60] Buckmann, Jörg (2013).

ten Mittelständler ab. Ein gelungener Arbeitgeberauftritt macht glaubwürdig klar, warum es sich lohnt, ausgerechnet für dieses Unternehmen zu arbeiten.

8.12 Guten Ruf organisieren und belegen

Am „guten Ruf" zu arbeiten heißt, die Employer Reputation sinnvoll zu organisieren, also ein Reputation Management zu etablieren. Der Ansatz „Tue Gutes — und rede darüber", zielt auf die Rezeptoren der Menschen, die in Kontakt mit einem Unternehmen und dessen Philosophie kommen. Wer darüber nachdenkt, bekommt plötzlich eine Vorstellung davon, dass Dinge, wie z.B. ein Nachhaltigkeitsbericht oder die Leistung einer Aktiengesellschaft in einem Sustainability Index, keine Zeitverschwendung sind, sondern dort Impulse setzen, wo Image entsteht. Sanfte Mindbombs eben.

Wer sich positiv abhebt, einzigartig ist und glaubhaft, wird mit einem guten Ruf belohnt. Das gilt für Nichtregierungsorganisationen und Unternehmen gleichermaßen. Doch wahr ist auch: An welcher Stelle und mit welchem Instrument das letztlich bewerkstelligt wurde, wird sich meist nicht nachvollziehen lassen. Image ist vielmehr ein Gesamtkunstwerk, das aufgrund seiner Stimmigkeit überzeugt — und das ganz schnell ein Negativimage ist, wenn diese Stimmigkeit Brüche aufweist.

Der Ruf lässt sich zerstören. Kratzer am Image lassen sich eher verschmerzen, als etwas zu behaupten, was sich nicht belegen und fühlen lässt. Die sichtbare Beweisführung zählt. Ein Unternehmen, das sich nur als werteorientiert verkauft, diese Werte aber nicht mit Leben füllt, hat nicht begriffen, dass Unternehmen die Menschen für sich begeistern müssen. Die, die schon da sind, und die, die noch im Bewerberteich schwimmen.

Das Erfolgsrezept Nr. 1 dabei lautet: Einfach nur authentisch sein! Wie schafft man das aber? Am besten mit Mitarbeitern, die erkennbar Respekt verdienen und die so sein dürfen, wie sie sind: auf dem Schlauchboot im Pazifik ebenso wie auf dem Firmenvideo auf der Karrierewebsite. Denn nichts ist überzeugender als Echtheit.

Reputation bedeutet auch, über den Sinn der Arbeit zu sprechen. Darauf kommt es wirklich an. Es geht beim guten Ruf um den Inhalt in der Verpackung, während Employer Branding oft genug nur die bunte Hülle ausmacht, die trotz bester Oberflächenbehandlung mit der Zeit vergraut und unansehnlich wird.

8 Guten Ruf organisieren und belegen

„Natürliche Schönheit kommt von innen", so hieß es mal in einem bekannten Werbespruch. Und so handelt auch das Unternehmen MEWA beim Aufbau und der Pflege des Arbeitgeberansehens: „Wir dekorieren uns nicht mit unseren Werten, wir leben sie".

Wo Leben, Echtheit und Werteorientierung mit Sinnstiftung der Arbeit zusammentreffen, da wird es gelingen, den guten Ruf als Arbeitgeber erfolgreich im Markt zu verankern.

9 Die Markenakademie: Wie Mitarbeiter zu Botschaftern für das Arbeitgeberimage werden

Autorin: *Isabel Ihm*

Mitarbeiter zu Markenbotschaftern ausbilden? Ja! Denn wer könnte all die positiven Werte, die hinter einer Arbeitgebermarke stehen, glaubwürdiger nach außen tragen als die eigenen Mitarbeiter? In einer Markenakademie werden die Mitarbeiter aktiv in die Markenbildung eingebunden; denn nur wer beteiligt wird, macht mit und engagiert sich. Sie erfahren in Workshops, welchen Nutzen es hat, im Dienst der Arbeitgebermarke als Botschafter aufzutreten. Dieser Beitrag führt durch den vierstufigen Implementierungsprozess einer Markenakademie: Von der Definition der Zielgruppen und Ziele über die Planung und Umsetzung bis hin zur Nachbereitung wird Schritt für Schritt erläutert, wie das Projekt realisiert werden kann.

9.1 Gesucht: Mitarbeiter als Markenbotschafter

Für Unternehmen ist es wichtig, dass Mitarbeiter sich zur Arbeitgebermarke bekennen, deren Werte leben und somit auch im Umgang mit Externen, so z.B. Kunden, Lieferanten, im privaten Umfeld und in den sozialen Medien etc., kommunizieren. Denn: Identifizieren sich Mitarbeiter mit der Arbeitgebermarke, dann machen sie als Reputationsträger die unternehmerischen Interessen zu ihren eigenen und zeigen bei der Arbeit Begeisterung und hohes Engagement. Sie treten dann als Markenbotschafter auf, der glaubwürdig für die Arbeitgebermarke einsteht. Trotz dieser Vorteile sieht die Realität in den Unternehmen anders aus:

Lediglich jedes vierte Unternehmen bildet bislang eigene Mitarbeiter zu Markenbotschaftern aus und nur jede fünfte Firma organisiert interne Markentrainings. Das ist das Ergebnis einer Kienbaum-Studie, bei der Personalverantwortliche aus 234 Konzernen und mittelständischen Unternehmen befragt wurden.[61]

---

[61] Kienbaum Internal Employer Branding-Studie 2011/2012: Online-Befragung von 234 Konzernen und mittelständischen Unternehmen der letzten Jahre.

Die Markenakademie: Mitarbeiter als Markenbotschafter

Die eigenen Mitarbeiter im Unternehmen für die Markenstärkung einzusetzen, erfolgt auf zwei Ebenen:

- auf der rationalen Ebene durch umfassende Informationen, Offenheit, Transparenz und
- auf emotionaler Ebene durch das Schaffen einer vertrauensvollen Atmosphäre und der Möglichkeit, Unternehmenskultur aktiv mitzugestalten und sich persönlich zu entwickeln.

Wie kann es also gelingen, Mitarbeiter als wirkungsvolle Botschafter der Markenidentität zu gewinnen? Die Antwort: Die Maßnahmen zur Markenimplementierung gehören als Dauerthema auf die Unternehmensagenda! Aktionismus reicht nicht aus, vielmehr ist konsequentes Arbeiten an der Entwicklung der Unternehmens- und Arbeitgebermarke notwendig. Und hier bietet eine Markenakademie für Mitarbeiter die Chance zum Mitwirken. Eine Markenakademie ist für jedes Unternehmen sinnvoll, egal ob für Klein-, Mittel- oder Großbetriebe, und branchenunabhängig, denn qualifizierte und motivierte Mitarbeiter sind ein entscheidender Faktor für den Erfolg und die Reputation jedes Unternehmens. Sie bringen eine höhere Leistung und realisieren somit eine höhere Qualität in kürzerer Zeit. Kosteneffizienz und Produktivitätssteigerung sind damit gesichert.

9.2 Mitarbeiter in den Mittelpunkt!

Die Markenidentität eines Unternehmens manifestiert sich auf allen Kommunikationsebenen und an allen Kontaktpunkten. Das macht das Markenthema so komplex, denn der einheitliche Markenauftritt ist nicht allein Ergebnis von Marketingmaßnahmen, sondern vielmehr Folge einer konsequenten Haltung im Unternehmen. Beim Employer Branding geht es darum, die bestehende Marke um Arbeitgeberaspekte zu erweitern. Es ist nicht zielführend, von einer separaten Arbeitgebermarke zu sprechen, denn die Arbeitgebermarke ist immer ein Teil der Unternehmensmarke.

Die Markenidentität basiert auf der Unternehmensstrategie und den Markenwerten und kommuniziert realistische Kundenversprechen. Das gilt auch für die Arbeitgebermarke. Und Versprechen müssen gehalten werden! Wer in Stellenanzeigen oder Bewerbungsgesprächen von „attraktiven Aufgaben", „teamorientierter Arbeitsweise", „Wertschätzung der Mitarbeiter" und „Work-Life-Balance" spricht, der muss diese Markenversprechen auch real im Unternehmen einlösen können.

9 Mitarbeiter in den Mittelpunkt!

Nach einer Studie von StepStone[62] hat für rund 80 % der befragten Kandidaten das nach außen kommunizierte Arbeitgeberimage wenig mit dem tatsächlichen Erleben am Arbeitsplatz zu tun. Infolgedessen würden nur etwa 45 % der Befragten ihren Arbeitgeber bedenkenlos weiterempfehlen. Was für ein verschenktes Potenzial!

Die wichtigste Regel ist: innen vor außen. Die Markenidentität muss zunächst nach innen vermittelt werden, bevor sie authentisch nach außen wirken kann. Anderenfalls ist die Gefahr groß, dass das kommunizierte Markennutzenversprechen sich nicht mit dem tatsächlichen Markenverhalten der Mitarbeiter deckt. Und Kunden registrieren auf Anhieb, ob Mitarbeiter die Marke vertreten. Diese Erfahrungen aus dem direkten Kontakt mit den Mitarbeitern prägen die Kaufbereitschaft und Kundenbindung.

Gute und nachhaltige Kundenbeziehungen funktionieren also nur mit Mitarbeitern, die als aktive Botschafter für die Marke agieren. Deswegen ist es wichtig, dass die Mitarbeiter wissen, wofür sie im Unternehmenskontext stehen und wie sie die Marke nach außen transportieren sollen. Voraussetzung für ein Verhalten im Sinne der Unternehmensmarke ist zum einen intellektuelles Verständnis dafür, wie sich eine Marke zusammensetzt, auf welchen Ebenen und Kanälen sie wirkt, und zum anderen die emotionale Verbundenheit mit der Marke und ihren Werten. Als gezielte Maßnahme der Personalführung und -entwicklung unterstützt eine Markenakademie jeden Mitarbeiter dabei, die Marke kennenzulernen, in Bezug auf die eigene Aufgabe im Unternehmen zu verstehen und ihre Botschaft kognitiv und emotional zu verinnerlichen.

---

[62] StepStone Employer Branding Report 2011: Umfrage zur Arbeitgebermarke mit ca. 6.000 Kandidaten und ca. 830 Unternehmen aus unterschiedlichen europäischen Ländern.

Die Markenakademie: Mitarbeiter als Markenbotschafter

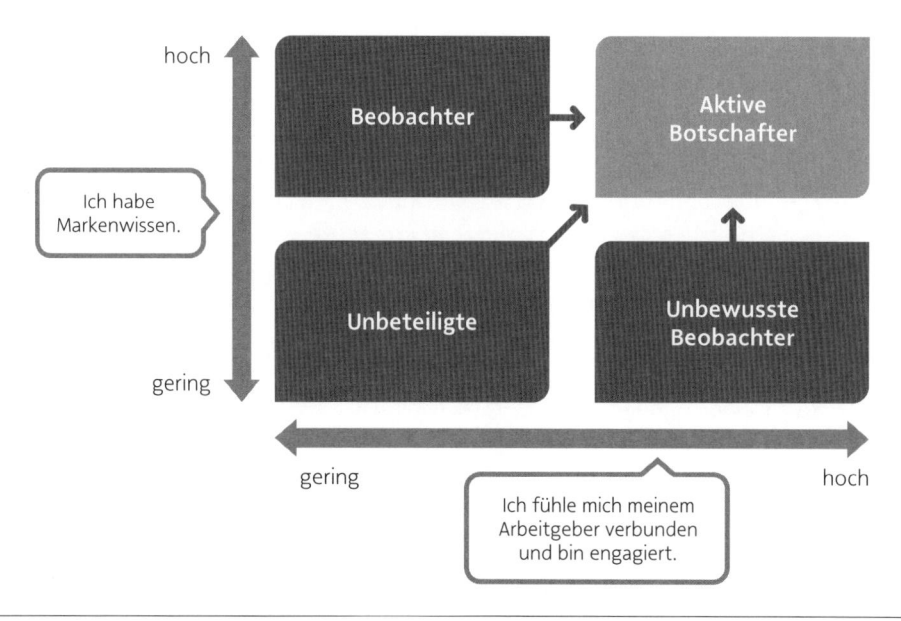

Abb. 1: Mitarbeiter zu Markenbotschaftern qualifizieren

Der Markenerfolg eines Unternehmens wird zu großen Teilen durch markenspezifisches Verhalten der Mitarbeiter geprägt. Dies kann in Zeiten einer immer größeren Austauschbarkeit von Produkten und Dienstleistungen zum entscheidenden Wettbewerbsvorteil werden. In den meisten Unternehmen sind Markenwissen und Marken-Commitment von Abteilung zu Abteilung, über verschiedene Standorte und Hierarchiestufen hinweg und letztlich auch von Mitarbeiter zu Mitarbeiter unterschiedlich stark ausgeprägt. Solange Mitarbeiter nur „beobachten", „unbeteiligt" sind oder „unbewusst" agieren, bleiben wirkungsvolle Markenbotschafter eine Wunschvorstellung.

- Der Idealtypus des „aktiven Botschafters" einer Marke beschreibt Mitarbeiter, die wissen, was von ihnen aus Markensicht verlangt wird, die sich ihrem Arbeitgeber verbunden fühlen und engagiert sind.
- Demgegenüber sind die „unbewussten Botschafter" zwar mit dem Unternehmen identifiziert, sie wissen jedoch nicht genau, wie sie die Markenwerte in ihrer täglichen Arbeit einbringen können.
- Bei den „Beobachtern" verhält es sich genau umgekehrt. Sie verstehen sehr gut, wofür die Unternehmensmarke steht, sind jedoch den Markenwerten und damit auch ihrem Arbeitgeber emotional nicht verbunden.

9 Mitarbeiter in den Mittelpunkt!

- Bei den „Unbeteiligten" ist weder Wissen über die Marke vorhanden, noch eine emotionale Bindung zum Unternehmen erkennbar. Diese Mitarbeiter sind weder fähig noch bereit, sich im Sinne der Marke aktiv einzusetzen.

Dem Gallup Engagement Index 2014 zufolge, der vom Beratungsunternehmen Gallup seit dem Jahr 2001 jährlich herausgegeben wird und auf der Befragung von 2.034 Arbeitnehmern basiert, weisen 70 % der Mitarbeiter nur eine geringe emotionale Bindung zum eigenen Unternehmen auf, 15 % gar keine.[63] Sie machen „Dienst nach Vorschrift", was mit Fehltagen, höherer Fluktuation und geringerer Produktivität verbunden ist. Sie haben innerlich schon gekündigt und arbeiten eventuell sogar aktiv gegen die Interessen ihres Arbeitgebers.

Die Relevanz der Mitarbeiter als Markenbotschafter ist insbesondere für Unternehmen sehr hoch, die erklärungsbedürftige Produkte und/oder Leistungen mit einem hohen Grad an Service anbieten. Mit zunehmendem Dienstleistungsanteil, höherem Involvement von Kunden und Investitionsrisiko, sowie zunehmender Komplexität der Leistung eines Unternehmens steigt die Bedeutung der Mitarbeiter als Markenbotschafter.

Unternehmen brauchen sich zur Arbeitgebermarke bekennende Mitarbeiter als aktive Markenbotschafter,

1. weil diese das Kundenversprechen direkt erlebbar machen.
2. weil Produkte und Dienstleistungen auf funktionaler Ebene immer austauschbarer werden. Erfolgreiche Unternehmen binden ihre Mitarbeiter auch emotional an das Unternehmen und heben sich somit vom Wettbewerb ab.
3. um die richtigen Mitarbeiter zu begeistern, anzuziehen und zu binden. Die Anzahl der engagierten Mitarbeiter erhöht sich dadurch stetig. Markenbotschafter identifizieren sich mit dem „guten Ruf" ihres Arbeitgebers.
4. weil sie die Rolle eines begeisternden Vorbildes einnehmen. Markenbotschafter haben motivierende Wirkung. Sie zeigen, wie die Unternehmensmarke und ihre Werte mit Leben gefüllt und erlebbar gemacht werden, und animieren damit Kollegen und Mitarbeiter, ihrem Beispiel zu folgen.

Das Wissen um die Unternehmenswerte und die Motivation, diese auch nach außen zu tragen, sind wertvolle Ressourcen, die es in den Mitarbeitern zu aktivieren gilt. Mit der Implementierung einer Markenakademie investieren Unternehmen bewusst in ihre Zukunft, denn nur ein einheitliches Markenverständnis nach innen führt zu einem einheitlichen Markenauftritt nach außen.

---

[63] www.gallup.com/de-de/181871/engagement-index-deutschland.aspx (Zugriff am 06.07.2015).

9.3 Gelebte Unternehmenskultur als Anker

Um eine Marke in die Unternehmenskultur zu integrieren, ist eine offene Kommunikations- und Feedbackkultur wichtig. Es geht darum, die Beziehung zwischen Marke und Mitarbeiter zu managen, um eine Kultur zu schaffen, in der die Mitarbeiter das leben können, was sie gemäß der Marke leben sollen. Eine nachhaltige Verankerung der Markenwerte entsteht hauptsächlich über Führung, denn nur darüber werden Unternehmensthemen für die Mitarbeiter wirklich relevant.

Weiterhin spielt der gezielte Einsatz von Kommunikation eine tragende Rolle, denn diese schafft Wissen, Identifikation und Motivation bei den Mitarbeitern. Die Kommunikationsarbeit nach außen hat einen starken Einfluss auf das Markenwissen und Markenverhalten von Mitarbeitern. Deshalb sollte sie durch interne Kommunikationsmaßnahmen begleitet werden. Mitarbeiter sollten beispielsweise jederzeit wissen, welche strategischen Ziele das Unternehmen verfolgt und welche Themen mit Priorität behandelt werden. Sie sollten transparente Kommunikation auch intern erfahren, damit sie nach außen in einer Sprache sprechen. Damit sich die Mitarbeiter mit dem extern etablierten Markenversprechen dauerhaft identifizieren, sind ein kontinuierlicher interner Informationsfluss und Dialog unentbehrlich.

Für diesen Dialog sind ein markenorientiertes Personalmanagement notwendig sowie Maßnahmen, die die Interaktion mit der Marke fördern. Dadurch wird die Markenidentität intern verankert. Viele Mitarbeiter betrachten die Marke hauptsächlich als Themenfeld der Kommunikationsabteilung und reduzieren sie teilweise sogar auf das visuelle Erscheinungsbild. Personalabteilung und Unternehmenskommunikation können eng verzahnt daran arbeiten, Unternehmens- und Markenführung als zusammengehörig zu platzieren.

Genau hier setzen Markentrainings an. An oberster Stelle sind die Führungskräfte als Markenfürsprecher zu qualifizieren. Sie sollten mit ihrem Verhalten die Markenwerte transportieren und sich als Vorbild verstehen. In den Entwicklungsmaßnahmen für die Mitarbeiter ist klar herauszustellen, was die Marke für den Einzelnen tun kann. Es gilt, die Markenidentität erlebbar zu machen, den konkreten Nutzen für die tägliche Arbeit zu verdeutlichen und das Wirgefühl, das die Marke schafft, zu vermitteln. Ziel der Schulungsmaßnahmen ist, dass die Mitarbeiter die Marke als Informations- und Inspirationsquelle sowie Wertekompass für die tägliche Arbeit verstehen.

Wenn Mitarbeiter als begeisterte und authentische Markenbotschafter agieren, überzeugen sie Kunden in doppelter Hinsicht: mit ihrer eigenen Identität und der Unternehmensidentität.

9.4 Darum geht's: die Inhalte der Trainings

Die Trainings informieren über das Thema Marke im Allgemeinen und geben spezielle Erläuterungen zur Unternehmens- und Arbeitgebermarke. Es werden Zusammenhänge vermittelt, und jeder Mitarbeiter kommt in die Verantwortung, aktiv an der Markenbildung mitzuarbeiten. Neben Themen wie Markenidentität, Markenhistorie des Unternehmens sowie Erfolgsfaktoren der Marke bieten die Workshops den Rahmen dafür, an der „klassischen" Herausforderung zu arbeiten, die abstrakten Markenwerte in konkrete Handlungsmaßnahmen zu übersetzen. Der Transfer in die Praxis gelingt, wenn die Teilnehmer aktiv personen- und aufgabenbezogene Möglichkeiten erarbeiten, mit denen sie das Markenversprechen im direkten Kundenkontakt einlösen können. Jeder Mitarbeiter lernt so, was er konkret in seinem Arbeitsumfeld tun kann, um die Markenwerte zu unterstützen.

9.5 Phase 1: Gut begonnen ist halb gewonnen

Eine individuell auf das jeweilige Unternehmen ausgearbeitete Zielsetzung sowie klar definierte interne Zielgruppen schaffen eine solide Basis für die anschließende Planungsphase.

Markentrainings als interne Implementierungsmaßnahme können sich anbieten bei folgenden Konstellationen im Unternehmen, die allesamt Alarmsignale sind:

- Die Schere zwischen dem, was das Unternehmen nach außen sein will, und dem, was nach innen gelebt wird, ist sehr groß.
- Mitarbeiter verbinden die Markenwerte nicht mit ihrer täglichen Arbeit.
- Mitarbeiter haben einen heterogenen Wissensstand oder ein unklares Zielbild der Unternehmensstrategie. Es mangelt an Emotionalisierung und Motivation der Mitarbeiter.
- Es gibt Beschwerden, dass Mitarbeiter mit ihrem Auftreten und Verhalten das Markenversprechen nicht zur Kundenzufriedenheit einlösen.
- Die definierte Markenstrategie ist nicht bekannt bzw. wird nicht konsistent im Unternehmen eingehalten.
- Mitarbeiter mit intensivem Kundenkontakt entwickeln eigene Markenbotschaften (z.B. Außendienst, Recruiter, freie Mitarbeiter etc.).
- Die Arbeitgebermarke führt ein Eigenleben und wird nicht als Teil der Unternehmensmarke gesehen.

Die Markenakademie: Mitarbeiter als Markenbotschafter

Obwohl die Markenausrichtung in vielen Unternehmen klar definiert ist, fehlt es im nächsten Schritt oft an der konkreten Umsetzung in der täglichen Arbeit. Eine unvollständige Markenimplementierung birgt die Gefahr eines uneinheitlichen Markenauftrittes sowohl hinsichtlich der internen wie auch der externen Kommunikation. Dies kostet in der Konsequenz mehr Mittel, als dies bei einer stringenten Markenführung der Fall ist! Die Einhaltung der Markenstrategie bildet das Fundament für einen erfolgreichen Markenaufbau. Aus diesem Grund ist die Entscheidung für die Implementierung einer Markenakademie ein sehr guter Ausgangspunkt, um die Mitarbeiter in die Markenführung einzubinden.

Zum Start empfiehlt es sich, intern ein Auftragsklärungsgespräch zu führen. Je nachdem, wie die Verantwortlichkeiten im Unternehmen verteilt sind, bieten sich hierfür die Unternehmensleitung sowie Verantwortliche aus den Bereichen Personalwesen und Unternehmenskommunikation an. Die Bedarfsanalyse bildet die Grundlage für die Inhalte der Markenakademie und sichert die Investitionen strategisch ab. Eine Kosten-Nutzen-Analyse ist dadurch jederzeit möglich. Folgende Punkte sollten in der Auftragsklärung besprochen werden:

- Auftraggeber/interne Ansprechpartner
- Anlass, Ziele und Inhalte der Qualifizierungsmaßnahme
- Teilnehmerstruktur
- Vorkenntnisse und Einstellung der Teilnehmer
- Umfang/Format (bewährt haben sich halb- bis ganztägige Workshops à maximal 20 Mitarbeiter)
- Organisation (Wer ist für die Vorbereitung, Durchführung und Nachbereitung verantwortlich? Wird das Projekt über interne Ressourcen umgesetzt, werden externe Dienstleister wie Agenturen oder Trainer zur Unterstützung herangezogen? Finden die Trainings in den eigenen Tagungsräumen oder extern statt? Wie werden die Mitarbeiter eingeladen und wie erfolgt die Anmeldung zu den Workshops? Wie werden die internationalen Standorte eingebunden?)
- Rahmendaten und Zeitplan
- Begleitende interne und externe Kommunikation
- Budget
- Auswertung und Nachbereitung

Die folgende Abbildung zeigt eine detaillierte Zielehierarchie, die als Leitfaden für die Implementierung einer Markenakademie fungiert. Definierte Lernziele dienen hauptsächlich der inhaltlichen Strukturierung, der Orientierung für die Trainer und der Ergebnissicherung.

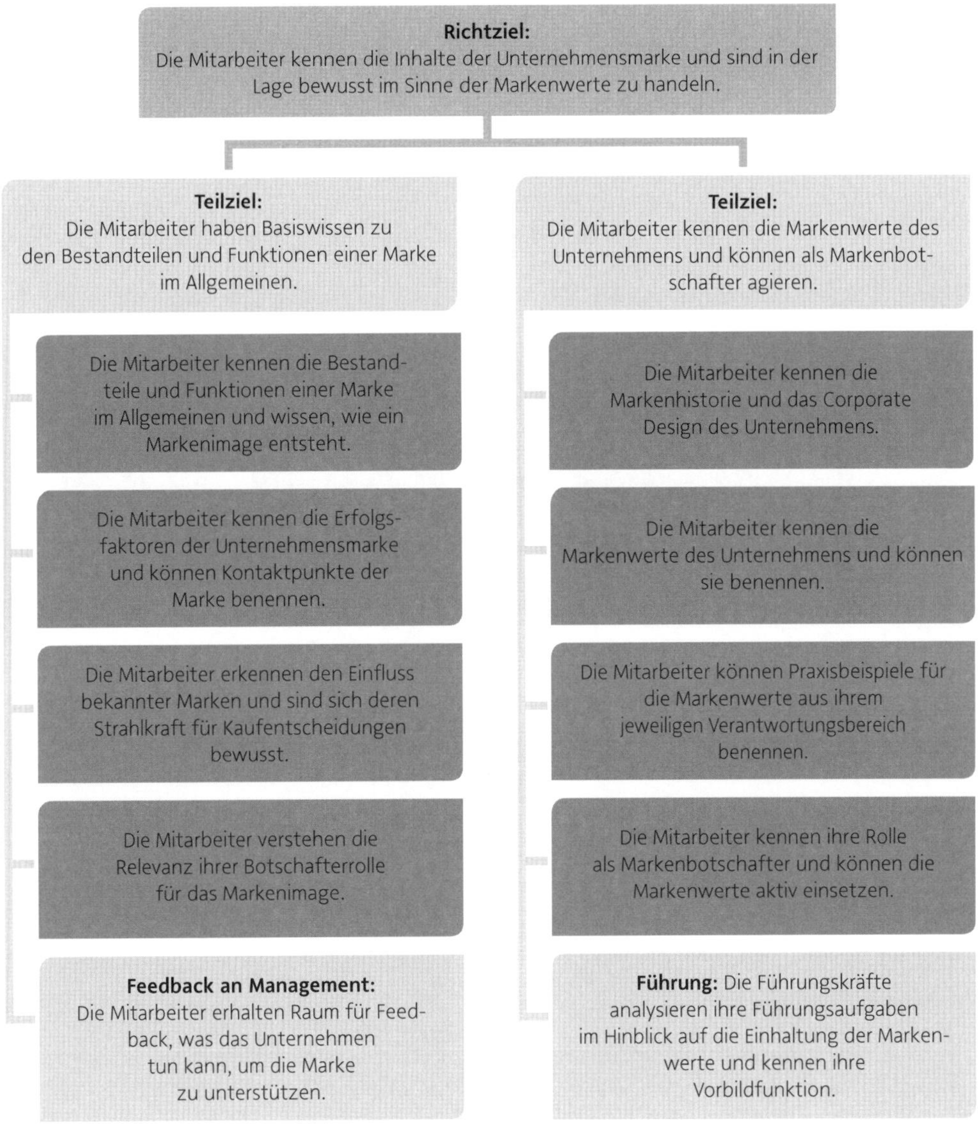

Phase 1: Gut begonnen ist halb gewonnen

Richtziel:
Die Mitarbeiter kennen die Inhalte der Unternehmensmarke und sind in der Lage bewusst im Sinne der Markenwerte zu handeln.

Teilziel:
Die Mitarbeiter haben Basiswissen zu den Bestandteilen und Funktionen einer Marke im Allgemeinen.

Teilziel:
Die Mitarbeiter kennen die Markenwerte des Unternehmens und können als Markenbotschafter agieren.

- Die Mitarbeiter kennen die Bestandteile und Funktionen einer Marke im Allgemeinen und wissen, wie ein Markenimage entsteht.

- Die Mitarbeiter kennen die Erfolgsfaktoren der Unternehmensmarke und können Kontaktpunkte der Marke benennen.

- Die Mitarbeiter erkennen den Einfluss bekannter Marken und sind sich deren Strahlkraft für Kaufentscheidungen bewusst.

- Die Mitarbeiter verstehen die Relevanz ihrer Botschafterrolle für das Markenimage.

- Die Mitarbeiter kennen die Markenhistorie und das Corporate Design des Unternehmens.

- Die Mitarbeiter kennen die Markenwerte des Unternehmens und können sie benennen.

- Die Mitarbeiter können Praxisbeispiele für die Markenwerte aus ihrem jeweiligen Verantwortungsbereich benennen.

- Die Mitarbeiter kennen ihre Rolle als Markenbotschafter und können die Markenwerte aktiv einsetzen.

Feedback an Management:
Die Mitarbeiter erhalten Raum für Feedback, was das Unternehmen tun kann, um die Marke zu unterstützen.

Führung: Die Führungskräfte analysieren ihre Führungsaufgaben im Hinblick auf die Einhaltung der Markenwerte und kennen ihre Vorbildfunktion.

Abb. 2: Lernzielhierarchie Markenakademie

Zur Definition der Zielgruppen ist grundsätzlich die Frage zu klären, ob alle Mitarbeiter des Unternehmens geschult werden sollen oder ob eine Segmentierung vorgenommen wird. Diese kann beispielsweise nach folgenden Kriterien erfolgen:

- nach Beschäftigungsdauer: z.B. neue Mitarbeiter, aktuelle Mitarbeiter,
- nach Karrierestufe: z.B. Berufseinsteiger, mittlere Führungskräfte, leitende Führungskräfte,
- nach Tätigkeitsbereich: z.B. Personalabteilung, Unternehmenskommunikation, Vertrieb, Außendienst,
- nach Region: z.B. Niederlassung/Region, Land, Kontinent.

Auch eine Priorisierung der Zielgruppen ist denkbar, so dass z.B. nach außen hin markenwirksam auftretende Abteilungen und Mitarbeitergruppen zuerst geschult werden. Sie haben den größten Einfluss auf die Kundenwahrnehmung und können durch die Teilnahme an der Markenakademie relativ schnell zu wirkungsvollen Markenbotschaftern qualifiziert werden. Der zeitliche Umfang und die Intensität der Schulungen können je nach Zielgruppe variieren.

Aus systemischer Sicht ist es klar von Vorteil, wenn alle Mitarbeiter geschult werden: Das stärkt das Wirgefühl, denn alle sind beteiligt und dadurch miteinander verbunden.

9.6 Phase 2: Alles eine Frage der Planung und Organisation

In der zweiten Phase des Implementierungsprozesses sind alle Schritte rund um die Planung und Organisation zusammengefasst. Dazu zählen:

- Interne Ankündigung und Kommunikationsmaßnahmen planen
- Projektplan mit definierten Projektschritten, Zeitangaben, Verantwortlichkeiten erstellen
- Anforderungsprofil der Trainer definieren und Trainerauswahl treffen
- Workshop-Ablauf planen, geeignete Methoden zur Vermittlung der Markeninhalte auswählen, dramaturgische Lerneinheiten festlegen, Spannungsbogen kreieren
- Professionelles Workshop-Material erstellen, das sich durchgängig am Corporate Design des Unternehmens orientiert (u.a. PowerPoint-Folien, Flipcharts, Plakate, Exponate, Handouts)

Phase 2: Alles eine Frage der Planung und Organisation

Im Folgenden ist der mögliche Ablauf für einen halbtägigen Workshop im Rahmen einer Markenakademie dargestellt. Die Trainingseinheiten dienen als Grundraster, die für die eigene Planung übernommen werden können.

1. Soziale, inhaltliche und zeitliche Orientierung (u. a. Begrüßung der Teilnehmer, Vorstellungsrunde, Präsentation des organisatorischen Ablaufs)
2. Historie zur Unternehmensmarke
3. Einführungsvideo der Unternehmensleitung zur Marke
4. Basiswissen zum Thema Marke
5. Praxistransfer „Bekannte Marken und Unternehmensmarke"
6. Basiswissen zum Markenimage, Erfolgsfaktoren für Marken im Allgemeinen und für die Unternehmens- und Arbeitgebermarke, Kontaktpunkte der Unternehmens- und Arbeitgebermarke
7. Präsentation der Markenwerte des Unternehmens
8. Praxistransfer der Unternehmenswerte
9. Feedback und Verabschiedung
10. Informeller Austausch beim gemeinsamen Mittagessen

Der Ablauf in einer detaillierten Fassung inklusive Trainingsziele und Trainingsmethoden pro Lerneinheit kann bei der Autorin angefragt werden. Senden Sie hierzu eine Mail an ihm@ihmotion.de.

9.6.1 In Führung gehen und lenken

Es wird Führungskräfte und Mitarbeiter geben, die das Thema „Marke" für überflüssiges Beiwerk, Ablenkung und Zeitverschwendung halten. Hier ist es Aufgabe der Unternehmensleitung deutlich zu machen, dass gerade auch ökonomische Gründe eine Auseinandersetzung mit der Unternehmenskultur erforderlich machen. Es gilt, den Mitarbeitern zu veranschaulichen, dass eine lebendige Unternehmenskultur nur geschaffen werden kann, wenn jeder einzelne involviert wird. Denn nur dann wird die Kultur wirklich gelebt und existiert nicht nur auf dem Papier. Neben der Implementierung einer Markenakademie ist es daher sinnvoll, weitere Anlässe und Dialogformate zu schaffen, bei denen die Unternehmenskultur, die Unternehmenswerte und deren Relevanz für die tägliche Arbeit thematisiert werden — von Führungskräfte-Workshops über aktive Events bis hin zu offenen Diskussionsformaten. Relevanz ist entscheidend, denn nur wenn es gelingt, die Verbindung zwischen den Unternehmensbotschaften und der Lebenswelt der Mitarbeiter zu schaffen, entsteht bei diesen Aufmerksamkeit. Somit werden Mitarbeiter aktiviert, die kulturelle Weiterentwicklung zu unterstützen, die gemeinsame Kultur zu pflegen. Sie sind motiviert, über Hierarchiestufen hinweg in Netzwerken zu arbeiten.

Die Unternehmensleitung bekleidet im Rahmen der Implementierung eine Schlüsselrolle für die Verknüpfung von Marke und Geschäft. Sie sorgt dafür, dass aus dem Leistungsversprechen konkrete Ziele und Aufgaben abgeleitet werden. Sie verleiht auch der Marke im Implementierungsprozess die notwendige Autorität. Dies gilt es, auch im Rahmen der Markenakademie anschaulich zu vermitteln. Sind die Chefs „on brand", leben sie als Vorbild die Markenwerte durch ihr Reden und Tun vor. Filmische Mittel sind besonders gut geeignet, dies erzählerisch und emotional zu vermitteln. Ein Video mit den führenden Köpfen des Unternehmens zeigt ein lebendiges und ehrliches Commitment zur Marke. Mit einem überschaubaren zeitlichen Einsatz zeigt die Unternehmensleitung so Gesicht und vermittelt Wertschätzung. Dadurch gewinnt die Marke an Aufmerksamkeit. In kleineren Unternehmen empfiehlt sich, das Management live, z. B. in die offizielle Workshop-Begrüßung, zu integrieren.

9.6.2 Kommunikation, die begleitet

Als Maßnahmen der internen Bekanntmachung der Markenakademie bieten sich diverse Tools an. Der Einladung durch die Unternehmensleitung, z. B. im Rahmen einer Mitarbeitervollversammlung oder als Informationsschreiben an alle Mitarbeiter, kommt dabei eine besondere Bedeutung zu. Flankierend können Artikel im Mitarbeitermagazin und ausführliche Informationen im Intranet bereitgestellt werden. Ideen, die viel Aufmerksamkeit bringen, sind gefragt, wie z. B. Hinweisplakate, gestaltete Tablett-Aufleger für die Kantine oder ein Mitarbeiter-Blog mit dem Titel „Mein Markenerlebnis".

Die Ankündigung des Workshops inklusive seiner Beschreibung bietet den Mitarbeitern die Möglichkeit, sich im Vorfeld ein erstes Bild davon zu machen, was in der Markenakademie inhaltlich auf sie zukommt, was sie lernen werden und wie sie das Gelernte in ihre Praxis umsetzen können. Die Teilnehmer erfahren, was es ihnen nützt, das Markentraining zu besuchen. Bereits der Titel und einzelne Stichpunkte lösen bei den Mitarbeitern Assoziationen im eigenen Kontext aus. Im Vorfeld eine realistische Erwartungshaltung bei den Mitarbeitern zu erreichen, ist das zentrale Ziel bei der Ankündigung der Markenakademie.

TIPPS

1. Erstellen Sie einen Trainerleitfaden, der in tabellarischer Form die wichtigsten Informationen zum Ablauf der Workshops zusammenfasst (Lernziel pro Einheit, Zeiteinteilung, Themen, Inhalte und Vorgehen in Stichworten erläutert, eingesetzte Methoden und Materialien).
2. Wählen Sie Beispiele, Anekdoten und Argumente, die zum Unternehmen passen.

3. Prüfen Sie, ob der Einsatz von „Blended Learning", der Kombination aus virtuellem Lernen und Präsenztrainings sinnvoll ist. Als alternative Lernform zu den klassischen Präsenztrainings können E-Learning-Tools wie z. B. Web-Based-Trainings oder Webinare in das Lernkonzept „Markenakademie" integriert werden.

9.7 Phase 3: Aktiv gestalten und umsetzen

Nach einer umfangreichen Planungsphase fällt der Startschuss für die dritte Implementierungsstufe: die Umsetzung. Bevor die Workshops unternehmensweit starten, ist zu empfehlen, Pilotworkshops als Feedbackschleife durchzuführen. Die oberste Führungsebene sollte im Vorfeld des offiziellen Starttermins zudem inhaltlich abgeholt werden und optimaler Weise an einem speziell für sie organisierten Pilotworkshop teilnehmen. Und noch zwei weitere Pilotworkshops bieten sich an: ein Termin für ausgewählte Mitarbeiter der Personalabteilung und Unternehmenskommunikation sowie ein Termin mit einer gemischten Gruppe. Bei der Zusammensetzung der zweiten Gruppe führt die Beachtung des Diversity-Aspekts (z.B. Altersstruktur, Geschlechterzugehörigkeit, Berufsgruppen, Nationalitäten) zu einem möglichst ausgewogenen Feedback. Alle Rückmeldungen der Mitarbeiter und Erfahrungen der Trainer, die während der Pilotworkshops über den zeitlichen und inhaltlichen Ablauf gesammelt werden, sind einzuarbeiten. Das Ergebnis: ein startklares Konzept für den Rollout der Markenakademie.

Markenakademie-Trainings eignen sich hervorragend, um die vier Lernstufen „Wissen – Bekenntnis – Fähigkeit – Verhalten" als Basis für markenorientiertes Verhalten zu fördern. Die Trainings führen vom kognitiven Verstehen über das emotionale Verarbeiten zum Handeln.

Die Markenakademie: Mitarbeiter als Markenbotschafter

Wissen →	Bekenntnis →	Fähigkeit →	Verhalten
Kennen	**Wollen**	**Können**	**Tun**
„Aha, da geht es lang!"	„Die Ziele lohnen sich für mich!"	„Ich kann etwas beitragen!"	„Ja klar, ich bin dabei!"

Abb. 3: Markenakademie deckt alle Lernstufen ab

Aus Mitarbeiterperspektive ist eine zentrale Frage: Warum soll ich mich engagieren, wenn mir das Management nicht klar machen kann, welche Richtung sinnvoll ist? Hier gilt es, besonderen Wert darauf zu legen, wie die Inhalte vermittelt werden. Dafür braucht es ein auf das Unternehmen abgestimmtes Storytelling: Was ist die tragende Idee des Unternehmens? Woraus ziehen wir unsere Identität? Welche Werte möchten wir als Arbeitgeber nach innen und außen leben? Wofür bzw. für wen sind wir da? Welche Vision streben wir an? Diese Inhalte sollten sich wie ein roter Faden durch den Workshop ziehen.

9.7.1 Und der Nutzen für die Mitarbeiter?

Jeder Mitarbeiter wird sich fragen: „What's in it for me?" Wenn die Mitarbeiter einen individuellen Nutzen aus ihrer Teilnahme an der Markenakademie erkennen, werden sie versuchen, die Erkenntnisse am Arbeitsplatz einzusetzen. Nur wer für markengerechtes Verhalten belohnt wird, engagiert sich langfristig und nachhaltig für die Unternehmensmarke.

Sinnvoll ist, wenn jeder Mitarbeiter am Ende des Trainings für sich persönlich Umsetzungsziele formuliert und konkrete Maßnahmen entwickelt, wie er diese erreichen kann. Das in der Markenakademie erlernte Wissen ist systematisch in die Praxis zu übertragen, um es zu festigen. Ein individueller Lerntransferprozess und ein nachhaltiges Bildungscontrolling helfen, Mitarbeiterwissen zu sichern, zu nutzen und zu verbreiten. Die Führungskraft sollte die Lernziele im Vorfeld mit den Mitarbeitern besprechen und sich im Anschluss an die Markenakademie beim Mitarbeiter nach deren Umsetzung erkundigen und den Lerntransfer in aktives Verhalten thematisieren.

Das praktische Tun ist das eigentliche Ziel beruflicher Qualifikationsmaßnahmen. Wenn Mitarbeiter die Markenwerte in ihrem Alltag leben, agieren sie z.B. im Kunden- oder Einstellungsgespräch, auf Messen oder am Telefon entsprechend ihrer Rolle und Verantwortung. Sie verstehen sich als Repräsentanten ihres Arbeitgebers und lösen durch ihr markenkonformes Verhalten das Markenversprechen an den Kunden ein. Dabei ist Markenverhalten nicht gleichzusetzen mit einem homogenen Verhalten aller Mitarbeiter an den identischen Markenkontaktpunkten. Vielmehr geht es darum, den markenkonformen Handlungsspielraum für jeden individuell und auf seinen Arbeitsbereich bezogen aufzuzeigen.

9.7.2 Vom Ideenfeuerwerk hin zu strategischen Lösungen

Vor dem Hintergrund einer wachsenden Partizipationskultur in Unternehmen sollten Mitarbeiter im Rahmen der Markenakademie auch motiviert werden, Themen anzusprechen, die sie bewegen. Die dialogorientierte Plattform „Markenakademie" bietet die Chance, konkrete Ideen zu entwickeln, denn in den Workshops ist die Unterstützung der Mitarbeiter ausdrücklich erwünscht. Die Workshop-Teilnehmer generieren so eine Vielzahl an Meinungen und Anregungen zur Strategie über Führungsthemen bis hin zu Strukturen und Prozessen. Mitarbeiterstimmen, die sich verdichten, erzielen über alle Workshops hinweg eine große Wirkung. Die Mitarbeiter entscheiden, welche Unternehmensthemen mit welcher Priorität zum Management gegeben werden. Und das, was zurückgemeldet wird, ist für das Unternehmen sehr wertvoll. Denn wann hat die Unternehmensleitung sonst schon die Chance, gebündelt ein Stimmungsbild von den Mitarbeitern zu bekommen?

9.8 Phase 4: Ergebnisse bewerten und Transfer planen

Der Implementierungskreislauf schließt mit der finalen Phase der Auswertung und Nachbereitung. In den Workshops konnte umfangreiches Datenmaterial zusammengetragen werden. Das Unternehmen erhält gesammelte Assoziationen zur eigenen Marke bezogen auf die Punkte Unternehmenserscheinungsbild, Verhalten der Mitarbeiter, Produkte und Dienstleistungen sowie Unternehmenskommunikation sowie eine Fülle von Praxisbeispielen zu den Markenwerten.

Die Markenakademie: Mitarbeiter als Markenbotschafter

Unternehmen sollten von Anfang an auf die Frage „Was passiert denn nach der Markenakademie?", eine verlässliche Antwort geben. Mitarbeiter wollen wissen: „Wird mein Feedback weitergegeben oder versickert es einfach?" Es ist sinnvoll, Rückmeldungen nach Themen und Prioritäten zu sammeln, zu clustern und die Ergebnisse regelmäßig dem Management zu spiegeln. Die am häufigsten genannten Fragen oder Themen sollten im Intranet transparent dargestellt oder auch in einer separaten Dialogveranstaltung mit der Unternehmensleitung beantwortet werden.

Im Idealfall setzt die Geschäftsführung eine Frist, innerhalb der erste konkrete Verbesserungsmaßnahmen ergriffen werden. Jedem realisierbaren Vorschlag sollte ein Umsetzungsverantwortlicher zugeordnet und den Mitarbeitern als Ansprechpartner bekannt gemacht werden. Ein Controlling durch das Qualitätsmanagement ist sinnvoll, um die eruierten Maßnahmen zielgerichtet nachzuverfolgen. Das stärkt das Vertrauen in die Geschäftsleitung im Umgang mit den Ergebnissen und die verbindliche Einleitung von Veränderungen.

Neben der qualitativen Auswertung sind die Trainings auch quantitativ zu evaluieren. Es können z.B. die Anzahl der Trainings und Teilnehmer sowie die Anzahl an ausgefüllten Feedbackbogen mit Fragen zur organisatorischen Vorbereitung, zur Vortragsweise, zum Fachwissen der Trainer, zur Atmosphäre im Workshop, zum Nutzen des Trainings für die tägliche Arbeit sowie zu dem Bezug der Inhalte und Beispiele zum Unternehmenskontext erfasst werden. Dies gewährleistet eine kontinuierliche Erfolgskontrolle und bietet die Basis, um bei Bedarf Anpassungen während der Durchführung der Workshops vorzunehmen.

Die Ergebnisse aus der Markenakademie können als Input für Unternehmensziele, Führungsleitlinien, die Personal- und Arbeitgeberkommunikation oder auch zum Abgleich der Resultate von Mitarbeiterbefragungen herangezogen werden. Zudem kann der Markenbezug in weitere Seminarangebote des Unternehmens, wie z.B. in Vertriebs-, Kommunikations-, Führungskräfte- oder Messetrainings, integriert werden. Damit neue Mitarbeiter die Werte und Kultur ihres Arbeitgebers von Anfang an leben, können die Inhalte der Markenakademie auch in die Einführungsprogramme für neue Mitarbeiter übernommen werden.

Um eine markenorientierte Führung umzusetzen, ist es ratsam, das Thema „Marke" in Personalgesprächsbögen (z.B. Mitarbeiterentwicklungsgespräch oder Leistungseinschätzungsgespräch) einzubauen. Das Erreichen von markenorientierten Zielen kann auch Bestandteil von bonusrelevanten Zielvereinbarungen sein. Generell ist jedoch bei monetären und nicht-monetären Anreizsystemen Vorsicht geboten: Fürsprache lässt sich nicht erkaufen. Wenn Mitarbeiter ihren Arbeitgeber nur empfehlen, weil sie dafür belohnt werden, leidet die Authentizität der Arbeitgebermarke. Mitarbeiter-Engagement sollte immer freiwillig sein — es kann zwar gefördert, jedoch nicht erzwungen werden.

9.9 Der Kreis schließt sich

Menschen als Schlüssel zur Marke zu verstehen, lohnt sich. Denn Unternehmens- und Arbeitgebermarken entstehen von innen heraus. Nur eine „gelebte Marke" ist eine „starke Marke", und starke Marken entstehen in der Praxis, indem sie über lange Zeit konsequent entwickelt und vor allem von den Mitarbeitern verstanden und wirklich gelebt werden. Aus dieser Unternehmenskultur heraus wächst eine nachhaltige Employer Reputation. Einzelne Implementierungsmaßnahmen sind, alleine eingesetzt, kein Allheilmittel. Markentrainings sind ein großer Schritt in die richtige Richtung; sie transformieren Mitarbeiter jedoch nicht über Nacht in perfekte Markenbotschafter. Es kommt darauf an, dass Mitarbeiter von sich aus gut über ihr Unternehmen reden. Nur das ist verbindlich und glaubwürdig. Employer Reputation entsteht aus echten Erfahrungen, die viele Mitarbeiter über einen langen Zeitraum mit ihrem Arbeitgeber machen.

Die Einführung einer Markenakademie ist ein wirkungsvolles Employer-Reputation-Tool, das, regelmäßig durchgeführt, die Mitarbeiter zu einem dauerhaften und authentischen Dialog einlädt. Die Markenwerte sind verlässlich, Maßnahmen und Vorgehensweisen sollten auf neue Situationen angepasst, weiterentwickelt und bei Bedarf verbessert werden. Um ein vertrauensvolles Reputation Management aufzubauen, gilt es, einen geeigneten Mix an internen Implementierungsmaßnahmen zu finden, um Mitarbeitern kontinuierlich Sinn zu vermitteln und sie zu begeistern. Regelmäßig informierte Mitarbeiter identifizieren sich stärker mit ihrem Arbeitgeber, sind motivierter, loyaler, leistungsbereiter, fehlen seltener und tragen vor allem ein positives Bild nach außen — aus echter Überzeugung!

10 Erfolgreiche Employer Reputation braucht interne Kommunikation

Autor: *Werner Idstein*

In einer vernetzten Medienwelt können Stakeholder-Gruppen nicht mehr als voneinander unabhängige Zielgruppen betrachtet werden. Sie beeinflussen sich gegenseitig. Deshalb erweist sich Employer Reputation nicht nur als Aufgabe konzertierter und effektvoller Kommunikation in der als relevant definierten Öffentlichkeit. Glaubwürdigkeit, Authentizität und Überzeugungskraft vermitteln derlei Maßnahmen nur, wenn sie auch von Seiten der Mitarbeiter bejaht und bestätigt werden. Damit gewinnt die interne Kommunikation eines Unternehmens zusätzlich an Bedeutung im Rahmen von Employer Reputation. Dieser Beitrag zeigt anhand von Beispielen aus der Unternehmenspraxis, wie Employer Reputation wirkungsvoll durch interne Kommunikation unterstützt werden kann.

10.1 Wenn Mitarbeiter zu Botschaftern werden

Eine der wichtigsten Zielgruppen für Employer Reputation sind die aktuellen Mitarbeiter. Damit gewinnt die interne Kommunikation eines Unternehmens zusätzlich an Bedeutung. Tatsächlich spielen Mitarbeiter als authentische Botschafter des Unternehmens eine unschätzbare Rolle für die Unternehmensreputation in der öffentlichen Wahrnehmung.

In den letzten Jahren ist für es viele Unternehmen, insbesondere auch für mittelständische, selbstverständlich geworden, für sich selbst eine Arbeitgebermarke zu kreieren. Im Wettbewerb um die besten oder, genauer gesagt, um die richtigen Mitarbeiter brauchen Unternehmen eine klare Positionierung als Arbeitgeber.

Employer Reputation setzt auf den Markenwerten eines Unternehmens auf und addiert für Mitarbeiter relevante Aspekte hinzu. So entsteht die markenstrategisch fundierte, interne wie externe Positionierung eines Unternehmens als Arbeitgebermarke und damit als „Employer of Choice". Dies kann keine Insellösung sein, sondern erfordert eine gesamtstrategische Lösung. Das Kernstück bildet eine die Unternehmensmarke spezifizierende Markenstrategie. Die Arbeitgebermarke ist quasi die Übersetzung der Unternehmenspositionierung auf die Belange der Zielgruppen. Damit lässt sich ein unverwechselbares Bild des Unternehmens als Arbeitgeber in deren Köpfe projizieren.[64]

Werte und Kultur des eigenen Unternehmens müssen also erkannt und glaubhaft vermittelt werden. Es gilt herauszustellen, was ein Unternehmen im Innersten ausmacht: Werte, Selbstverständnis und Identität. Und das funktioniert in der Außendarstellung nur unter Mitwirkung der Mitarbeiter. Tatsächlich reden Mitarbeiter natürlich über ihren Arbeitsplatz, ihren Arbeitgeber und dessen Produkte in der Öffentlichkeit. Damit dies im Sinne des Unternehmens am besten positiv geschieht, muss in der Kommunikation vertrauensvoll, offen, authentisch und wahrheitsgetreu agiert werden.

10.2 Studienergebnisse belegen Einfluss der Mitarbeiter

Henry Ford hat es in seiner Autobiografie bereits im Jahr 1922 auf den Punkt gebracht:

Unsere wichtigste Ressource – die Mitarbeiter – verlässt jeden Abend das Werk und wir müssen alles tun, dass sie am nächsten Morgen dorthin zurückkehrt.
Ford, Henry (1922): My life and work

Und dass dies nicht selbstverständlich ist, zeigen Untersuchungen von Towers Watson, einer auf HR-, Finanz- und Risikomanagement spezialisierten Unternehmensberatung.[65] Danach berichten 38 % der deutschen Unternehmen von steigender Fluktuation. In der Global Workforce Study 2014 beschäftigen sich die HR-Experten vor allem mit Mitarbeiterengagement und -loyalität. Nach deren Ergebnissen wollen 60 % der Mitarbeiter in Deutschland innerhalb der nächsten zwei Jahre ihrem Arbeitgeber treu bleiben. Allerdings haben auch 17 % der Befragten fest vor zu wechseln und weitere 23 % erwägen zumindest, ihren Arbeitgeber zu verlassen.

Als wichtigsten Einflussfaktor für Engagement und Loyalität der Arbeitnehmer in Deutschland nennt die Studie die Kommunikation in der Organisation, gefolgt von einem guten Verständnis für die Ziele und Unternehmensstrategien. Auch eine ausgewogene Work-Life-Balance sowie das Unternehmensimage beeinflussen Arbeitsmotivation und -engagement wesentlich.

---

[64] Esser, Marco/Schelenz, Bernhard (2011).
[65] Towers Watson (2014); Towers Watson (2014a).

10 Studienergebnisse belegen Einfluss der Mitarbeiter

All dies liefert wichtige Hinweise darauf, wie bedeutsam Employer Reputation gerade auch für die aktuellen Mitarbeiter ist.

Wesentliche Elemente der Positionierung in der Öffentlichkeit sind Glaubwürdigkeit, Authentizität und Einzigartigkeit. Weil das so ist, können alle nach außen gerichteten Maßnahmen, um ein Unternehmen als Arbeitgeber der Wahl darzustellen, nur funktionieren, wenn diese Außendarstellung auch intern bestätigt wird. Damit wird die zentrale Bedeutung von Mitarbeitern für den guten Ruf deutlich. Sie sind sowohl Adressaten der Botschaften als auch deren Vermittler.

Tatsächlich aber unterschätzen deutsche Unternehmen die Rolle ihrer Angestellten als Markenbotschafter. Eine Studie von Kienbaum Communications aus dem Jahr 2012 zeigt, dass 69 % der Firmen eine Strategie zur Arbeitgebermarkenführung haben. Aber genauso viele Unternehmen vernachlässigen gleichzeitig das Potenzial, das ihre Mitarbeiter bieten.[66] Nur jedes vierte Unternehmen investiert in die Ausbildung eigener Mitarbeiter zu Markenbotschaftern und nur jedes fünfte organisiert Markenschulungen für die Belegschaft oder setzt interne Brand-Scouts ein. Daraus folgern die Kienbaum-Experten, dass die Bedeutung der Mitarbeitermotivation und -identifikation übersehen wird. Mitarbeiter müssen sich im Sinne der Authentizität von Kommunikationsmaßnahmen mit der Marke identifizieren, so die Kienbaum-Studie.

Über 70 % der befragten Firmen sehen die Employer Brand als wichtigen Faktor, das Unternehmen nach außen attraktiv darzustellen und die Arbeitgeberattraktivität zu steigern. Gleichzeitig wollen zwei Drittel mit ihren Employer-Reputation-Aktivitäten eine bessere Bindung der Mitarbeiter bewirken und deren Identifikation mit dem Arbeitgeber erhöhen. Die Umsetzung dieser Ziele scheitere jedoch auch häufig, schreiben die Autoren der Studie.

Die interne Kommunikation der Arbeitgebermarke, die ebenfalls als Ziel gesteckt wird, steht bei vielen Unternehmen auf der Kippe. So hat ein Viertel noch nicht die richtigen Maßnahmen gefunden, um intern die Employer Reputation zu stärken. Während also die Instrumente für die externe Kommunikation der Studie zufolge durchaus gefestigt sind, erweist sich die Umsetzung dieser Botschaften für die eigenen Beschäftigten als problematisch.

Diese ernüchternden Ergebnisse unterstreicht eine von StepStone initiierte Untersuchung. Demnach würden nur 14 % der Befragten ihr Unternehmen der Familie

---

[66] Kienbaum Communications (2012).

Erfolgreiche Employer Reputation braucht interne Kommunikation

und Freunden bedenkenlos als Arbeitgeber weiterempfehlen — ein Drittel nur unter Vorbehalt.[67]

10.3 Mitarbeiterkommunikation und Unternehmenskultur

Traditionell gehört es zu den Aufgaben der internen Kommunikation, Mitarbeiter zu Markenbotschaftern zu machen. Die aktuell moderne Mitarbeiterkommunikation ruht auf drei Säulen:

1. Change-Kommunikation,
2. Wissensmanagement und
3. interne Markenbildung.

Alle drei Aspekte sind wesentlicher Ausdruck der Unternehmenskultur. Um diese im Herzen der Mitarbeiter zu verankern, muss interne Kommunikation die folgenden wichtigen Fragen beantworten:

- Wer sind wir?
- Was wollen wir?
- Wofür stehen wir?
- Was tun wir?

Es ist unstrittig, dass Unternehmenskultur zentrale Bedeutung hat. Laut einer Kurzumfrage[68] schätzen 62 % der Befragten den Einfluss der Kultur auf den langfristigen und wirtschaftlichen Erfolg als sehr hoch, 37 % als hoch ein. Was allerdings irritiert, ist das Ergebnis auf die Frage nach der kommunizierten und der tatsächlichen Unternehmenskultur: 62 % sind der Meinung, dass die strategisch gewünschte nicht mit der praktizierten übereinstimmt; eine Kongruenz sehen nur 38 % der Befragten.

Manchmal sind es ganz handfeste Maßnahmen und einfache Instrumente, die, geschickt konzipiert und richtig eingesetzt, große Wirkung in der internen Kommunikation zeigen. Entscheidend (sicher nicht überraschend) sind dabei eine klar

---

[67] StepStone Deutschland (2011).
[68] SCM – School for Communication and Management und Kuhn, Kammann & Kuhn (2012): Kurzumfrage Unternehmenskultur. Berlin.

definierte Zielsetzung und die überlegte Einbindung in bestehende oder neu konzipierte Maßnahmen von interner Kommunikation und Employer Reputation. Lernen Sie im Folgenden vier gelungene Beispiele kennen, wie Employer Reputation wirkungsvoll durch interne Kommunikation unterstützt werden kann.

10.4 Testimonials: Mitarbeiter als Botschafter

Seit geraumer Zeit gilt es als probates Mittel, Mitarbeiter als Testimonials und Botschafter des Unternehmens in Employer-Branding-Kampagnen auftreten zu lassen. Auch ein international tätiger Baustoffkonzern hat diese Idee genutzt. Sie liefert den Beweis für eine mitarbeiterorientierte Unternehmenskultur, und zwar mit hervorragender Wirkung, vor allem auch nach innen. Konzipiert wurde ein komplexer Medienmix aus Recruiting-Broschüre, neu aufgesetzter Karriere-Microsite, Video-Interviews, Stellen- und Imageanzeigen, der Gestaltung eines Messestands für Recruiting-Messen sowie diverse Give-aways und Marketingmaterialien.

Die Basisidee war, bei Inhalten und Look-and-feel auf eigene Mitarbeiter zu setzen. Der erste Schritt nach der inhaltlichen Konzeption war ein konzernweites Casting unter jungen Mitarbeitern, die dem Unternehmen zwischen einem und maximal drei Jahren angehörten. Via Personalabteilung, Führungskräfte und Aufforderungen im Intranet wurden diese Mitarbeiter eingeladen, sich als Testimonials bei der Abteilung Interne Kommunikation zu bewerben. Bei der Auswahl von insgesamt etwa zehn Kollegen achteten die Kommunikatoren auf Diversity: Letztlich kam eine Gruppe von jungen Männern und Frauen aus sieben Ländern mit ganz unterschiedlichen Ausbildungen und Berufen zustande.

Alle wurden für eine knappe Woche ins deutsche Headquarter eingeladen. Dort wurden Interviews mit ihnen geführt, Videosequenzen gedreht und Fotoshootings organisiert. Der Besuch in Deutschland diente aber nicht allein der Produktion von Materialien für die Kampagne, sondern auch dem Kennenlernen. Alle Mitarbeiter absolvierten ein Besuchsprogramm, das neben der Besichtigung diverser Standorte und Produktionsstätten auch einen Gesprächstermin mit dem Vorstandsvorsitzenden und Besuche bei relevanten Abteilungen und Kollegen enthielt.

Die jungen Leute wuchsen aufgrund des intensiven Besuchsprogramms und der ungewohnten und spannenden Situation in Interviews und Fotoshootings in eine Starrolle hinein. Die Wertschätzung, die sie auf diese Weise erfuhren, hatte ausgezeichnete Wirkung. Sowohl über institutionalisierte Kommunikationskanäle (Mitarbeiterzeitung, Intranet usw.) als auch über den Flurfunk verbreitete sich in der

Belegschaft die Kunde von der aufwendigen Aktion. Allgemein wurde diese besondere Art der Wertschätzung einzelnen ausgewählten Mitarbeitern gegenüber als ausgesprochen positiv empfunden. Neid oder Missgunst gab es nicht. Dies war ein nicht zu unterschätzender Nebeneffekt der Vorbereitung auf die Employer-Reputation-Kampagne. Deren Elemente wurden intern den Mitarbeitern vorgestellt, bevor sie in die Öffentlichkeit gingen.

10.5 Tue Gutes und rede darüber

Manchmal überschätzen Kommunikationsabteilungen, Personaler und Führungskräfte das Wissen von Mitarbeitern über ihr Unternehmen. Das gilt selbst für so scheinbar einfache Dinge wie soziale Leistungen und Vergünstigungen für die Belegschaft. Diese Bonbons reichen von Weiterbildungsangeboten über die werkseigene Kantine bis hin zur Gesundheitsvorsorge und zu Rabattregelungen mit Partnerunternehmen. Eine Vielzahl solcher Vorzugsregelungen und Benefits für Mitarbeiter gibt es auch bei einem in der Schweiz beheimateten Pharmakonzern. Bei einer der regelmäßigen Mitarbeiterbefragungen fiel auf, dass eine Menge dieser Angebote offenbar vielen Mitarbeitern gar nicht bekannt war. Gezieltes Nachforschen bestätigte diesen Verdacht, und schnell erkannte man das Fatale daran: Ausgerechnet in einer Zeit, in der qualifizierte Kräfte händeringend gesucht wurden und Wettbewerber mehr potenzielle Kandidaten gewinnen und sogar Mitarbeiter abwerben konnten, ließ sich die Sogwirkung der Corporate Benefits nicht nutzen.

Tatsächlich fanden sich im Intranet detaillierte Beschreibungen aller Vorteilsangebote - jedoch nicht an einem Platz, sondern verteilt über viele unterschiedliche Bereiche. Und eine Suche funktionierte natürlich nur für denjenigen, dem zumindest die richtigen Stichworte einfielen. Um die vielfältigen Angebote den Mitarbeitern transparent zu machen und damit den guten Ruf des Unternehmens zu steigern und zu festigen, brauchte es also neue Kanäle und Instrumente, welche die besonderen Leistungen sowohl bei Mitarbeitern als auch bei deren Familien und Freunden sowie bei potenziellen Bewerbern und der Öffentlichkeit bekannt machten.

Entwickelt und umgesetzt wurde ein mehrstufiges Konzept, das vorhandene Medien und deren Stärken (Bekanntheitsgrad, Akzeptanz, Verbreitung) nutzt und ergänzt. Es entstand eine attraktive Medienfamilie in unterschiedlichen Medienformen und zeitlichen Frequenzen. Neu eingeführt wurde ein kleines Magazin im DIN-A5-Format als Beilage zur monatlich erscheinenden Mitarbeiterzeitung. Ergänzt wird dieses Heft durch tägliche E-Mails nach aktuellem Bedarf, aktuell gepflegte Übersichten im Standortbereich des Intranets, nützliche „Postkarten" zum

Sammeln, Infoplakate auf dem Firmengelände sowie ein jährlich aktualisiertes gedrucktes Kompendium der Services am Standort.

Bereits die nächste turnusmäßige Mitarbeiterbefragung zeigte eine deutlich bessere Kenntnis der Mitarbeiter über die diversen Vorteilsangebote des Unternehmens für seine Beschäftigten. Der eigens konzipierte Beileger zur Mitarbeiterzeitung wird intensiv im Recruiting neuer Mitarbeiter und bei Veranstaltungen wie Hochschulmessen oder Bewerberveranstaltungen genutzt.

10.6 Werte im Realitätscheck

Die vergleichenden Arbeitgeberrankings von Great Place to Work®, trendence und Universum haben großes Gewicht in der relevanten Öffentlichkeit: sowohl innerhalb der Unternehmen als auch bei Mitarbeitern und vor allem bei Bewerbern. Es sind vor allem diese drei vergleichenden Untersuchungen, die alljährlich für hektische Zeiten bei allen Personalmarketeers sorgen: So muss die interne Kommunikation auf die begleitenden Berichte in den großen Medien — Manager Magazin, Spiegel online, Wirtschaftswoche usw. — abgestimmt werden. Außerdem brauchen die Vorstände und Geschäftsführer Interpretationshilfe, was die Platzierungen der eigenen Firma in den Rankings bedeuten. So sind diese Listen geradezu zur Währung des Employer Branding geworden.[69]

- Das deutsche Great Place to Work®-Institut wurde 2002 gegründet. Es führt seitdem auf Basis von Benchmark-Untersuchungen zur Qualität und Attraktivität der Arbeitsplatzkultur regelmäßig Great Place to Work®-Wettbewerbe durch („Deutschlands Beste Arbeitgeber"). Mitarbeiterbefragungen dienen dazu, Arbeitgeberrankings zu erstellen und die Arbeitgeberattraktivität sowie die Unternehmens- und Vertrauenskultur zu messen.[70]
- Das internationale Forschungs- und Beratungsunternehmen Universum hingegen setzt auf Befragungen bei Studierenden.[71] Für die Universum „Student Surveys" werden in Deutschland jährlich mehr als 30.000 Studierende an ca. 140 Hochschulen befragt („Germany's Ideal Employers").
- Eine ähnliche Vorgehensweise ergibt beim Forschungsinstitut trendence das „Top 100"-Ranking der beliebtesten Arbeitgeber. Mehr als 50.000 Schüler, Stu-

---

[69] Reif, Marcus K. (2015): Blog Employer-Branding. http://www.reif.org/blog.
[70] GPTW Deutschland (2015).
[71] Universum Deutschland (2015).

dierende und junge Berufstätige nehmen jedes Jahr in Deutschland an den trendence-Befragungen zu Karriereplänen und Wunscharbeitgebern teil.[72]

Das deutsche Ranking — egal von welchem Anbieter — zeigt eine eindeutige Präferenz hin zur Automobilindustrie. Das ist wenig verwunderlich und blieb konstant während der letzten Jahre. Die Wertigkeit, die faszinierenden Produkte, die starken Marken der Automobilhersteller ziehen immer. So sehen z. B. angehende Wirtschaftswissenschaftler BMW, Audi, Volkswagen, Lufthansa, Porsche, Daimler und Google als attraktive Arbeitgeber. In den USA punkten mit Google und eBay eher Professional-Services-Unternehmen mit starkem Fokus auf den individuellen Karriereweg. Wer nicht zu diesen beliebten Unternehmen gehört, hat es regelmäßig schwer, sich oben in den Rankings zu platzieren. Und das trotz — sofern Sie das objektiv abwägen — häufig positiverer Angebote, als sie die Top-Arbeitgeber bieten.[73]

Die Personalabteilung eines DAX-30-Unternehmens musste bei den alljährlichen Rankings zur Arbeitgeberattraktivität feststellen, dass das Unternehmen zum wiederholten Male auf hinteren Plätzen rangierte. Im Unternehmen besteht seit geraumer Zeit eine Employer Value Proposition mit klar formulierten Werten und Leitgedanken. Sie sind bis ins Detail mit der Unternehmensmarke und den Markenwerten abgeglichen und beruhen auf erlebbaren Benefits für Mitarbeiter. Was jedoch nicht gelingt: nachvollziehbare Belege für die Arbeitgeberattraktivität bei Bewerbern zu platzieren. Ein wesentlicher Grund dafür ist, dass innerhalb des Unternehmens sowohl Führungskräfte als auch Mitarbeiter nur über mangelnde, widersprüchliche und nur auf eigene Erfahrungen bezogene Kenntnisse des Profils als Arbeitgeber verfügen. Verschärft wird die Situation durch bestenfalls mittelmäßige Zufriedenheit mit zentralen Kernaspekten der Arbeitgeberattraktivität bei Führungskräften und Mitarbeitern.

Die Lösung fanden die Verantwortlichen, als sie die definierten Werte, abgeleitet von Markenwerten und Employer Value Proposition, freier und alltagstauglicher formulierten. Danach wurden für alle Werte Verknüpfungen und Beweise im Unternehmensalltag gesucht. Diese Vorgehensweise, abstrakte Bezeichnungen inhaltlich und beispielhaft mit Leben zu erfüllen und handfeste, nachvollziehbare Beweise im Unternehmensalltag für die Umsetzung der Werte aufzuzeigen, führte zu Verständnis und Akzeptanz. Bei den Mitarbeiterbewertungen kam es dadurch zu besseren Platzierungen in den Hitlisten; bei externen Zielgruppen stehen die Erfolge noch aus.

---

[72] trendence Institut GmbH (2015).
[73] Reif, Marcus K. (2015): Blog Employer-Branding. http://www.reif.org/blog.

10.7 Von innen nach außen

In einer geradezu klassischen Ausgangssituation befand sich 2011 ein deutscher Mittelständler mit ca. 5.000 Mitarbeitern weltweit, Technologie- und Marktführer in seiner Marktnische: Trotz gut eingeführter Produktmarken mit hoher Bekanntheit in der relevanten Kundenschar, erreichte das Unternehmen selbst nur einen geringen Bekanntheitsgrad, sogar in der Heimatregion. Entsprechend schwierig war es, qualifizierte Fachkräfte, vor allem Techniker und Ingenieure, zu gewinnen und an das Unternehmen zu binden.

Schnell war klar, dass die Entwicklung einer Arbeitgebermarke Ausgangspunkt einer breiten Öffentlichkeitsoffensive sein sollte. Federführend übernahm die Personalabteilung diese Aufgabe. In einem als wichtig erkannten ganzheitlichen Markenmanagement arbeitete sie in der Anfangsphase mit Marketing- und Kommunikationsabteilungen sowie der Unternehmensleitung zusammen. Geplant wurde ein Drei-Phasen-Prozess:

1. Analyse des Ist-Zustands und Formulierung einer Employer Value Proposition,
2. Konzeption von Maßnahmen und begleitender Kommunikation sowie
3. die konsequente Umsetzung dieser Vorhaben.

10.7.1 Analyse des Ist-Zustands

In der Analyse wurden die Stärken und Schwächen als Arbeitgeber untersucht und die Wunschwahrnehmung als Arbeitgeber herausgearbeitet. Zielgruppen wurden definiert, deren Erwartungen und ihre derzeitige Wahrnehmung des Unternehmens eruiert. Außerdem wurde der Wettbewerb unter die Lupe genommen: Wie positionieren sich Konkurrenten als Arbeitgeber, wie werden sie in den Zielgruppen wahrgenommen und wie kann eine positive Differenzierung zu ihnen aussehen? Die Vorgehensweise umfasste neben Schreibtischarbeit vor allem eine Serie von Interviews und Workshops mit ganz unterschiedlichen Beteiligten aus dem Unternehmen und Externen.[74]

---

[74] Fischer, Ariana/Kaup, Anja/Wagner, Matthias (2013).

10.7.2 Konzeption von Maßnahmen

Nach der Festlegung der Arbeitgeberidentität und der Definition der zentralen für die Arbeitgebermarke zu kommunizierenden Werte folgte die Konzeption von Maßnahmen. Dabei war rasch klar, dass dafür in großen Teilen auf die Aktivitäten in Personalmarketing, Personalentwicklung und Organisation aufgesetzt werden konnte. Zumindest, was die Kommunikation nach außen betrifft. Überraschend war allerdings die Erkenntnis, dass die Aufgabenstellung in das Unternehmen hinein sehr viel schwieriger sein würde. Es gab tatsächlich zu dieser Zeit keine strategische, geplante oder institutionalisierte interne Kommunikation. Völlig klar war aber den Verantwortlichen, dass die Bemühungen um eine neue erfolgreiche Positionierung als Arbeitgeber nur dann von Erfolg gekrönt sein würden, wenn die eigenen Leute in den Prozess eingebunden würden und hinter den Behauptungen stünden. Für ihre Botschafterrolle brauchen Mitarbeiter Information und Motivation. Deswegen galt es, die Arbeitgeberidentität mit Leben zu erfüllen und für alle nachvollziehbar und erlebbar zu machen.

Während die neuen definierten Werte in einer Basisidee für die Vermarktung mündeten und Karriere-Website, Plakate, Personalimage- und Stellenanzeigen vorbereitet wurden, entstand gleichzeitig ein Strauß von Kommunikationsinstrumenten für die interne Kommunikation:

- elektronisches Mitarbeitermagazin,
- Wandzeitung,
- Frühstück mit der Geschäftsleitung,
- Vorschlagswesen,
- internes soziales Netzwerk.

Wegen der dezentralen Struktur des Unternehmens und der Verteilung der Mitarbeiter über nahezu alle Erdteile war die äußere Form für ein periodisches Medium rasch gefunden: ein elektronisches Magazin in den Sprachen Deutsch und Englisch mit 20 bis 30 Seiten Umfang und quartalsweisem Erscheinen. Angepasst an unterschiedliche Bildschirme funktioniert es auf Tischrechnern ebenso wie auf Tabletcomputern. Verteilt wird es über das Intranet oder per E-Mail. Die Inhalte erzählen von Kollegen, Teams und ihren Arbeitsplätzen, von internationalen Standorten, von Strategien und Vorhaben, von Hintergründen und fachlichen Firmenthemen ebenso wie von Persönlichem und Kulturellem. Mit denselben Inhalten wird zeitgleich eine Wandzeitung produziert. Sie wird in den Fertigungs- und Montagehallen an geeigneten Stellen aufgehängt. Sie erreicht so auch die Mitarbeiter ohne eigenen PC-Zugang.

Der direkte Dialog als effizientes Mittel für Information, Offenheit und Vertrauen wurde während der Analysephase als Wunsch und Anspruch der Mitarbeiter identifiziert. Als sehr wirkungsvoll hat sich mittlerweile ein Mitarbeiterfrühstück erwiesen. Mitglieder der Geschäftsführung laden in regelmäßigen Abständen an unterschiedlichen Standorten weltweit eine kleine Gruppe von Kollegen zum Austausch ein. Jeder Mitarbeiter kann am Frühstück teilnehmen und muss sich dazu im Vorfeld anmelden, ggf. wird die Teilnahme unter den Interessenten verlost. Sehr rasch haben sich diese Frühstücksrunden in der Praxis bewährt und etabliert. Management und Mitarbeiter rücken damit enger zusammen; Transparenz, Offenheit, Vertrauen und Diskussionsfähigkeit haben dadurch einen großen Schub erfahren.

Eine ähnliche Wirkung auf Diskussionsfähigkeit, Vernetzung und weltweite, teamübergreifende Zusammenarbeit hat ein soziales Intranet. Nach einer etwa einjährigen Pilotphase stand dieses Instrument allen Beschäftigten zur Verfügung. Davor hatte es eine erste Orientierungsphase für ein Kernteam aus Vertretern unterschiedlicher Unternehmensbereiche gegeben. Hierbei ging es vor allem um das Testen technischer Optionen sowie von Plattformstrukturen und -inhalten. Danach erprobten etwa 100 weitere Mitarbeiter rund um den Erdball die Plattform. Sie lieferten den Input für eine detaillierte Evaluation, die als Grundlage für die Feinkonzeption und Programmierung diente. Daraufhin wurde die Plattform unternehmensweit zugänglich gemacht.

Diese fein aufeinander abgestimmten Maßnahmen für die interne Kommunikation gehen in ihrer Zielsetzung und ihren Aufgaben natürlich weit über die Notwendigkeiten für den Erfolg der Employer-Reputation-Kampagne hinaus. In ihrer ersten Phase waren sie allerdings unerlässlich und notwendige Voraussetzung für den Start der nach außen gewandten Kampagne mit Karriereportal, Plakaten und Anzeigen.

In diesem Beispiel wird deutlich, wie eng der Aspekt Reputation mit dem Informationsstand und der Identifikation von Mitarbeitern zusammenhängt. Damit wird auch die enorme Bedeutung der internen Kommunikation für den Erfolg jeglicher Markenpositionierung von Unternehmen offensichtlich.

10.8 Corporate Publishing und Content Marketing

Die Mitarbeiter eines Unternehmens sind die erste und wichtigste Zielgruppe, wenn es gilt, für den guten Ruf des Unternehmens zu werben. Um ihnen die Unternehmenswerte glaubwürdig, authentisch und überzeugend zu vermitteln, können die in der internen Kommunikation bewährten Instrumente des Corporate

Publishing erfolgreich genutzt werden. Dabei verstehe ich Corporate Publishing als umfassende, medienunabhängige Kommunikationslösung. Darunter fällt sämtliche Kommunikation eines Unternehmens über eigene (institutionalisierte) Kanäle (Corporate Media, „Owned Media"). In der Verzahnung von neuen und klassischen Corporate-Publishing-Medien, etwa gedruckten oder elektronischen Periodika für bestimmte Zielgruppen, entsteht die kommunikative Basis für erfolgreiches Reputationsmanagement.

Passend ist auch, dass sich Corporate Publishing ja längst nicht mehr auf Print beschränkt. Denn das würde in der heutigen Medienwelt nicht funktionieren. Ob soziale Medien oder elektronische Publikationen: Auch die interne Kommunikation muss sich selbstverständlich dorthin bewegen, wo ihre Zielgruppe sich medial aufhält. Aber mit dem Konzept des Content Marketing — bestehend aus strategischer Themenplanung, intelligenter Vernetzung unterschiedlichster Medien, zielgruppengerecht aufbereiteten Botschaften und der medialen Orchestrierung von Kommunikationszielen — verfügen wir über das Instrumentarium, um diese kommunikativen Aufgaben zu lösen.

Unternehmenseigene Medien helfen dabei, Mitarbeiter zu Botschaftern zu machen, die den guten Ruf des Unternehmens in die Welt tragen. Voraussetzung für ihren Erfolg ist die perfekte Verzahnung von Inhalten und Kanälen. Kaskadierung und Orchestrierung dürfen keine Schlagworte bleiben. Sorgen Sie mit den Methoden des Content Marketing für inhaltliche Abstimmung und zeitliche Abfolge, die Kongruenz von Botschaften intern wie extern und die Übereinstimmung von direkter persönlicher Kommunikation und von institutionalisierter mediengestützter Kommunikation. Dann werden Sie Ihre Mitarbeiter mitnehmen. Dann wird Employer Reputation erfolgreich gelingen.

11 Der gute Ruf im Social Web

Autoren: *Prof. Dr.-Ing. Manfred Leisenberg* und *Prof. Dr. Walter Niemeier*

Arbeitgeberbewertungsportale wie kununu oder meinChef.de tragen heutzutage entscheidend zum Ruf eines Unternehmens bei. Sind die Bewertungen dort schlecht, kann das zu Problemen beim Recruiting von Mitarbeitern führen und sich über kurz oder lang schädlich auf die Employer Reputation auswirken. Der Beitrag zeigt, wie Unternehmen ihre Präsenz im Social Web in drei Schritten optimieren können. Er stellt die in der Praxis maßgeblichen Arbeitgeberbewertungsportale vor und vergleicht sie miteinander. Zum Schluss setzt er sich mit den Risiken und Chancen auseinander, die Bewertungsportale insbesondere für kleine und mittelständische Unternehmen mit sich bringen.

11.1 Social Media als Chance für den Mittelstand

Der bereits heute spürbare und in den kommenden Jahren wegen der zu erwartenden soziodemografischen Entwicklungen weiter voranschreitende Fachkräftemangel stellt Unternehmen vor große Herausforderungen. Er bremst deren Wachstumsmöglichkeiten und beeinträchtigt ihre Innovationsfähigkeit. Insbesondere für mittelständische Unternehmen wird es schwierig, sich im Wettbewerb um die besten Mitarbeiter zu behaupten. Damit ist sowohl die Gewinnung von Mitarbeitern als auch die Bindung im Unternehmen gemeint. Begründet ist diese Situation häufig auf die mangelnde Wahrnehmung, Bekanntheit und Präsenz mittelständischer Unternehmen in der Öffentlichkeit. Oftmals sind sie nur einem kleinen Kreis von potenziellen Bewerbern am Arbeitsmarkt als sog. Hidden Champions bekannt.

> *Gute Mitarbeiter sind der Schlüssel zum Erfolg. Deshalb ist es für Mittelständler ein zentrales Thema, Leistungsträger zu finden und zu binden. Wenn wir heute nicht den Kampf um die besten Köpfe führen, haben wir schon verloren.*
> *Hans-Dieter Tenhaef, Chef des Mittelständlers MIT*
> *(Moderne IndustrieTechnik GmbH) aus Vlotho in Ostwestfalen*

Besonders die mittelständischen Unternehmen stehen vor großen Herausforderungen. Sie konkurrieren auf dem enger werdenden Arbeitsmarkt mit dem direkten Wettbewerber und müssen sich zusätzlich gegenüber großen Unternehmen behaupten.

Der gute Ruf im Social Web

Gerade deshalb besteht für Mittelständler eine große Chance darin, durch den Aufbau, die Pflege und die Verbreitung einer eigenen, unverwechselbaren Arbeitgebermarke in der Öffentlichkeit als besonders attraktiver Arbeitgeber in Erscheinung zu treten und potenzielle Bewerber für einen Job, der demnächst besetzt werden soll, zu interessieren. Mit einer solchen Marke, die auch Employer Brand genannt wird, können sich Unternehmen mit all ihren einzigartigen, besonders hervorhebenswerten und hoffentlich bei den potenziellen Bewerbern begehrten Eigenschaften am Arbeitsmarkt positionieren. Zudem wirkt eine starke Arbeitgebermarke auch nach innen, um die vorhandenen Mitarbeiter nachhaltig zu binden. Employer Brands werden charakterisiert durch subjektiv relevante, personalpolitische Attraktivitätsmerkmale, wie z.B. eine offene und kommunikative Unternehmenskultur, nette Kollegen, ein freundliches Management, Weiterbildungsmöglichkeiten oder eine ausgeglichene Work-Life-Balance. Doch eine Arbeitgebermarke allein ist heute nicht mehr ausreichend. Sie muss verknüpft werden mit der Firmenmarke (Corporate Brand) und der Produktmarke. Um einem potenziellen Missverständnis vorzubeugen, sei hier angemerkt, dass es bei der Markenbildung nicht darum geht, nur ein Image aufzubauen. Es muss darum gehen, die Marke zu leben, sowohl in der Außenwirkung, besonders aber in der Innenwirkung. Damit erweitert sich der Anspruch des Employer Branding hin zur Employer Reputation, die u.a. auch Werte und Unternehmenskultur einbezieht.

Die Arbeitgebermarke muss ergänzt werden durch weitere Aspekte, um dauerhaft gute Chancen auf dem internen und externen Arbeitsmarkt zu haben. Durch eine Unternehmenskultur, die Wertewandel, Individualisierung, Diversity, Internationalität oder Change-Prozesse in einen Gesamtkontext einbindet, muss das Employer Brand erweitert werden zum Employer Reputation Management. Die trendence Absolventen-Studie 2015[75] sieht bei den Studierenden der Wirtschafts- und der Ingenieurwissenschaften die großen Unternehmen auf den ersten Plätzen der interessanten Arbeitgeber. Hier zeigt sich, wie wichtig Produkt- und Unternehmensmarke sind. Aber: Die Anforderungen der Bewerber an Arbeitgeber haben sich gewandelt; und genau hier ist eine große Chance für Mittelständler auszumachen. An erster Stelle für die Berufseinsteiger steht nicht mehr die Bezahlung. Studien zeigen, dass für junge Bewerber der Wertekanon eine erhebliche Rolle spielt. Dieser Mix verschiedener Werte hat sich in den letzten Jahrzehnten weg von den Pflicht- und Akzeptanzwerten hin zur Sinnorientierung gewandelt. Die junge Generation ist mit den alten Werten nicht zu gewinnen. Das belegt die Absolventen-Studie 2009/2010 von Kienbaum. Die wichtigsten Werte und Ziele im Leben der befragten Absolventen sind immaterieller Art: Familie und Freunde haben in ihrem Leben höchste Priorität, dicht gefolgt von Selbstverwirklichung (50 %) und Gesundheit

---

[75] www.trendence.com/unternehmen/rankings/germany.html (Zugriff am 06.07.2015).

(46 %). Erfolg und Karriere liegen mit 45 % erst auf Platz 4 der Lebensprioritäten. Die Ergebnisse der Student Survey 2014[76] korrelieren mit diesen Werten. Sie zeigen, dass die Studierenden eine ausgeprägte Werteorientierung haben und ihnen soziale Kontakte sehr wichtig sind. So gibt die Mehrheit an, dass ihnen Familie und Freunde im Leben am wichtigsten sind; danach folgen Selbstverwirklichung und Gesundheit. Materielle Dinge nehmen einen deutlich geringeren Stellenwert ein: Genuss und Konsum sowie Reichtum bilden das Schlusslicht der erstrebenswerten Ziele und Werte. Nach der Studie Student Survey sind die wichtigsten Aspekte bei der Wahl eines Arbeitgebers das Arbeits- und Betriebsklima, eine sinnstiftende Arbeit und Work-Life-Balance. Für mehr als die Hälfte der Befragten ist das Thema Vereinbarkeit von Beruf und Familie sehr wichtig. Einen Überblick über die Top 10 der Anforderungen an ihren zukünftigen Arbeitgeber gibt die folgende Abbildung.

Aspekte bei der Wahl eines Arbeitgebers (Student Survey 2014)	
Arbeits- und Betriebsklima	70 %
Sinnstiftende Arbeit	60 %
Work-Life-Balance	50 %
Aufstiegschancen	48 %
Weiterbildungsmöglichkeit	40 %
Flexible Arbeitszeiten	39 %
Familienfreundlichkeit	38 %
Gehalt	37 %
Sicherheit des Arbeitsplatzes	36 %
Internationale Karrierechancen	28 %

Mehrfachantworten waren möglich

Quelle: www.agenturohnenamen.de/fileadmin/templates/images/Downloads/Student_Survey_2014.pdf

Die Frage nach der Relevanz der Vereinbarkeit von Familie und Beruf wurde von der Generation Y eindeutig beantwortet, für 92 % der Befragten ist das Thema sehr wichtig bzw. wichtig.

---

[76] www.agenturohnenamen.de/fileadmin/templates/images/Downloads/Student_Survey_2014.pdf (Zugriff am 06.07.2015).

Wichtigkeit der Vereinbarkeit von Familie und Beruf (Student Survey 2014)	
Sehr wichtig	56 %
Wichtig	36 %
Weniger wichtig	8 %

Quelle: www.agenturohnenamen.de/fileadmin/templates/images/Downloads/Student_Survey_2014.pdf

Die Ausrichtung nach innen und nach außen in der Entwicklung als Marke löst die enge Fokussierung auf das Employer Branding durch das Modell der Employer Reputation ab. Dennoch ist die Markenbildung weiterhin ein wichtiger Aspekt der Employer Reputation. Ein weiterer wichtiger Aspekt ist die Dauerhaftigkeit der Employer Reputation in zeitlicher und inhaltlicher Dimension. Nur so kann eine Kongruenz zwischen Unternehmenskultur, Werten und Arbeitgebermarke hergestellt werden.

Nachdem eine attraktive Arbeitgebermarke eingeführt und in die Employer Reputation eingebunden wurde, muss es möglichst zielgenau bei den richtigen potenziellen Bewerbern bekannt gemacht werden. Um dieses Ziel zu erreichen, ist gegenwärtig das Web 2.0, weil es die profilbasierte Direktansprache mit Feedbackmöglichkeit und nachfolgender Kontaktaufnahme ermöglicht, das Mittel der Wahl.[77] Zudem ist die Nutzung dieses Kanals vergleichsweise kostengünstig. Und schließlich kann man davon ausgehen, dass seine Nutzung als eine Bestätigung und Verstärkung der Kompetenzvermutung bezüglich des betreffenden Unternehmens verstanden wird. Für diese Web-2.0-Kommunikation sind die bekannten Social-Media-Werkzeuge, wie Blogs, Wikis, oder die sozialen Netze geeignet. Deren Kombination mit den neuen Möglichkeiten der mobilen Kommunikation über Smartphones und Tablets bietet zusätzliche Vorteile: z.B. die Auswertung des Aufenthaltsortes des Bewerbers, um Jobs in der Nähe anzuzeigen oder auch dessen sofortige Bewerbung vom Mobiltelefon aus.

Die genannten Tools werden erfolgreich als Instrumente der vernetzten Kommunikation und als Beschleuniger für die Verbreitung von Unternehmensinhalten im mittelständischen Unternehmen eingesetzt. Sie können als Bestandteil der Social Media Reputation der Auffindung von geeignetem und der Bindung von vorhandenem Personal sowie der Platzierung einer attraktiven Arbeitgebermarke dienen. Zu den bereits erprobten Einzelmaßnahmen erfolgreicher mittelständischer Social-Media-Rekrutierungsstrategien zählen z.B. der Einsatz von Business-Netzwerken oder der von Arbeitgeberbewertungsportalen: Nach einer kürzlich weltweit durchgeführten Befragung

---

[77] Leisenberg, Manfred/Braunert, Nina (2014).

nennen 37 % von ihnen Business-Netzwerke, wie XING oder LinkedIn, als wertvollste Ressource für die Akquisition qualifizierter Mitarbeiter.[78] Die Verbreitung von individuellen und Unternehmensprofilen zählt dabei zu den wichtigsten Funktionen von XING & Co. Für das Personalmarketing ergeben sich daraus Möglichkeiten, Zielgruppenkontakte zu finden und zu pflegen, die Verbreitung der Arbeitgebermarke und die aktive Personalsuche sehr genau zu betreiben, offene Stellen direkt anzubieten und über fachlich orientierte Diskussionsgruppen besondere Kompetenzen zu demonstrieren.

11.2 Social Media Optimisation (SMO) im Kontext von Employer Reputation, Recruiting und Employer Branding

Für Unternehmen bedeutet Social Media vor allem Authentizität und Transparenz nach außen und innen durch Inhalte, welche die Nutzer, Kunden oder Mitarbeiter selbst erzeugen. Im Gesamtprozess der Social Media Employer Reputation werden diese besonderen Eigenschaften und Möglichkeiten dazu genutzt, den Arbeitgeber einerseits auf dem Markt als attraktiven Anbieter mit positivem Image zu positionieren und andererseits seine Mitarbeiter über ein Cultural Fit (Werte, Kultur, Kommunikation) auf der emotionalen Ebene nachhaltig über eine Identifikation an ihn zu binden.

Letztlich geht es dabei um ein zielorientiertes Social Media Reputationsmanagement, welches im Kern die Social Media Optimisation (SMO) einsetzt. Sie hat sich seit einiger Zeit als effizienter und zielführender Ansatz für Strategien, Instrumente und Maßnahmen etabliert, die es Unternehmen ermöglichen, authentischer Teil der Kommunikation am Zielmarkt, hier dem internen und externen Arbeitsmarkt, zu werden. Die SMO hat ihre Wurzeln im viralen Marketing. Dem Optimierungsziel, möglichst viele, im Sinne des Unternehmens positiv besetzte Online-Kontakte mit definierter Wirkung nach innen und außen bei minimalen Kosten zu knüpfen, dienen drei in einer Schleife wiederholt zu durchlaufende Einzelschritte:

1. Zunächst geht es darum, dass das betreffende Unternehmen mit seiner Kommunikation Teil der Online-Community am Zielmarkt, hier dem Arbeitsmarkt, wird.
2. Der zweite Schritt zielt auf die Verbindung betrieblicher Kommunikations- und Marketingstrategien mit spezifischen Social Media Werkzeugen, wie Blogs, Wikis, Community Portalen, oder sozialen Netzen.

---

[78] http://www.haufe.de/personal/hr-management/recruiting-online-netzwerke-laufen-den-jobboersen-den-rang-ab_80_191902.html.

Der gute Ruf im Social Web

3. Im finalen dritten Schritt werden die Optimierungsergebnisse aus den Schritten 1 und 2 anhand der Zielerreichung geprüft, entsprechende an erreichte Ergebnisse angepasste Reaktionen ausgelöst, und es wird, im Sinne einer Rückkopplung, iterativ wieder zum Schritt 1 gesprungen, um die SMO-Schleife erneut zu durchlaufen.[79]

```
1  Teil der Community werden
2  Community integrieren
3  Erfolgskontrolle
```

Abb. 1: Schleife der Social Media Optimisation

Arbeitgeberbewertungsportale (ABP), auf denen der Fokus des folgenden Kapitels liegt, sind Social Media Werkzeuge. Neben anderen Web-2.0-Tools unterstützen sie im Prozess der SMO das Social Media Recruiting sowie das Employer Branding 2.0 auf der Ebene des Social Media Reputationsmanagements. Ihre allgemeinen Grundfunktionen bestehen darin, dass sie

1. es Unternehmen ermöglichen, sich nach deren spezifischer Kommunikationsstrategie auf der Basis ihrer Arbeitgebermarke nach außen und innen zu präsentieren, zu positionieren und auf Bewertungen durch Mitarbeiter und Bewerber spezifisch zu reagieren,

---

[79] Leisenberg, Manfred/Roebers, Frank (2010).

11 SMO im Kontext von Employer Reputation, Recruiting und Employer Branding

2. es Mitarbeitern gestatten, das Unternehmen öffentlich zu bewerten — und zwar ohne Preisgabe des eigenen Namens,
3. Bewerbern dazu verhelfen, sich authentisch über das Unternehmen zu informieren und unter Umständen den Bewerbungsprozess allen anderen Nutzern zugänglich zu bewerten.

Die ABP übernehmen mit diesen Grundfunktionen die Lösung spezifischer SMO-Aufgaben, die bei der Einzelbetrachtung folgender Schritte deutlich werden.

11.2.1 SMO-Schritt 1: Teil der Recruiting-Community am Arbeitsmarkt werden

Der erste Optimierungsschritt zielt darauf, nachhaltig Präsenz in den Recruiting-Communitys zu erlangen und sie mit unternehmensspezifischen Themen positiv zu besetzen. Unternehmen können sich in diesem Schritt in den ABP z.B. mit Arbeitgeberprofilen präsentieren und damit Bestandteil der speziellen Community werden. Individuelle Nutzer wie Mitarbeiter, Interessenten oder Bewerber werden durch Anmeldung und Nutzung der Bewertungsfunktionen zu Community-Mitgliedern.

Das Missverhältnis zwischen Inhaltsproduzenten und Konsumenten, welches gerade für die individuellen ABP-Nutzer offensichtlich ist, wird häufig auch als 100-10-1 Regel bezeichnet. Sie besagt in Abwandlung des Pareto-Effektes, dass von 100 Personen, die online sind, eine Person den Inhalt erstellt, 10 vielleicht per Kommentar etwas zum Ausgangsinhalt beitragen und der große Rest lediglich konsumiert. Genau diese so menschliche Verhaltensweise gilt es auszunutzen. Derjenige ABP-Nutzer, der selbst Inhalte oder Bewertungen einstellt, ist ein Multiplikator mit erhöhter Medienmacht und hat Einfluss auf die Erreichung des unternehmensseitigen Optimierungszieles. Dies gilt umso mehr, wenn dieser aktive Nutzer ein Mitarbeiter ist und sich positiv zum Unternehmen äußert. Durch Entwicklung zielgruppenspezifisch interessanter Inhalte zu Unternehmen und Bewerbungsprozess sowie deren Distribution in den vernetzten Strukturen der ABP und damit verlinkter anderer Social-Media-Werkzeuge, wie vielleicht den Business-Netzwerken LinkedIn oder XING, erfolgt dieser erste Schritt. Natürlich ist besonders in dieser ersten Phase der Inhalt der „König": Nur erstklassige Beiträge auf der Basis der Exzellenz der dahinter liegenden realen Unternehmensprozesse können sich hier durchsetzen. „Unternehmenssprech" und „Personalerdenglisch" schaden hingegen der Erreichung des Zieles.

11.2.2 SMO-Schritt 2: Recruiting-Community effektiv in Kommunikation und Employer Reputation integrieren

Wohlwollende, engagierte Mitarbeiter, potenzielle Bewerber oder Interessenten sollten in die jeweilige kommunikative Unternehmensstrategie zur Personalakquisition und zur Entwicklung der Employer Reputation als Unterstützer einbezogen werden. In diesem zweiten SMO-Optimierungsschritt ist das ausführbar. Die Identifikation und Förderung von Personen, die das betreffende Unternehmen in den ABP, aber auch unter Nutzung anderer Social-Media-Werkzeuge positiv erwähnen oder bewerten, ist dabei besonders wichtig. Es kommt darauf an, die in den ABP-Communitys besonders einflussreichen Meinungsmacher und Multiplikatoren herauszufinden. Danach sollten sie nach Möglichkeit von den spezifischen Kommunikationszielen der Personalakquise des Unternehmens überzeugt werden. Gelingt dies, kann das Unternehmen sie oftmals unterstützend einsetzen. Die Verbreitung der Botschaft übernimmt dann ein soziales System, das diese Nutzer selbst geschaffen haben und dem sie natürlich vertrauen. Das ist virales Personalmarketing im Cyberspace! Wenn man sich den Einfluss der Meinungsmacher und Multiplikatoren für die Meinungsbildung in wichtigen Communitys, nicht nur in den ABP, zunutze machen kann, dann hat man viel gewonnen. Dabei geht es insbesondere darum, diejenigen Meinungsmacher zu erkennen und zu fördern, die das eigene Unternehmen im Kontext des Recruitingprozesses positiv darstellen. Indem man sie unterstützt, kann man ihre Motivation noch stärken. Dabei ist allerdings Vorsicht geboten. Es ist besonders wichtig, bei der Incentivierung zurückhaltend und transparent vorzugehen. Eine „Belohnung" für positive Bewertungen und Berichterstattungen sollte selbstverständlich niemals finanziell oder in anderer Hinsicht materiell sein. Geeignet ist, ohne die Authentizität oder die Autorität des Meinungsmachers bzw. Schreibers anzutasten, das Setzen von Links auf dessen Beitragsadresse. Daraus ergibt sich häufig eine typische Win-win-Situation, weil einerseits das betreffende Unternehmen durch die positive Bewertung gewinnt. Andererseits kann sich für den Verfasser die Online-Reputation verbessern, vorausgesetzt, dass das bewertete Unternehmen generell eine positive Reputation besitzt. Auch daher ist es empfehlenswert, vor der Verlinkung den Meinungsmacher um Einverständnis zu bitten. Denn sicher möchte kein ABP-Nutzer mit seinem Link auf dem Portal eines Unternehmens mit schlechtem Leumund erscheinen.

Sehr stark zielführend ist es zudem, auf dieser SMO-Stufe die Mitarbeiter aufzufordern, das eigene Unternehmen im ABP zu bewerten. Damit wird man im Erfolgsfall auch diejenigen Mitarbeiter zu einer Bewertung motivieren, die das Unternehmen positiv einschätzen. Wenn die Mitarbeiter über Social Media Guidelines und Weiterbildungen zum Social Media Marketing über die Bedeutung ihrer Bewertung informiert worden sind, werden sie sicher für ihr eigenes Unternehmen gern zum Meinungsmacher und Multiplikator.

SMO im Kontext von Employer Reputation, Recruiting und Employer Branding

11.2.3 SMO-Schritt 3: Erfolgskontrolle

Der finale dritte Optimierungsschritt zielt darauf ab, die durch die ersten beiden Teilmaßnahmen erreichten Ergebnisse festzustellen, zu konsolidieren, zu verfolgen und adäquat darauf zu reagieren. Um den erzielten Erfolg zu beurteilen, ist eine qualitative und quantitative Überprüfung notwendig. Mit der dritten Maßnahme werden daher die Wirkungen der Schritte 1 und 2 gemessen. Wenn die erzielten Employer-Reputation-Resultate nicht den angepeilten Kommunikationszielen entsprechen, muss iterativ der nächste Optimierungslauf wieder bei Schritt 1, diesmal aber mit veränderten Parametern, beginnen. SMO-Schritt 3 dient als technische Maßnahme das Social Media Monitoring, das hier nicht weiter vertieft werden kann. Bemerkenswert ist in diesem Kontext jedoch die Doppelfunktion der ABP:

Diese Community-Portale sind einerseits nach ihrem Einsatz in den ersten beiden SMO-Schritten Gegenstand eines adäquaten Social Media Monitorings.[80] Aus der großen Palette der für diesen Zweck einsetzbaren Web-2.0-Werkzeuge sei namentlich auf den Lookout-Dashboard verwiesen. Die Besonderheit dieser technischen Lösung besteht u.a. darin, dass sie sowohl ABP als auch Businessplattformen wie XING in die Auswertung integrieren kann und bei der regel- und lernbasierten Auswertung der Tonalität von Inhalten auf deutschsprachige Inhalte optimiert ist.[81]

Andererseits können und sollten die ABP selbst als Monitoring-Werkzeuge im Web-2.0-Personalmarketing betrachtet und als solche auch praktisch eingesetzt werden. Im Zusammenhang mit den bereits genannten beiden Bewertungsfunktionen für Mitarbeiter und Bewerber liefern sie an das Unternehmen ein schnelles und direktes Feedback der Zielgruppe zu Ergebnis und Erfolg der vorausgegangen komplexen Online- und Offline-Maßnahmen zu Personalmarketing und Employer Reputation. Aufgrund der hohen Authentizität und Transparenz ist der Wert dieser Feedback-Informationen gar nicht hoch genug einzuschätzen. Durch die verantwortungsvolle und selbstkritische Auswertung der Bewertungen, welche die Zielgruppe über die ABP liefert, wird das Unternehmen in die Lage versetzt, Stärken und Schwächen in den eigenen Prozessen zu erkennen und Verbesserungspotenzial zu identifizieren. Die kluge Auswertung dieser Informationen kann unmittelbar zu mehr Erfolg, insbesondere bei der Entwicklung der betrieblichen Arbeits- und Managementkultur, führen. Zudem löst das Arbeitnehmer- und Bewerber-Feedback einen evolutionären Auswahlprozess aus.[82] Nur Unternehmen, deren bewertetes Image in diesen Portalen überwiegend positiv dargestellt ist, werden unter

---

[80] Leisenberg, Manfred/Schweifel, Anna (2012).
[81] www.vico-research.com/produkte-services/monitoring/lookout/
[82] Leisenberg, Manfred/Roebers, Frank (2010).

den zukünftigen Bedingungen eines veränderten Arbeitsmarktes überhaupt noch eine Chance haben, qualifiziertes Personal an sich zu binden.

11.3 Arbeitgeberbewertungsportale – Chancen und Risiken für die mittelständische Praxis

Arbeitgeberbewertungsportale (ABP) bieten, wie wir in den vorherigen Abschnitten gezeigt haben, eine interessante Ergänzung des Social-Media-Werkzeugkastens. Sind sie aber im Umfeld der Employer Reputation hauptsächlich ein Ärgernis oder bieten sie neue Chancen und Möglichkeiten? Einerseits können sie der Darstellung von persönlichen Arbeitserfahrungen der Mitarbeiter dienen. Andererseits erhalten Unternehmen damit auch die Möglichkeit, die Sorgen und Probleme ihrer Mitarbeiter zu verstehen und gleichzeitig Reputationsmanagement in eigener Sache und den Aufbau einer Arbeitgebermarke zu betreiben. Dies ist insbesondere vor dem Hintergrund der zunehmenden Engpässe bei der Beschaffung von Fach- und Führungskräften bedeutungsvoll.[83]

11.3.1 Arbeitgeberbewertungsportal-Funktionsbereiche

Zur Bewertung von Arbeitgebern durch deren Mitarbeiter und Bewerber, aber auch zum Personalmarketing und für den Aufbau von Arbeitgebermarken für Unternehmen stehen den Nutzern im deutschsprachigen Raum eine Reihe von ABP zur Verfügung.[84] Kununu.com, meinChef.de, bizzwatch.de, arbeitgebercheck.at, jobvoting.de oder meinpraktikum.de sind nur einige von ihnen. Das Motto dieser Portale ist u.a.: „Wir zeigen Ihnen die besten Chefs und Arbeitgeber", oder: „Sie möchten bei den Besten arbeiten".

Während die Portale bei den Usern der Zielgruppe recht beliebt sind[85], ist der Grad der Nutzung von derartigen Portalen durch Unternehmen durchaus unterschiedlich und sicher ausbaufähig. Eine ADP-Studie belegt, dass von 87 befragten Unternehmen weniger als 10 % die Daten aus den ABP tatsächlich auswerten bzw. sie für ihr Personalmarketing einsetzen. Eine Aufschlüsselung nach Branchen macht deut-

---

[83] Leisenberg, Manfred (2015).
[84] Leisenberg, Manfred/Braunert, Nina (2014).
[85] Lange, Antonia (2013).

lich, dass die Finanz- und Versicherungsbranche, gefolgt von Handel und Dienstleistung, bei der Nutzung dieser Portale vorn liegt.[86]

Nachdem im vorausgegangenen Abschnitt die allgemeinen Grundfunktionen der ABP beschrieben und deren Einordnung in die SMO vorgenommen wurde, werden nunmehr ihre spezifischen Funktionen in den Bereichen „Bewertung" und „Unternehmensprofil" erläutert und danach anhand wichtiger Beispielportale vergleichend betrachtet.

11.3.1.1 Funktionsbereich „Bewertung"

Zielgruppen in diesem Funktionsbereich sind Mitarbeiter einschließlich Auszubildender sowie Bewerber. Die Bewertungskriterien, die den Nutzern der Portale zur Beurteilung von Arbeitgebern online zur Verfügung stehen, sollten sich idealerweise am Excellence-Modell der „European Foundation for Quality Management (EFQM)" orientieren. Denn damit wird im gegebenen Kontext eine möglichst ganzheitliche Sicht auf das Unternehmen ermöglicht.[87]

Das umfassende EFQM-Modell bezieht sich zunächst auf alle Führungsprozesse im Unternehmen. Zur standardisierenden Modellierung und Beurteilung von deren Qualität unterscheidet es dabei zwischen Befähiger- und Ergebniskriterien, die den Aufbau und die kontinuierliche Weiterentwicklung von umfassenden Managementsystemen unterstützen.

Betrachten wir zunächst die allgemeinen, mitarbeiterbezogenen Befähigerkriterien, die dem Excellence-Grundkonzept „Durch Mitarbeiterinnen und Mitarbeiter erfolgreich sein"[88] folgen.

Allgemeine, mitarbeiterbezogene EFQM-Befähigerkriterien sind

- Management und Wahrnehmung von Mitarbeiterressourcen,
- Anerkennung von Potenzialen und Leistungen der Mitarbeiter,
- Förderung des intellektuellen Kapitals,
- Beteiligung und Ermächtigung der Mitarbeiter,
- offene und transparente Kommunikation.

---

[86] Gora, Walter (2014).
[87] Moll, A./Kohler, G (2014).
[88] Gesellschaft für Qualität (2013).

Mit Blick auf diese fünf allgemeinen Befähigerkriterien lassen sich konkrete, inhaltliche Merkmale bzw. Kriterien für die Bewertung des Unternehmens durch die User formulieren: Sie werden in der Praxis häufig durch Werte auf einer Skala eingeschätzt und haben selbst Unterkriterien. Um ABP aus dem Web miteinander vergleichen zu können, wird ein Set von wichtigen Bewertungskriterien, der auf guten Portalen als Mindestanforderung angeboten werden sollte, zusammengestellt. Die im Folgenden gelisteten Bewertungskriterien wurden von den zuvor genannten mitarbeiterbezogenen Befähigerkriterien abgeleitet. Sie beinhalten häufig Unterkriterien, die hier allerdings nicht detailliert aufgezählt werden.

B1	Anzahl der Bewertungen gibt Auskunft darüber, wie viele Stichproben aus der Grundgesamtheit erreicht wurden und ob die Aussagen statistisch repräsentativ sind
B2	Arbeit einschließlich Atmosphäre, Wertschätzung, Unternehmenskultur, Auslastung, Jobsicherheit und Betreuung (im Praktikum)
B3	Kollegen und deren Zusammenhalt
B4	Vorgesetzte sowie deren Verhalten und Kompetenz
B5	Umgang mit älteren Kollegen
B6	Kommunikation und Image
B7	Materielle Bedingungen bei der Arbeit, einschließlich Ergonomie, Umwelt und Infrastruktur
B8	Work-Life-Balance und Unterstützung von Freizeitaktivitäten
B9	Gehalt einschließlich Sozialleistungen und freiwillige Zusatzleistungen

Die allgemeinen mitarbeiterbezogenen EFQM-Ergebniskriterien in Abgrenzung zu den oben dargestellten Befähigerkriterien sind:

- Fluktuation,
- Mitwirkung der Mitarbeiter,
- Karrieremöglichkeiten,
- Chancengleichheit.

Die Ableitung von praktischen vergleichbaren Ergebniskriterien für die ABP ergibt weitere Kriterien für die ABPs.

B10	Aufstiegschancen und deren transparente Kommunikation
B11	Fluktuation der Mitarbeiter
B12	Chancengleichheit für alle Mitarbeiter

B13	Mitwirkung im betrieblichen Verbesserungswesen
B14	Weiterbildung und Lernerfolg (im Praktikum)

Um schließlich weitere wichtige, auf die Nutzer-Funktion bezogene Eigenschaften von verschiedenen ABP miteinander vergleichen zu können, werden neben den Befähiger- und Ergebniskriterien noch die folgenden übergeordneten Merkmale berücksichtigt.[89]

B15	Suchfunktion nach Unternehmen, Branche, Region
B16	Ranking zur Darstellung von Ranglisten, die einen schnellen Überblick über die bewerteten Arbeitgeber ermöglichen
B17	Kommentarfunktion zur ergänzenden verbalen Bewertung
B18	Foren als Plattformen zum Austausch zwischen den bewertenden Mitarbeitern und den betreffenden Unternehmen
B19	Jobbörse mit Angeboten

Die Merkmale 15 - 19 werden auf ihre Existenz hin untersucht. Die für den Funktionsbereich „Bewertung" zusammengestellten Kriterien werden gemeinsam mit den nunmehr im nächsten Abschnitt zu entwickelnden Kriterien zur Einschätzung des Funktionsbereiches „Unternehmensprofil" für den dann folgenden Vergleich von ABP gebraucht.

11.3.1.2 Funktionsbereich „Unternehmensprofil"

Aus der geschäftlichen Perspektive des Portalbetreibers sind Unternehmen, die Fach- und Führungskräfte oder auch Praktikanten akquirieren und ihre Employer Reputation unterstützen lassen wollen, die Zielgruppe für diesen meist kostenpflichtigen Bereich. Schließlich basieren die ABP-Geschäftsmodelle häufig auf Umsätzen, die aus dem Verkauf von Webspace für Unternehmensprofile und portalbezogene Dienstleistungen resultieren. Funktionell richtet sich das „Unternehmensprofil" natürlich an die Bewerber und Mitarbeiter mit dem Hauptziel der Kommunikation der Arbeitgebermarke. Folgende Kriterien und Merkmale und lassen sich zur Bewertung dieses Funktionsbereiches heranziehen:

---

[89] Müller, Christian (2011).

U1	Unternehmensdarstellung, häufig mit Einbindung von Fotos, Videos, Podcasts, Logo, Pressemitteilungen und einem Mini-Contentmanagementsystem
U2	Link auf externe Firmenwebseite, zu den Businessportalen XING oder LinkedIn und zu anderen Recruiting-bezogenen Social-Media-Aktivitäten
U3	Gütesiegel, welches nach Bewertungsergebnissen ermittelt und vergeben wird
U4	Stellen- und Praktikumsangebote
U5	Monitoring des Funktionsbereiches „Bewertung"
U6	Mini-Contentmanagementsystem (CMS) und abgestufte Rollen zur Administration
U7	Differenzierte Preismodelle mit Angebot eines Free-Accounts
U8	Testimonials von Mitarbeitern

11.3.2 Arbeitgeberbewertungsportale im Überblick

Im Jahre 1999 wurde ciao.de, die Bewertungsplattform für Produkte, gegründet. 2005 folgte das Portal MeinProf.de zur Bewertung von Hochschullehrern. Ärzte und medizinische Dienstleistungen werden seit 2007 über sanego bewertet. Und für Bewertungen rund um das urbane Leben etablierte sich 2005 das heute in Yelp! aufgegangene Qype. Schließlich entwickelte sich auch die Idee, Arbeitgeber zu bewerten. Der Anstoß kam mit JobVent aus den USA und führte 2006 zur Gründung des ersten deutschsprachigen ABP: Jobvoting. Weitere Portale, wie kununu, mein-Chef, bizzwatch, arbeitgebercheck.at oder meinpraktikum kamen im Laufe der Zeit im deutschsprachigen Raum hinzu.

11.3.2.1 Das Portal „Jobvoting"

Im Kernbereich dieses Portals können Arbeitgeber anonym bewertet werden bzw. bereits vorhandene Bewertungen können abgerufen werden. Eine Personalisierung ist nicht zwingend erforderlich, kann aber bei Bedarf nach einem Login genutzt werden. Es kann für den Arbeitgeber entweder eine Kurzbewertung oder aber auch eine ausführliche Bewertung über eine Skala von -3 bis +3 abgegeben werden. Individuell ausformulierte Kommentare werden als „Meinungen" dargestellt. Die insgesamt recht ausführliche Bewertung folgt in weiten Bereichen den oben vorgestellten Kriterien. Die Bewertungen werden kompakt und grafisch übersichtlich dargestellt. Für Unternehmen werden zusätzlich abgestufte kostenpflichtige Profile angeboten. Unternehmensprofile können ergänzt werden mit Angaben zur Personalpolitik. In einem Freitextbereich können z.B. Informationen zur Weiterbildung, zu Schulungen, Gehalt oder zur Firmenphilosophie veröffentlicht werden. Eine Jobbörse mit Suchfunktion unterstützt die Akquise von Fach- und Führungskräften. Ein besonderer Bereich zur Berechnung und zum Vergleich von Gehältern ist recht breit angelegt. Ein Community-Bereich ermöglicht es, einen eigenen Weblog, den Joblog, anzulegen und sich in Foren mit anderen auszutauschen. Eine Direktanbindung an die eigene Facebook-Unternehmensseite bzw. Twitter ist vorhanden. Zudem existiert eine mobile Website für Smartphones.

11.3.2.2 Das Portal „meinChef"

Das ABP meinChef.de konzentriert sich in der Darstellung zunächst auf die Bewertung von Vorgesetzten. Dennoch werden von den Mitarbeitern auch Bewertungen zu Unternehmen erfragt. Auf einer Skala von Mangelhaft bis Gut werden nach der Nennung des Namens des Vorgesetzten dessen Fähigkeiten und Kompetenzen bewertet. Die Hauptkriterien wie Chef, Kollegen, Kommunikation oder Gehalt sind teilweise recht granular und detailliert eingeteilt. Sie folgen weitgehend den EFQM-Kriterien. Unternehmen können sich selbst über eine Mini-Homepage darstellen, um damit ihre Employer Reputation zu unterstützen. Mit mindestens „Gut" bewertete Betriebe erhalten das Gütesiegel „Top Arbeitgeber", das auch als Widget in die eigene Homepage mit aktueller Bewertungsangabe eingebettet werden kann. Für die Unternehmensdarstellung gibt es sowohl eine kostenlose als auch ein kostenpflichtige Variante. Die kostenlose Basisvariante ermöglicht es Unternehmen, die Bewertungen zu kommentieren. Die kostenpflichtige erweiterte Unternehmensdarstellung gestattet es, eine Website aufzubauen und ggf. unterstützende Dienstleistungen in Anspruch zu nehmen. Das System verfügt über einen integrierten redaktionellen Blog.[90] Ein Facebook-Profil, welches aber keine Unternehmensseite ist, existiert. Darüber hinausgehende Anbindungen an Social Media Werkzeuge gibt es nicht.

11.3.2.3 Das Portal „bizzWatch"

Auch bizzWatch.de ist ein klassisches Bewertungsportal. Arbeitgeber und Vorgesetzte können getrennt bewertet werden. Mitarbeiter müssen sich anmelden, um Bewertungen auf einer Punkteskala von 1 bis 5 abgeben zu können. Die Minimal- und Maximalpunktzahlen werden mit zum Teil unpassenden Attributen versehen. Ein Arbeitsplatz kann dabei z.B. „kuschelig" oder „grottig" sein. Hier hatte man

---

[90] http://blog.meinchef.de.

wohl die falsche Zielgruppe vor Augen. Die Kategorien in beiden Bewertungsbereichen reflektieren mit Einschränkungen die bereits erläuterten EFQM-Befähiger- und Ergebniskriterien. Dabei werden acht Hauptkriterien, z. B. Arbeit, Betriebsklima oder Vergütung, mit jeweils vier Unterkriterien bewertet. Bizzwatch.de zeichnet hervorragende Arbeitgeber mit dem Gütesiegel „A Company we trust" aus. Nach Angaben von bizzwatch werden solche Unternehmen ausgezeichnet, „die die Karrieren ihrer Mitarbeiter durch Weiterbildungen und Beratung fördern sowie eine transparente Unternehmenskultur pflegen".[91] Das Verfahren ist jedoch für Außenstehende nicht transparent. Bei der Bewertung von Managern können die Namen der betroffenen Vorgesetzten genannt werden. Sowohl auf einen Unternehmensbereich als auch auf eine Jobbörse wurde verzichtet. Das macht das Portal für die aktive Employer Reputation uninteressant. Ebenso fehlen die Social-Media-Verlinkung bzw. Social Plugins oder eine mobile Website, obwohl der Seitenaufbau ein responsives Design zuließe.

11.3.2.4 Das Portal „Arbeitgebercheck"

Arbeitgebercheck.at ist eine österreichische Bewertungsplattform, die im gesamten deutschsprachigen Raum gern genutzt wird. Über die einfache Arbeitgeberwertung hinausgehende Dienstleistungen werden nicht angeboten. Die User, aktuelle oder Ex-Mitarbeiter, können ohne Registrierung ihre Einschätzung zum Betrieb vornehmen. Mit einer Suchfunktion kann die zu bewertende Firma zunächst in einer Datenbank gesucht werden. In der Ergebnisliste können die Unternehmen nach ihrer Bewertung geordnet werden. Die Beurteilung selbst kann unter Nutzung einer zehnstufigen Skala erfolgen. Dafür stehen sechs Hauptkategorien wie Aufgabengebiet, Arbeitsplatz und Aufstiegschancen mit einer jeweils unterschiedlichen Zahl an Unterkategorien zur Verfügung. Die Bewertung kann mit Tags versehen werden. Aus den Tags wird eine Tag-Cloud generiert. Die viel zu lange und unübersichtliche Tag-Liste verwirrt allerdings bei ihrer Anwendung. Schließlich kann der Nutzer einen individuellen Erfahrungsbericht zum Arbeitgeber verfassen. Die zusätzliche, individuelle Nutzerregistrierung ermöglicht es, wenige weitere Portal-Dienste optional zu nutzen, z. B. ein Monitoring bezüglich der Bewertungen bestimmter Arbeitgeber oder die Mitgliedschaft in geschlossenen Foren. Unternehmen ist es nicht möglich, sich auf dem ABP selbst darzustellen bzw. Bewertungen zu kommentieren. Die Anbindung an Social Media Werkzeuge ist nicht vorgesehen.

---

[91] http://www.bizzwatch.de/companywetrust.php (Zugriff am 06.07.2015).

11.3.2.5 Das Portal „meinpraktikum"

Die Site „meinpraktikum" ist ein Spezialportal, weil seine Hauptfunktion in der Bewertung von Arbeitgebern durch Mitarbeiter besteht, die ein Praktikum ableisten. Die Praktikanten müssen sich nicht registrieren und können eine anonyme Bewertung abgeben. Die Bewertungskriterien sind einerseits an das EFQM-Modell angelehnt, andererseits reflektieren sie praktikumsspezifische Besonderheiten wie Betreuung, Lernerfolg oder Eignung des Praktikums für nächste Karriereschritte. Die Suche nach dem richtigen Praktikum wird durch verschiedene Kategorien, wie Städte, Branchen, Studienfächer oder eine offene Suchmaske, effizient unterstützt. Unternehmen haben ihrerseits die Möglichkeit, aktuelle Praktikumsstellen mit ausführlicher Beschreibung ins System einzustellen. Der Umfang der möglichen Stellenbeschreibungen, aber auch der unterstützenden Features, wie Employer Branding, Unternehmensprofil sowie Monitoring, Statistiken und Berichtsfunktion, ist vom gewählten Preismodell abhängig. Die Basisversion ist kostenlos. Mit einem erweiterten, kostenpflichtigen Unternehmensprofil können z.B. Links auf verschiedene Social-Media-Werkzeuge wie Twitter, YouTube oder Facebook gesetzt werden. Das Portal selbst ist recht gut an Facebook und den eigenen Blog angebunden.

11.3.2.6 Das Portal „kununu"

Mit über 612.000 Arbeitnehmer-Bewertungen zu 164.000 Unternehmen ist das österreichische, aber zu XING gehörende „kununu" zurzeit das größte und wichtigste ABP im deutschsprachigen Raum. Im Webtraffic-Ranking des Analyseportals Alexa nimmt es Platz 1 unter den ABP mit mehr als 3 Millionen Seitenaufrufen monatlich ein. Global gesehen liegt kununu orientiert an den Zugriffen gegenwärtig auf Platz 8.706, in Deutschland auf Platz 41.

Die Alexa-Analyse beschreibt zudem, dass die meisten User das Portal vom Arbeitsplatz aus nutzen, zwischen 25 und 44 Jahren alt und weiblich mit einer Hochschulausbildung sind.[92] Auf das im Zugriffsranking nächstfolgende ABP „meinChef" wird zehnmal weniger häufig als auf kununu zugegriffen. Auch alle anderen Portale sind bezüglich des Traffics, den sie auf sich ziehen, weit abgeschlagen. Die Zahlen bestätigen, dass kununu das im deutschsprachigen Raum weitaus am häufigsten genutzte ABP mit hoher Reichweite ist. Daher wird das Portal hier etwas ausführlicher dargestellt.

---

[92] www.alexa.com/topsites (Zugriff am 26.05.2014).

Das Hauptziel von kununu ist es, Mitarbeitern und Bewerbern zu ermöglichen, über ihre persönlichen Arbeits- und Bewerbungserfahrungen zu berichten und dabei gleichzeitig den betroffenen Firmen zu gestatten, auf diese authentischen Eindrücke ihrer Mitarbeiter zu reagieren bzw. sich selbst darstellen zu können. Damit wird kununu auch gleichzeitig zum wichtigen Kanal für Unternehmen, um Social Media Marketing und den Aufbau der eigenen Arbeitgebermarke (Employer Brand) zu betreiben sowie über die übergeordnete Employer Reputation auf dem mehr und mehr umkämpften Markt für Fach- und Führungskräfte Fuß zu fassen. Denn einer individuellen Bewerbung geht häufig eine Prüfung des zukünftigen Arbeitgebers auf kununu voraus. Darüber hinaus soll kununu Daten für die Unternehmensprofile des assoziierten Businessportals XING liefern und damit die Attraktivität seines Mutterportals erhöhen.

Anfang 2014 erfolgte der Relaunch des Portals. Seitdem empfängt die Nutzer eine komplett neu gestaltete Oberfläche unter dem Motto „Entdecke interessante Arbeitgeber und Ausbildungsbetriebe — Von Mitarbeitern empfohlen!"[93]

Bei kununu werden Themen zu wichtigen Eigenschaften eines Arbeitsplatzes besprochen und in ihrer betrieblichen Umsetzung bewertet: Arbeitsbedingungen, Ausstattung, Aufgaben, Führungspersonal, Gehalt, Klima bis hin zu Aufstiegsmöglichkeiten, Benefits, flexibler Arbeitszeitgestaltung oder Gleichberechtigung. Dies sind natürlich für potenzielle Bewerber sehr wichtige Informationen, die sich zudem direkt auf die Reputation des jeweiligen Unternehmens auswirken. Im Folgenden seien einige der wichtigen Funktionen dieses ABP erläutert.

Bewertungen

Zum Lesen der Bewertungen ist keine Registrierung notwendig. Aber für das Einstellen einer Bewertung erwartet das Portal eine Registrierung, u. a. um Missbrauch abzuwenden. Dadurch soll z.B. verhindert werden, dass Unternehmen von Mitbewerbern und Konkurrenzunternehmen durch Bewertungskommentare schlecht gemacht werden. Umgekehrt verhindert die Registrierung auch, dass sich Arbeitgeber selbst gute Bewertungen ausstellen und damit die Ergebnisse verfälschen. Die kostenlose Registrierung erfolgt unter Angabe eines Passwortes und einer gültigen E-Mail-Adresse. Danach wird eine Bestätigungsmail übermittelt, die Registrierungsdaten und einen Link zum Aktivieren beinhaltet. Trotz Registrierung bleiben sämtliche Bewertungen für den Betrachter anonym und erscheinen nur unter Angabe eines Datums. Diejenigen, die eine Bewertung abgegeben haben, können über das System auch nicht kontaktiert werden.

---

[93] http://www.kununu.com.

11 Arbeitgeberbewertungsportale – Chancen und Risiken

Für das Schreiben von Bewertungen sind verschiedene Kriterien und zusätzlicher Freitext vorgesehen (siehe hierzu die Tabelle weiter unten im Beitrag). User, die einen Arbeitgeber bewerten wollen, finden hier die Eingabemaske für die Daten des Unternehmens. Ist es bereits im System mit einem Arbeitnehmerprofil beschrieben, kann der Nutzer daraus den richtigen Arbeitgeber auswählen. Im anderen Falle übernimmt er den ersten kurzen Firmeneintrag. Als Unternehmen sollte man aber stets bestrebt sein, die Ersteintragung selbst vorzunehmen. So vermeidet man Fehler bei der Nennung und behält an dieser wichtigen Stelle Einfluss auf das eigene Reputationsmanagement. Für die Arbeitgeberbewertung wird der Nutzer nunmehr durch eine Reihe von Kriterien geleitet, die er mit Punkten aus einer Skala von 1 bis 5 bewerten kann. Einige wichtige Merkmale sind: Arbeitsatmosphäre, Kommunikation, Arbeitsbedingungen. Die Eingabe zu jedem Merkmal kann durch Freitext, z. B. in Form von Verbesserungsvorschlägen, ergänzt werden. Nach Benefits wird zusätzlich gefragt. Zum Abschluss der Bewertung können Jobstatus und Position eingetragen werden. Um die Bewertung freizuschalten, bedarf es einer Bestätigung per E-Mail. Kununu gibt an, technisch dafür vorgesorgt zu haben, dass pro E-Mail-Adresse nur eine Bewertung je Unternehmen abgegeben werden kann. Beim Vorliegen eines Manipulationsverdachts erfolge eine manuelle Prüfung der Kommentare. Zudem haben Unternehmen und User die Möglichkeit, fragwürdige Inhalte über kununu zu melden, um eine zusätzliche Prüfung zu veranlassen.

Im Zusammenhang mit Qualitätssicherung weist kununu darauf hin, dass sich die Fragen und Kriterien zur Bewertung am bereits vorgestellten EFQM-Modell[94] für eine ganzheitliche Betrachtung von Organisationen orientieren. Darüber hinaus setzt kununu gegenüber dem User folgende wichtige Regeln durch:

1. Die Bewertung von namentlich genannten Personen ist nicht erlaubt.
2. Die Veröffentlichung firmeninterner Informationen ist nicht erlaubt.
3. Diskriminierende, beleidigende, rufschädigende, rassistische und vulgäre Aussagen sind nicht erlaubt.

Aus den Bewertungen können Job-Interessenten erste Schlüsse auf die Arbeitszufriedenheit im Zielunternehmen ziehen. Arbeitnehmer zeigen sich oftmals sowohl von ihren Kollegen als auch von der in ihren Unternehmen bestehenden Kultur positiv angetan. Für Unzufriedenheit sorgen dagegen öfter Führungskräfte und das direkt damit verbundene Betriebsklima, während Gehalt und Aufstiegschancen häufig als hinlänglich angesehen werden.

---

[94] Moll, Andre/Kohler, Gabriele (2014).

Suche und Ergebnisdarstellung

Kununu bietet bei der Jobsuche bzw. bei der Ermittlung relevanter Bewertungen Unterstützung durch verschiedene Optionen: Die erste Möglichkeit besteht in der Schnellsuche. Sie kann über ein zentral angeordnetes Suchformular durch Eingabe des Unternehmensnamens aufgerufen werden. Unter dem Formular zur Eingabe des Suchbegriffs ist ein Pulldown-Menü zur Branchenauswahl angeordnet. Dies ist die zweite Option. Der User kann aus einer Vielzahl gut abgegrenzter Bewertungen in einer bestimmten Branche auswählen. Besonders interessant ist in der Ergebnisausgabe die Darstellung einer Branchenstatistik einschließlich des dazugehörigen Stimmungsverlaufs über der Ergebnisübersicht der selektierten Unternehmen. Eine weitere Schnellsuche ist die dritte Option. Mithilfe dreier nebeneinanderliegender Pulldown-Menüs kann der Interessierte sich solche Unternehmen anzeigen lassen, die erstmalig oder zuletzt häufig bewertet wurden. Er kann aber auch zuletzt oft angesehene Unternehmen auswählen und zur Anzeige bringen.

Schließlich ist die detaillierte Suche zu erwähnen. Sie ist die vierte und umfassendste Suchoption. Hier können Nutzer sehr intuitiv zu bedienende Filter setzen. Sie können zunächst entscheiden, ob es sich bei dem Gesuchten um einen Arbeitgeber oder einen Ausbildungsbetrieb handeln soll. Nach dieser Auswahl können Firmen nach Kategorien wie z.B. Region, Branche, Bewertung oder Benefits gesucht werden. Die Nachforschung nach „Region" ermöglicht die Suche nach Bundesland, Stadt und variablem Umkreis. Die mögliche Suche nach Arbeitgebern mit bestimmten Wunschbenefits (z.B. Kinderbetreuung, Gleitzeit-Regelungen, Hund am Arbeitsplatz etc.) ist sicher für viele Jobsuchende in hohem Maße wertvoll. Besonders interessant sind die besonderen Einstellmöglichkeiten in der Kategorie „Bewertung". Um dominierende Einzelmeinungen auszufiltern, kann über einen Schieberegler die Anzahl der mindestens vorliegenden Bewertungen verändert und dadurch eine weitere Einschränkung der Suchergebnisse vorgenommen werden. Der untere Schieberegler ist der mächtigste, denn hier kann die Ergebnismenge schnell auf die Bestbewerteten eingegrenzt werden.[95]

In der Ergebnisübersicht werden die selektierten Unternehmen sortiert mit Angabe der Region, Zahl von Zugriffen und Bewertungen dargestellt. Optional werden in Abhängigkeit vom gewählten Unternehmenspaket Testimonials angezeigt oder Logos und Fotos eingeblendet. Die gesetzten Filterparameter werden über der Ergebnisliste angezeigt. Von der Ergebnisübersicht gelangt man durch Auswahl eines einzelnen Unternehmens zu dessen spezifischer Ergebnisseite.

---

[95] Scheller, Stefan (2014).

11 Arbeitgeberbewertungsportale – Chancen und Risiken

Die Ergebnisseite des jeweils gewählten Unternehmens zeigt in strukturierter Form zunächst dessen durchschnittliche Bewertungen durch Mitarbeiter, Bewerber und Auszubildende in einer Übersicht. Dabei werden die Einschätzungen nach Schulnoten klassifiziert. Darunter findet der Nutzer die gemittelten Einzelbewertungen in den bereits erwähnten Kategorien sowie die dazugehörigen Benefits. Gerade bei den Bewertungen zeigt es sich, dass es für Unternehmen wichtig ist, das eigene Unternehmensprofil auf kununu zu pflegen und Mitarbeiter auf der Grundlage der jeweils gültigen Social Media Guidelines proaktiv zu motivieren, Bewertungen einzustellen. Denn nur das, was zuvor von den Mitarbeitern eingetragen wurde, kann auch gefunden werden und somit zur Sicht auf die Arbeitgebermarke beitragen. Unterhalb der Bewertungen wird das zum selektierten Unternehmen gehörende Arbeitgeberprofil gezeigt. Darunter sind die detaillierten individuellen Einzelbewertungen zu finden. Hier stehen sowohl Wertungen auf der Grundlage der festgelegten Kategorien und Benefitklassen (siehe hierzu die Tabelle weiter unten) als auch individuelle Einschätzungen. Der User hat hier die Möglichkeit, sowohl positive Testimonials oder kritische Einschätzungen als auch Verbesserungsvorschläge mit eigenen Worten zu formulieren. Auf die individuellen Einzelbewertungen kann auch über einen Reiter auf der Ergebnisseite zugegriffen werden. Über die Ergebnisseite können auch die Zugriffsstatistiken zu den gewählten Einzelunternehmen aufgerufen werden. Hier wird u.a. die Zahl der Bewertungen zu der Zahl der Stellungnahmen ins Verhältnis gesetzt.

Stellungnahme durch Unternehmen

Auf individuelle kritische Einschätzungen durch Mitarbeiter oder Bewerber kann der Arbeitgeber mit einer Stellungnahme reagieren. Diese Stellungnahmefunktion sollten Arbeitgeber nutzen. So können sie sichtbar nach außen demonstrieren, dass sie eine offene Web-2.0-Feedbackkultur mit Transparenz gegenüber dem „Kommunikationskanal" Social Media in Anlehnung an die Prinzipien der Social Software[96] leben. Sie können hier auf Verbesserungsvorschläge ihrer Mitarbeiter reagieren und einen wertschätzenden Umgang mit Kritik, nicht nur gegenüber potenziellen Bewerbern, demonstrieren.

Die kostenlose Nutzung der Stellungnahmefunktion durch einen Personalsachbearbeiter des betreffenden Unternehmens unterliegt dem Vorbehalt des Portalbetreibers. Sie wird über ein Kontaktformular beantragt. Kununu überprüft nach eigenen Angaben, ob es sich beim Antragsteller um einen autorisierten Personalsachbearbeiter handelt.[97]

---

[96] Leisenberg, Manfred/Roebers, Frank (2010).
[97] http://www.kununu.com.

Der gute Ruf im Social Web

Arbeitgeberprofil

Wie verhält es sich nun mit dem Arbeitgeberprofil? Kununu unterscheidet zwischen dem einfachen Firmeneintrag und dem professionellen, aber kostenpflichtigen Arbeitgeberprofil. Der Firmeneintrag entsteht, wie oben beschrieben, im Zusammenhang mit der ersten Bewertung. Ein Testimonial wird bei dieser kostenlosen Darstellung auf der Basis vorausgegangener Bewertungen eingefügt. Das kostenpflichtige Arbeitgeberprofil dagegen ermöglicht eine detaillierte Präsentation und Beschreibung des Unternehmens durch Funktionen wie z.B. „Attraktives Arbeitgeberprofil" oder „Video hochladen", „Jobs anbieten" und „Fotogalerie". Das Unternehmensprofil wird beim Abruf einer Bewertung gezeigt und ergänzt bzw. korrigiert den Firmeneintrag. Es ist für die Darstellung der Arbeitgebermarke oder für das Reputationsmanagement hervorragend geeignet. Hingewiesen sei auch auf Möglichkeiten der Optimierung der Unternehmensseite nach wichtigen Suchbegriffen, damit man bei der gewünschten Eingabe auch gefunden wird.

Die konkreten Eigenschaften des Arbeitgeberprofils sind abhängig von dem gewählten Paket. Die Kunden des kostenpflichtigen Pakets „Arbeitgeberprofil" werden an zahlreichen Stellen gegenüber anderen Unternehmen bevorzugt. Das zeigt sich u.a. in der optischen Darstellung, die sich durch die besondere Einbindung von Grafiken und Videos stark abhebt.[98] Das Arbeitgeberprofil erlaubt die detaillierte Unternehmenspräsentation mit dem Ziel der besonderen Entwicklung und Herausstellung der Arbeitgeberreputation. Hierbei sind ausführliche Angaben zu „Wer wir sind", „Was wir bieten" und „Wen wir suchen" möglich. Die Darstellung kann durch Bewerbungstipps, Standorte und Benefits ergänzt werden. Die externen Social-Media-Kanäle des Unternehmens werden effizient an das Profil angebunden.

Jobs können vom Unternehmen auf kununu über einen Reiter des Arbeitgeberprofils vorgestellt werden. Wenn der Arbeitgeber ein Unternehmensprofil erstellt hat, wird der angebotene Job auch im XING-Unternehmensprofil angezeigt. Werden bei XING Jobs angeboten, erscheinen diese bei Premium-Kunden gleichermaßen gespiegelt auch auf kununu.[99]

Der Preis für das Arbeitgeberprofil ist abhängig von der Unternehmensgröße. Er rechnet sich für mittelständische Unternehmen erst dann, wenn das Unternehmen häufig Stellen zu besetzen hat. Das Schalten von Werbung ist hier nur für größere Unternehmen sinnvoll. Eine besondere Form möglicher Werbung ist das Branchenbranding. Ein sog. Branchenpate kann dabei kostenpflichtig für seine jeweilige Branche quartalsweise die komplette optische Dominanz über die Seite übernehmen.

---

[98] Scheller, Stefan (2014).
[99] Ebd.

Kununu ist zusätzlich in XING integriert. XING-Mitglieder können Arbeitgeber-Bewertungen aufrufen, die auf kununu von aktuellen und ehemaligen Firmenangehörigen sowie Bewerbern abgegeben wurden. Voraussetzung dafür ist es, dass das betreffende Unternehmen ein übergreifendes Arbeitgeberprofil geschaltet hat.

Das Portal stellt letztlich ein Ranking zur Verfügung und zeichnet solche Unternehmen mit bestimmten Logos aus, die einen bestimmten Schnitt an Bewertungspunkten erreicht haben. Es liefert damit Interessenten eine Vergleichsmöglichkeit auf der Suche nach Arbeitgebern.

11.3.3 Vergleich der Bewertungsportale

Die sechs zuvor untersuchten Arbeitgeberbewertungsportale kununu.com, meinChef.de, bizzwatch.de, arbeitgebercheck.at, jobvoting.de und meinpraktikum.de unterscheiden sich teilweise recht stark. Um den Praktiker bei der Auswahl des richtigen Portals zu unterstützen, aber auch eine allgemeine Einschätzung zu ermöglichen, wurden in der folgenden Tabelle wichtige ABP-Eigenschaften zusammengestellt: Die Spalte „Kriterium" führt oben dargestellte bewertungs- und unternehmensprofilbezogene Merkmale in Kurzform untereinander auf. Das Vorhandensein des jeweiligen Merkmals wird in den Spalten der ABP zeilenweise mit „X" angezeigt. Darunter wird gezeigt, ob die acht Merkmale aus dem Funktionsbereich „Unternehmensprofil" in den sechs ABP Berücksichtigung fanden. Um einen besseren Vergleich zu ermöglichen, wurden die Spaltensummen sowohl getrennt für die Funktionsbereiche als auch insgesamt über die jeweilige ABP-Spalte gebildet. Die Auswertung zeigt, dass die EFQM-Bewertungskriterien von allen Portalen in hohem Maße implementiert worden sind. Kununu hält hierbei den Spitzenplatz. Das ABP „meinpraktikum" nimmt aufgrund seiner eingeschränkten Zielgruppe eine besondere Position ein und bildet daher auch nur einen geringeren Teil der Kriterien ab.

Die Bewertungen zum Funktionsbereich „Unternehmensprofil" sind bei den drei Portalen „kununu", „Jobvoting" und „MeinChef" auf hohem Niveau recht ähnlich. Zwei Portale sehen allerdings gar keine Unternehmensprofile vor.

Insgesamt weist die Untersuchung nach, dass kununu sowohl bezogen auf alle Merkmale recht vollständig ist und daher die Spitzengruppe anführt. In Kombination mit der Tatsache, dass dieses ABP zugleich die größte Reichweite im deutschsprachigen Raum hat, wird damit seine besondere Bedeutung bestätigt. Unternehmen sollten daher ihr Profil auf kununu schärfen.

Vergleich der ABP nach Leisenberg, Manfred/Braunert, Nina (2014)						
	Arbeitgeberbewertungsportal (ABP)					
Kriterium	Job-voting	meinChef	bizz-watch	Arbeit-geber-check	kununu	Mein-prakti-kum
B01 Bewertungen Zahl	x	x	x	x	x	x
B02 Arbeit	x	x	x	x	x	x
B03 Kollegen	x	x	x	x	x	x
B04 Vorgesetzte	x	x	x	x	x	0
B05 Ältere	0	x	x	0	x	0
B06 Kommunikation	0	x	0	0	x	0
B07 Mat. Bedingungen	0	x	x	x	x	0
B08 Work-Life-Balance	0	x	x	0	x	0
B09 Gehalt	x	x	x	x	x	x
B10 Aufstieg	x	x	x	x	x	x
B11 Fluktuation	x	0	x	0	0	0
B12 Chancengleichheit	0	x	x	0	x	0
B13 Mitwirkung	0	x	x	x	0	x
B14 Weiterbildung	x	x	0	x	x	0
B15 Suchfunktion	x	x	x	x	x	x
B16 Ranking	0	0	x	x	x	0
B17 Kommentare	x	0	0	x	x	x
B18 Foren	x	0	0	x	0	0
B19 Jobbörse	x	x	0	0	x	x
Σ Bewertung	12	15	14	13	16	9
U01 Unternehmens-profil	x	x	0	0	x	x
U02 Verlinkung	x	x	0	0	x	x
U03 Gütesiegel	x	x	0	0	x	0
U04 Stellenangebote	x	x	0	0	x	x
U05 Monitoring	0	x	0	0	x	x

Vergleich der ABP nach Leisenberg, Manfred/Braunert, Nina (2014)						
	Arbeitgeberbewertungsportal (ABP)					
Kriterium	Job-voting	meinChef	bizz-watch	Arbeit-geber-check	kununu	Mein-prakti-kum
U06 CMS	x	x	0	0	x	x
U07 Preise differenziert	x	x	0	0	x	0
U08 Testimonials	x	0	0	0	x	0
Σ Unternehmensprofil	7	7	0	0	8	5
Σ Total	19	22	17	13	24	14

11.3.4 Was tun bei negativen Bewertungen?

Unternehmen beobachten die Praxis, dass sie unkontrolliert kritisch bewertet werden, mit durchaus berechtigter Sorge. Unabhängig davon, ob es sich um sachliche, hilfreiche oder schmähende Kritik handelt: Unternehmen sollten gelassen auf die Kritik reagieren. Das sachliche Eingehen auf eine Kritik sollte immer die erste Reaktion sein. Auch wenn die Kritik hart und ungerecht scheint, sollten sich die Verantwortlichen immer vor Augen führen, dass der Mitarbeiter damit eigentlich einen Verbesserungsvorschlag liefert. Eine adäquate Reaktion des Unternehmens auf die Kritik kann zugleich auch eine wirksame Maßnahme sein, um in der Öffentlichkeit das authentische Bild des „vertrauenswürdigen und offenen Unternehmens" zu erzeugen.

Mitunter ist die Wortwahl der bewertenden Mitarbeiter oder Bewerber — nicht zuletzt aufgrund von Unsicherheit — unbeholfen oder sogar provokativ. Dies ist kein wirkliches Problem: Danken Sie Ihrem kritischen Mitarbeiter für die Bewertung und antworten Sie sachlich und ruhig darauf. Zudem kann man sich langfristig gegen provokante Kritik wappnen, indem man sich rechtzeitig und nachhaltig ein kleines Unterstützernetzwerk aufbaut, welches mit sachlich-positiven Bewertungen oder Kommentaren eine einzelne unsachliche Kritik als unwichtig und untergeordnet erscheinen lässt. Besonders wirksam: Laden Sie doch Ihre Mitarbeiter zu ABP-Bewertungen ein, indem sie, natürlich unabhängig vom Inhalt, Anreize schaffen.

Juristisch gesehen fallen die Bewertungsinhalte unter die Freiheit der Meinungsäußerung. Es sei denn, es handelt sich um Schmähkritik. Die ist verboten. Dem trägt z.B. kununu mit den oben genannten Verhaltensregeln Rechnung. Enthält eine Bewertung dennoch einmal Schmähkritik, also unsachlich-herabwürdigende oder sogar beleidigende Äußerungen, sollten Sie das Portal kontaktieren. Vor jeder weiterführenden juristischen Initiative sollte man allerdings den daraus resultierenden weiteren möglichen Imageschaden wohl bedenken. Eventuell ist es in solchen Fällen besser, als Arbeitgeber die optionale Stellungnahmefunktion zu nutzen.

11.4 Ranking und Reputation mittelständischer Unternehmen

Unternehmen machen unterschiedliche Erfahrungen mit den Arbeitgeberbewertungsportalen. Vergleicht man bei kununu den durchschnittlichen Gesamtindex der Mitarbeiterbewertungen, so wird offenbar, dass ein größerer Teil bedeutsamer Organisationen, die zudem das kununu-Gütesiegel „Top Company" tragen, häufig im Durchschnitt lediglich nur mittelmäßige Bewertungen erreichen. Die Bewertungsskala des Index reicht dabei von 1 bis 5 (sehr gut). Microsoft Deutschland liegt z.B. bei 3,56 mit 141 Bewertungen oder IBM Deutschland bei 3,15 mit 558 Bewertungen.[100] Ebenfalls in einem mittleren Bereich des Gesamtindex bewegt sich die Synaxon AG. Frank Roebers ist Vorstandsvorsitzender dieser IT-Verbundgruppe aus Ostwestfalen-Lippe. Im Gespräch mit dem Autor erläuterte er seine beachtenswerte Sicht auf die Nutzung und Auswertung der kununu-Mitarbeiterbewertungen: Zum Zeitpunkt des Gesprächs existierten 67 Mitarbeiterbewertungen zu seinem Unternehmen. Roebers schätzt sie zunächst als nicht wirklich repräsentativ ein. Zudem würden die bezüglich der Arbeit in der Synaxon AG getroffenen Einschätzungen ganz sicher nicht mit seinen eigenen Beurteilungen übereinstimmen. Er bestätigt, dass jede kununu-Bewertung durch das Management ausgewertet wird, und zwar sofort, wenn im Portal ein Neueintrag oder auch eine Änderung erfolgt. Die Benachrichtigung über neue Inhalte an das Management erfolge automatisch durch das System per Alert. Die Synaxon AG hat sehr zeitig umfassende Maßnahmen zur transparenten und effizienten Unterstützung der innerbetrieblichen Kommunikation durch die verschiedenen Werkzeuge des Web 2.0 getroffen.[101] Dennoch sind gerade die kununu-Bewertungen einzelner Mitarbeiter bezüglich der internen Kommunikation sehr kritisch. Roebers schätzt ein, dass es sich dabei häufig um ehemalige Mitarbeiter handelt, die zu schwach waren, ihr Gestaltungsrecht im Unternehmen wahrzunehmen. Zudem sei es nicht erklärbar, warum gerade im Kommunikationskontext Kritisches überproportional wahrgenommen werde. Werden nun aus den teilweise recht kritischen Einschätzungen tatsächlich Konsequenzen für die weitere Gestaltung betrieblicher

---

[100] Kununu: *Job, Gehalt, Ausbildung:* 2014. http://www.kununu.com.
[101] Leisenberg, Manfred/Roebers, Frank (2010).

Führungsprozesse abgeleitet? Das Management würde in solchen Fällen zunächst die Ursache für die konkrete, ablehnende Einschätzung ergründen. Sollte sich herausstellen, dass eine verantwortliche Führungskraft das Problem schafft, hätte dies für sie sofort Konsequenzen, so Frank Roebers. Ergänzend fügt er hinzu, dass die Synaxon AG jedoch eine hochpolarisierende Unternehmenskultur hätte. Daher würden manche Mitarbeiter das Unternehmen auch hin und wieder frustriert verlassen. Kununu hat der Synaxon AG die beiden Gütesiegel „Top Company" und „Open-Company" ausgestellt. Darauf angesprochen, bestätigte Roebers, dass es dem Unternehmen nicht transparent sei, warum die Siegel vergeben wurden. Zur wahrgenommenen Bedeutung von kununu bestätigte er, dass bisher noch niemals in einem Jobinterview durch einen Bewerber Bezug auf das Bewertungsportal genommen worden sei bzw. Einzelheiten zu den dortigen Bewertungen nachgefragt worden wären. Die Bewertungen sind im Gespräch mit Bewerbern nicht spürbar, so Roebers. Gleiches gelte für Darstellung des Unternehmensprofils bei XING mit der integrierten kununu-Bewertung. Vergleichend stellt er schließlich fest, dass jedoch die durch das Unternehmen selbst erzeugte externe Web-2.0-Außenkommunikation bei den Bewerbern ankommt und auch in Bewerbungsgesprächen thematisiert würde. Schließlich äußert Frank Roebers, dass ein bezahltes Unternehmensprofil zur möglichen Unterstützung der Employer Reputation auf kununu bisher aus Kostengründen noch nicht eingerichtet wurde.

Kununu.com, meinChef.de, bizzwatch.de, arbeitgebercheck.at, jobvoting.de oder meinpraktikum.de sind wichtige Bewertungsplattformen für Arbeitgeber und Arbeitnehmer. Wenn Unternehmen auch in Zukunft ihre Mitarbeiter begeistern und neue Fach- und Führungskräfte gewinnen möchten, sollten sie die interessanten Möglichkeiten solcher Bewertungsportale nutzen. Die ABP sollten vor allem als eine Chance begriffen werden, interessante Funktionen zu nutzen.

Vorteile für Arbeitnehmer:

- Vergleich und Auswahl potenzieller Arbeitgeber
- Orientierung auf dem Arbeitgebermarkt
- Forum für Lob, Verbesserungsvorschläge und Kritik zu eigenen Arbeitgebern

Vorteile für Unternehmen:

- Feedback-Kanal und zusätzliche Informationsquelle, um mehr über die Stimmung im Unternehmen zu erfahren
- Quelle für Verbesserungsvorschläge
- Veröffentlichung eines Unternehmensprofils mit vielfältigen Möglichkeiten zur Steigerung der Bekanntheit und zielgerichteter Bewerberansprache

Bewerber sollten die Services der ABP nicht mit Ratingagenturen für die Qualität von Arbeitgebern verwechseln. Sie können Jobsuchern lediglich erste Hinweise geben — und nicht mehr.[102] Unternehmen können die ABP nicht mehr unberücksichtigt lassen. Die Stärke des Engagements dort kann unterschiedlich sein und sollte sich an Unternehmensgröße und Recruiting-Zielen orientieren. In jedem Fall gilt die Web-2.0-Regel: „Man kann Social Media zwar ignorieren, aber deswegen wird mein Unternehmen noch lange nicht von Social Media ignoriert".[103] Daher sollten Unternehmen ihre Mitarbeiter motivieren, Bewertungen in den Portalen vorzunehmen. Im Ergebnis werden zuerst die loyalen Kollegen auf den Portalen ihre Bewertung hinterlassen und so zu einer gewünschten Employer Reputation, auch auf der Basis der Social Media Guidelines, beitragen. In jedem Fall sollten Unternehmen es sich zur Pflicht machen, auf vermeintlich „negative Bewertungen" mit Kommentaren zu reagieren. Authentizität und Transparenz werden im Web 2.0 belohnt und machen Bad News zu Good News!

11.5 Mit Social Media erfolgreich im War for Talent

Die nachhaltige Implementierung von Employer Reputation kann nicht nur für mittelständische Unternehmen eine nachhaltige Entwicklung fördern. Sie stellt gleichzeitig auch hohe Anforderungen an die Prozesse der strategischen betrieblichen Kommunikationsentwicklung. Die erforderlichen Qualifikationen zur Initiierung und Steuerung dieser Prozesse liegen in den Unternehmen nicht immer vor; zunächst müssen die Potenziale im Unternehmen erkannt und anschließend durch Kompetenzentwicklungsmaßnahmen gefördert werden. Die Durchführung der notwendigen Organisationsentwicklung ist für Mittelständler häufig eine Hürde, die sie ohne Unterstützung durch Social-Media-Fachleute nur schwer überwinden können.[104]

Andererseits haben die Mittelständler durch ihre Organisation und die damit verbundene Nähe zu den Mitarbeitern und Kunden, mit der gelebten Unternehmenskultur und den deutlich gelebten und kommunizierten Werten Vorteile gegenüber großen Unternehmen, die genutzt werden können.

Erfolgreiche Unternehmen richten ihren Blick schon heute auf die Fachkräfte, die sie mittel- bis langfristig benötigen werden. In der Vergangenheit konnten viele

---

[102] Böcker, Manfred (2011): *Arbeitgeber-Bewertungsportale im Internet*. In: http://www.access.de.
[103] Leisenberg, Manfred/Roebers, Frank (2010).
[104] Leisenberg, Manfred (2015).

11 Mit Social Media erfolgreich im War for Talent

Unternehmen auch ohne Social-Media-Personalentwicklungsinstrumente und -Reputation auf einen ausreichenden Pool von Bewerberinnen und Bewerbern zurückgreifen. Aufgrund von demografischen und branchenspezifischen Entwicklungen stehen viele bereits heute vor der Herausforderung, keine geeigneten Fachkräfte für ihr Unternehmen gewinnen zu können. Sie benötigen daher spezifische Employer-Reputation-Strategien, um im Wettbewerb nicht zu verlieren. Auch eine frühe Berufsorientierung, insbesondere über die Kanäle des sozialen Webs, ist ein wesentlicher individueller Erfolgsfaktor für eine spätere qualifizierte und erfolgreiche Berufstätigkeit. Daher gilt es, insbesondere die jungen Zielgruppen wie die Generation Y möglichst früh über adäquate Kommunikationsmittel anzusprechen und die gelebte Employer Reputation zu kommunizieren.

12 Employer Reputation und Arbeitgebermarke als messbare Größen?

Autor: *Thorsten Ziemann*

Ist eine Arbeitgebermarke messbar? Gibt es aussagekräftige Kennzahlen bzw. anderes Zahlenmaterial, das die Reputation eines Unternehmens belegt? Um die Reputation eines Unternehmens einzuschätzen, bedarf es der richtigen Instrumente. Sie einzubringen und anzuwenden ist Aufgabe des Personalcontrollings. Dort fließen idealerweise belastbare Zahlen zum Ist-Zustand eines Unternehmens zusammen. Es kann basierend vor allem auf Mitarbeiterbefragungen Kennzahlen liefern, die es möglich machen, eine Arbeitgebermarke sinnvoll zu führen. Aussagekräftige Zahlen aus dem Personalcontrolling sind eine wertvolle Grundlage für strategische Planungen einzelner Bereiche oder des gesamten Unternehmens und zeigen Handlungsfelder der Employer Reputation auf. Wie sie gewonnen werden können, zeigt dieser Beitrag.

12.1 Die Grenzen der Messbarkeit

Es gibt kaum ein Unternehmen, bei dem die Personalverantwortlichen nicht das Thema Employer Branding ganz oben auf der Agenda haben. Wie aber misst man eine Marke? Eine einfache Frage, auf die die Antwort schwer fällt. Denn schon die Frage ist falsch gestellt: Wer von Marke redet, meint in der Welt der Personaler die Arbeitgebermarke. Stark muss sie sein, die Arbeitgebermarke. Sie muss strahlen (wahlweise auch abstrahlen). Man kann auf sie einzahlen.

Beim Begriff „Einzahlen" werden in einem Unternehmen diejenigen wach, die sich um die Zahlen zu kümmern haben. Sie stellen die üblichen Fragen: Stimmen die Zahlen denn? Rentiert sich eine Investition? Schnell stellt man dann fest: Mit der Messbarkeit der Arbeitgebermarke verhält es sich ungefähr so, wie im Märchen „Des Kaisers neue Kleider". Jeder gibt vor etwas zu sehen. Einer (mindestens) ist davon überzeugt, dass etwas vorhanden ist. Doch beweisen lässt sich das alles nicht. Vielmehr ist der Wertschöpfungsbeitrag rein virtuell. Schlägt sich eine starke Arbeitgebermarke in hohen Bewerberzahlen nieder? In einer geringen Krankenquote? Ist die Qualität der Bewerber besser? Sind positive Effekte in diesen Berei-

Employer Reputation und Arbeitgebermarke als messbare Größen?

chen nicht auf etwas ganz anderes zurückzuführen? Hätte man an der einen oder anderen Stelle nicht mehr tun müssen? Oder weniger?

So wie die Untertanen dem nackten Kaiser bestätigten, dass die Kleider ihn ganz vortrefflich schmückten, kann behauptet werden: Eine starke Arbeitgebermarke schlägt sich in vielen und hochwertigen Bewerbungen nieder. Wirklich? Oder ist eine Branche gerade in Mode? Nehmen wir als Beispiel die Banken. Wer vor 20 Jahren fragte, wie sich Realschüler die perfekte berufliche Zukunft vorstellen, der hörte immer wieder: Ich geh' zur Bank! Ohne jetzt die Geschichte des Absturzes der Lehman Brothers und der Finanzkrise zu repetieren, ist heute doch offensichtlich, dass das Ziel „Banker werden" kräftig an Attraktivität eingebüßt hat.

12.2 Personalcontrolling als Treiber

Wenn nun trotzdem das Controlling als unabdingbar herausgestellt werden muss, dann geht es um eine spezielle Form, das Personalcontrolling. Wir müssen uns Personalcontrolling nicht als Erbsenzähler-Kolonne vorstellen, die sich behäbig zwischen dem Soll-Ist-Abgleich von Bewerberzahlen, dem Vergleich zum Vorjahresquartal und dem Benchmark mit anderen Unternehmen eines Marktes bewegt. Vielmehr ist Personalcontrolling eine treibende Kraft personalwirtschaftlichen Handelns — wenn nicht sogar *die* treibende Kraft.

Effizientes Personalcontrolling zeichnet vor allem zwei Aspekte aus:

1. Es schreibt auf Grundlage klarer Zahlen die Vergangenheit in die Zukunft fort, macht Trends sichtbar und eröffnet Handlungsräume.
2. Es macht Historie und künftige Handlungsfelder der Personalarbeit für die Kommunikation verfügbar.

Für all das braucht es eine Basis. Gerade Unternehmen mit recht eigenständigen Niederlassungen oder Standorten im Ausland tun sich oft schwer, belastbares Zahlenmaterial für das Personalcontrolling zu liefern. Nicht nur ein oft sehr heterogenes — wenn nicht gar kontroverses — Verständnis von Personalarbeit steht einer ausreichenden Datengrundlage im Wege, manche Zahlen werden nicht überall in gleicher Qualität und in gleicher Quantität erhoben, was Vergleiche erschwert, wenn nicht sogar unmöglich macht.

Glücklich ist, wer Personalcontrolling in einem Unternehmen betreibt, das eine straffe, umfassend organisierte und strategisch gut positionierte Personalarbeit aufweist. Ein effizientes Personalcontrolling muss konsistente Kennzahlen erstellen können und Modelle und Prozesse bündeln. Es nutzt Synergien, um unterschiedliche Controllingaufgaben erfüllen zu können. Es sorgt dafür, dass bereichs- und abteilungsübergreifend nur wenige Schnittstellen erforderlich sind. Dass das nicht mit dem „spitzen Bleistift" und Ärmelschonern zu leisten ist, versteht sich von selbst. Sinnvoll ist eine technische Plattform mit einheitlichem und revisionskonformem Eingangskanal für personalwirtschaftliche Ad-hoc-Anfragen.

Ist all das vorhanden, kann professionelles Personalcontrolling die Frage beantworten: Für welche personalwirtschaftlichen Themen müssen wir unsere Mittel einsetzen, damit sich der angestrebte Return on Investment im Sinne engagierter Mitarbeiter, zufriedener Kunden und stabiler finanzieller Erträge ergibt?

Personalcontrolling liefert einen entscheidenden Beitrag dafür, diejenigen personalwirtschaftlichen Themen zu identifizieren, zu planen, zu kontrollieren und zu steuern, die ein Unternehmen voranbringen.

12.3 Wichtig ist, was hinten rauskommt

Kennzahlen sind beim Personalcontrolling nur die eine Seite der Medaille. Wichtig ist das, was daraus gemacht wird.

Ein Beispiel dafür ist die Krankenquote. Personaler wissen: Der Krankenstand entwickelt sich weitgehend unabhängig vom Konjunkturverlauf, entscheidend sind die Faktoren der betrieblichen Ebene. So hat z. B. ein betriebliches Gesundheitsmanagement Einfluss; auch die Betriebsgröße ist wichtig. So ist in kleineren Betrieben die Krankheitsquote niedriger. Doch Unternehmenskultur, -werte und Führungskultur spielen ebenfalls eine zentrale Rolle.

Das Personalcontrolling erfasst die schlichte Krankenquote und die daraus resultierenden Kosten für ein Unternehmen. Das liefert für die Personalpolitik wertvolle Ansätze, macht Vergleichbarkeit mit Vorjahren, der Konkurrenz und der Branche möglich. Die Strategieberatung Booz & Company hat auf der Basis von Daten aus dem Jahr 2009 ausgerechnet, dass deutsche Unternehmen wegen reiner Fehlzeiten 1.197 Euro pro Mitarbeiter und Jahr aufbringen müssen. Das sind laut der Studie im Auftrag der Burda-Stiftung jedoch nur rund ein Drittel der tatsächlichen Krankheitskosten.[105] Der erheblich höhere Teil wird dadurch verursacht, dass Arbeitnehmer trotz Erkrankung am Arbeitsplatz erscheinen. Sie sind nur eingeschränkt arbeitsfähig. Ihre Leistung? Schlecht. Kranke Beschäftigte zeichnen sich durch verminderte Arbeitsqualität, erhöhte Fehleranfälligkeit und mehr Unfälle aus — dazu kommt eine Verzögerung der Genesung mit bisweilen teuren Folgen. Kurzum: Präsentismus, also das Arbeiten trotz Erkrankung, kostet jährlich 2.394 Euro pro Kopf. Für das Unternehmen steigen damit die tatsächlichen krankheitsbedingten Kosten auf 3.591 Euro jährlich pro Beschäftigtem. Hochgerechnet auf alle deutschen Unternehmen bedeutete das im Jahr 2009 Kosten in Höhe von etwa 129 Milliarden Euro. Ein kluges Human Resources Management weiß daher: Die krankheitsbedingte Abwesenheit verursacht weniger Kosten als Präsentismus.

Das zeigt auch: Mit der Kennzahl Krankheitsquote lässt sich wenig anfangen. Der Kontext macht den Unterschied. Im Falle der unproduktiven Kranken am Arbeitsplatz ist die personalwirtschaftliche Konsequenz daraus, ein Betriebliches Gesundheitsmanagement zu schaffen, das mit einem präventiven Ansatz dafür sorgt, dass Krankheiten gar nicht erst entstehen. Dies vermindert nämlich sowohl die Zahl der Kranken mit Absenz- als auch die der mit Präsenzstatus.

12.4 Passgenau arbeiten

Passgenaues Arbeiten funktioniert nur, wenn sämtliche Beteiligten über Zahlen und deren praktische Bedeutung miteinander kommunizieren. Nur dann wird klar, was sie erreicht haben — und wo noch Handlungsbedarf besteht. Das bringt Vertrauen in das eigene Handeln und erzeugt Freude darüber, etwas gestaltet zu haben. Stolz ist das richtige Wort dafür. Und damit die Transferleistung von der Zahl zum guten Gefühl gelingt, muss Personalcontrolling raus aus den Excelsheets und hinein in die Köpfe getragen werden: Personalcontrolling ist eine Kommunikationsaufgabe.

Der Anspruch, nah dran am Menschen zu sein und die Zahlen dort einzusetzen, wo sie den Einzelnen und das gesamte Unternehmen weiterbringen, lässt sich nur einlösen, wenn bekannt ist, was die Beschäftigten wirklich umtreibt. Es ist daher eine notwendige Leistung des Personalcontrollings, die individuellen Bedürfnisse der Belegschaft regelmäßig zu messen. Denn nur dann können die HR-Instrumente darauf abgestimmt werden. Bewährte Instrumente werden nachjustiert oder er-

---

[105] Booz & Company (2011).

weitert, unnütze ausgesondert und notwendige implementiert. Ziel einer wertschätzenden Personalarbeit ist es, passgenau auf den Mitarbeiter und seine Wünsche einzugehen. Die Herausforderung ist, diese weichen Faktoren zu erfassen und mit quantitativen Größen wie Fluktuation und Krankenstand zu vergleichen.

Dass die Bedürfnisse und Erwartungen der Mitarbeiter individuell sehr unterschiedlich sind, bedarf keiner Erläuterung. Das macht schon von vornherein klar, warum der klassische Ansatz eines Personalcontrollings zu kurz greift, weil er Mitarbeiter nach soziodemografischen Merkmalen wie Alter oder Geschlecht einteilt. Wer jedoch die individuellen Bedürfnisse und Präferenzen jedes einzelnen Mitarbeiters herausbekommen und zugleich die Faktoren identifizieren will, die die Beziehung des Beschäftigten zum Unternehmen ausmachen, kommt mit dem klassischen Controlling-Werkzeugkoffer nicht weit.

12.5 Präferenzen exakt ermitteln

Vielmehr müssen die Emotionen, Einstellungen und Bedürfnisse der Mitarbeiter und deren Einfluss auf den unternehmerischen Erfolg wirklichkeitsgetreu abgebildet werden. Ein Beispiel ist die Methode des „People Value", das die Unternehmensberatung PwC gemeinsam mit dem ISG Institut in St. Gallen entwickelt hat. Es soll anhand qualitativer Mitarbeiterwerte Impulse für die Rekrutierung neuer Mitarbeiter und die Bindung strategischer Schlüsselkräfte geben.

Vier Schlüsselfragen hat PwC identifiziert:

1. Weshalb entscheiden sich Mitarbeiter für oder gegen ein Unternehmen?
2. Was ist den Beschäftigten besonders wichtig? Karriere, Teamgeist oder die Aufgabe?
3. Woran macht der Mitarbeiter seinen Nutzen für sich als Teil des Unternehmens fest?
4. Wie erleben die Beschäftigten sich und ihren Beitrag zum Erfolg?

Aus den Ergebnissen der Bedürfnismessung, die in die bestehenden HR Prozesse integriert werden kann, lassen sich klare Präferenzprofile erstellen. Zudem lässt sich daraus ableiten, welchen Beitrag ein Mitarbeiter zum Erfolg des Unternehmens leisten kann.

Employer Reputation und Arbeitgebermarke als messbare Größen?

Individuelle Mitarbeiterprofile nach der People-Value-Methode	
Typ 1	Findet seine Zufriedenheit in seiner Arbeit und den Aufgaben
Typ 2	Legt Wert auf persönliche Entwicklungs- und Karrierechancen
Typ 3	Leitet seine Zufriedenheit davon ab, wie er von seinem Vorgesetzten behandelt wird
Typ 4	Der Schlüssel zu seiner Zufriedenheit liegt im Verhältnis zu den Kollegen
Typ 5	Dieser Mitarbeiter möchte stolz sein auf seine Firma

Quelle: PwC, www.pwc.de/de/prozessoptimierung/sind-die-mitarbeiter-zufrieden-steigt-die-qualitaet-ihrer-arbeitsergebnisse.jhtml (Zugriff am 06.07.2015)

Es gibt Mitarbeiter, die in ihrer Aufgabe vollkommen aufgehen. Andere sind Seismografen der Stimmung im Team. Ist sie mies, leiden auch Motivation und Leistung des Mitarbeiters. Weiß das HR-Management um diese Präferenzen, ist es eher in der Lage, vorhandene Instrumente auf die Bedürfnisse der einzelnen Mitarbeiter zu fokussieren. Das wird von den Mitarbeitern wahrgenommen und honoriert: Wenn das Unternehmen zielgerichtet in Führungsqualität investiert und Fluktuation reduziert, werden z.B. die „Stimmungsabhängigen" positiv beeinflusst. Gerade diejenigen, die eine starke Teampräferenz aufweisen und Vertrauen sowie Loyalität als sehr wichtig einschätzen, beeinträchtigt hohe Fluktuation. Wenn die Führungskraft um die individuellen Präferenzen und Motivationsfaktoren der Mitarbeiter weiß, kann sie zielgerichtet team- und vertrauensbildend tätig werden, um das Team wieder zu motivieren und Wechselabsichten Einzelner so möglichst zu zerstreuen. Die Folge: Die Motivation und Bindung der „Stimmungsabhängigen" an das Unternehmen steigen messbar. Die Kennzahl der betrieblichen Fluktuation hängt davon ab, ob sich die Angestellten mit ihren Wünschen und Bedürfnissen ernst genommen und im Unternehmen wohlfühlen. Nicht mehr, aber auch nicht weniger.

12.6 Schlüsselfaktor Führung

Warum Gegensteuern so wichtig ist? Treue zum Unternehmen war gestern. Studien legen nahe, dass knapp die Hälfte der deutschen Arbeitnehmer über einen Arbeitsplatzwechsel in den kommenden 12 Monaten nachdenkt.[106] Das ist eine Herausforderung für eine mitarbeiterorientierte Unternehmenskultur, die die Leistungsmotivation und -fähigkeit der Mitarbeiter im Fokus haben muss, um die Wechselwilligen zu halten. Ziel ist, das Verhalten der Geschäftsleitung und der Führungskräfte als

---

[106] Siehe z.B. ManpowerGroup (2012): Studie „Jobzufriedenheit".

berechenbar, uneigennützig und problemgerecht erlebbar zu machen, um die Bindung an das Unternehmen zu steigern. Ein zentraler „Hebel" ist etwa für Prof. Dr. Bernhard Badura (Universität Bielefeld) ein mitarbeiterorientiertes Führungsverhalten sowie eine Unternehmenskultur mit gemeinsamen Überzeugungen, Werten und Regeln.[107] Badura schreibt: „Werden sie zur Mangelware, häufen sich Fehler, Missverständnisse und Konflikte, sinkt die Leistungsfähigkeit einer Organisation, leiden Leistungsbereitschaft, Loyalität und Gesundheit ihrer Mitglieder."

Dass Führungsverhalten und Gesundheit der Mitarbeiter eng zusammenhängen, hat die Volkswagen AG in einem interessanten Experiment bewiesen. Vorgesetzte mit einem hohen Krankenstand in ihrer Abteilung wurden in Bereiche mit niedrigem Krankenstand versetzt. Es stellte sich heraus, dass die Führungskräfte schnell und messbar im neuen Umfeld wirkten: Bereits nach einem Jahr hatten sie in ihrer neuen Abteilung die Krankenquote ihrer „alten" Abteilung erreicht.

12.7 Indikator „Strategic Readiness"

Krankenstand als Indikator und die Gründe, die dahinter stehen; Fluktuation als Indikator und deren Ursachen, die sich eindeutig identifizieren lassen — das sind nur zwei Beispiele dafür, dass Personalcontrolling elementar dazu beiträgt, personalwirtschaftlich dort anzusetzen, wo es etwas bringt.

Ein unverzichtbares Instrument, um zu ermitteln, wie es um all die „weichen" Faktoren bestellt ist, ist die Mitarbeiterbefragung. In ihr werden — im Idealfall — die relevanten Meinungen und Gefühle so erfasst und abgebildet, dass HR daraus die richtigen Instrumente ableitet.

In den vergangenen Jahrzehnten haben zahlreiche Unternehmen vor allem zwei Generationen von Mitarbeiterbefragungen umgesetzt: Vor etwa zwei Jahrzehnten kamen die ersten Betriebe auf die Idee, das Unternehmensklima ermitteln zu wollen, Anfang der 1990er Jahre interessierten sich immer mehr Unternehmen dafür, wie es um die Mitarbeiterzufriedenheit stand. Eine wichtige Grundlage dafür war die Ende der 1960er Jahre veröffentlichte Untersuchung des US-Amerikaners Frederick Herzberg, die sich mit den organisatorischen Rahmenbedingungen für extreme Zufriedenheit oder Unzufriedenheit von Beschäftigten befasste.[108] In der

---

[107] Badura, Bernhard/Greiner, Wolfgang/Rixgens, Petra/Ueberle, Max/Behr Martina (2008).
[108] Herzberg, Frederick (1968).

Employer Reputation und Arbeitgebermarke als messbare Größen?

Praxis stellte sich heraus, dass dessen Annahmen sich nicht zuverlässig beweisen ließen. Der Zusammenhang zwischen Zufriedenheit und Leistungsbereitschaft konnte nicht klar herausgearbeitet werden. Daher nahmen die Unternehmen bei ihren Befragungen statt der Mitarbeiterzufriedenheit das Commitment in den Fokus. Hier ergab sich das Problem, dass der Zusammenhang zwischen Verbundenheit mit dem Unternehmen und der Leistungsbereitschaft statistisch wenig stabil belegt werden konnte. Im Gegenteil: Ein Mitarbeiter kann sich dem Unternehmen durchaus verbunden und sich dort wohlfühlen, möchte aber gerade deswegen nichts verändern bzw. verbessern.

Seit 2003 verschiebt sich die Zielrichtung der Mitarbeiterbefragungen daher in Richtung Engagement und „Strategic Readiness". In diese Ausrichtung fließen die theoretischen und praktischen Ansätze einer Hochleistungsorganisation ein (High Performing Organization).

12.8 Was das Engagement ausmacht

Das Engagement beschreibt die emotionale und intellektuelle Verbundenheit von Angestellten mit ihrer Aufgabe, ihrer Organisation, ihrer Führungskraft und ihren Kollegen, die sie dazu bewegen, sich besonders einzusetzen. Bestimmend dafür ist das Zusammenspiel dreier Faktoren:

1. kognitive Verbundenheit
2. emotionale Beziehung
3. reales Verhalten am Arbeitsplatz

Zufriedenheit, Identifikation, Commitment, Einsatzbereitschaft und Bindung fließen in den Begriff Engagement ein. Anbieter für Mitarbeiterbefragungen wie GfK Trustmark haben aus den Erfahrungen vieler solcher Befragungen und den Erkenntnissen zahlreicher Studien wichtige Treiber des Engagements identifiziert. GfK benennt acht verschiedene Einflussfaktoren. Dazu gehören Vertrauen ebenso wie der Transfer zwischen eigener Leistung und der des Unternehmens oder die Beziehung zu Kollegen oder der Führungskraft.

Was das Engagement ausmacht 12

Die acht Einflussfaktoren für Engagement	
1. Vertrauen und Integrität	Hat der Mitarbeiter das Gefühl, dass das Management an seinem Wohlergehen interessiert ist und ihm zuhört, ihm die Wahrheit sagt, Veränderungen klar kommuniziert, Versprechungen hält und vorgegebene Ziele und Werte selbst vorlebt?
2. Charakteristik der Tätigkeit	Wie sieht die normale Tätigkeit aus und in welcher Form wird der Mitarbeiter davon emotional und mental stimuliert? Wird er an Entscheidungsfindungen beteiligt, und bekommt er Eigenverantwortung übertragen?
3. Wahrgenommener Zusammenhang von persönlicher und unternehmerischer Leistung	Versteht der Mitarbeiter die Unternehmensziele? Ist er sich der notwendigen Leistung der gesamten Firma bewusst — und vermag er einzuschätzen, wie sein Beitrag dazu aussieht?
4. Entwicklungs- und Aufstiegsmöglichkeiten	Werden die Entwicklungs- und Aufstiegsmöglichkeiten innerhalb eines Unternehmens vom Mitarbeiter wahrgenommen und auf seinen persönlichen Karriereweg übertragen?
5. Stolz auf das Unternehmen	Bezieht der Mitarbeiter ein positives Selbstwertgefühl daraus, dass er dem Unternehmen angehört?
6. Arbeitskollegen/Teammitglieder	Welche Bedeutung haben die Kolleginnen und Kollegen für das persönliche Engagement des Mitarbeiters?
7. Mitarbeiterentwicklung	Werden von Seiten des Unternehmens ausreichende Anstrengungen unternommen, um die fachlichen Kompetenzen, Fähigkeiten und Qualifikationen des Mitarbeiters zu entwickeln?
8. Persönliche Beziehung zur Führungskraft	Wie sehr schätzt der Mitarbeiter seine Beziehung zum Vorgesetzten, unabhängig von fachlichen oder tätigkeitsbezogenen Aspekten?

Quelle: Grundlagenpräsentation von GfK Trustmark, „Creating a High Performance Organisation", 2011

Mit kausalstatistischen Methoden werden diese wichtigen Treiber identifiziert (Ursache-Wirkungs-Analyse). Damit lassen sich individuelle Handlungsportfolios mit vier Prioritätsfeldern erstellen, die aufzeigen, wie z. B. das Thema Führung sich auf das Mitarbeiterengagement auswirkt.

Portfolio: Handlungsprioritäten in Ihrer Einheit

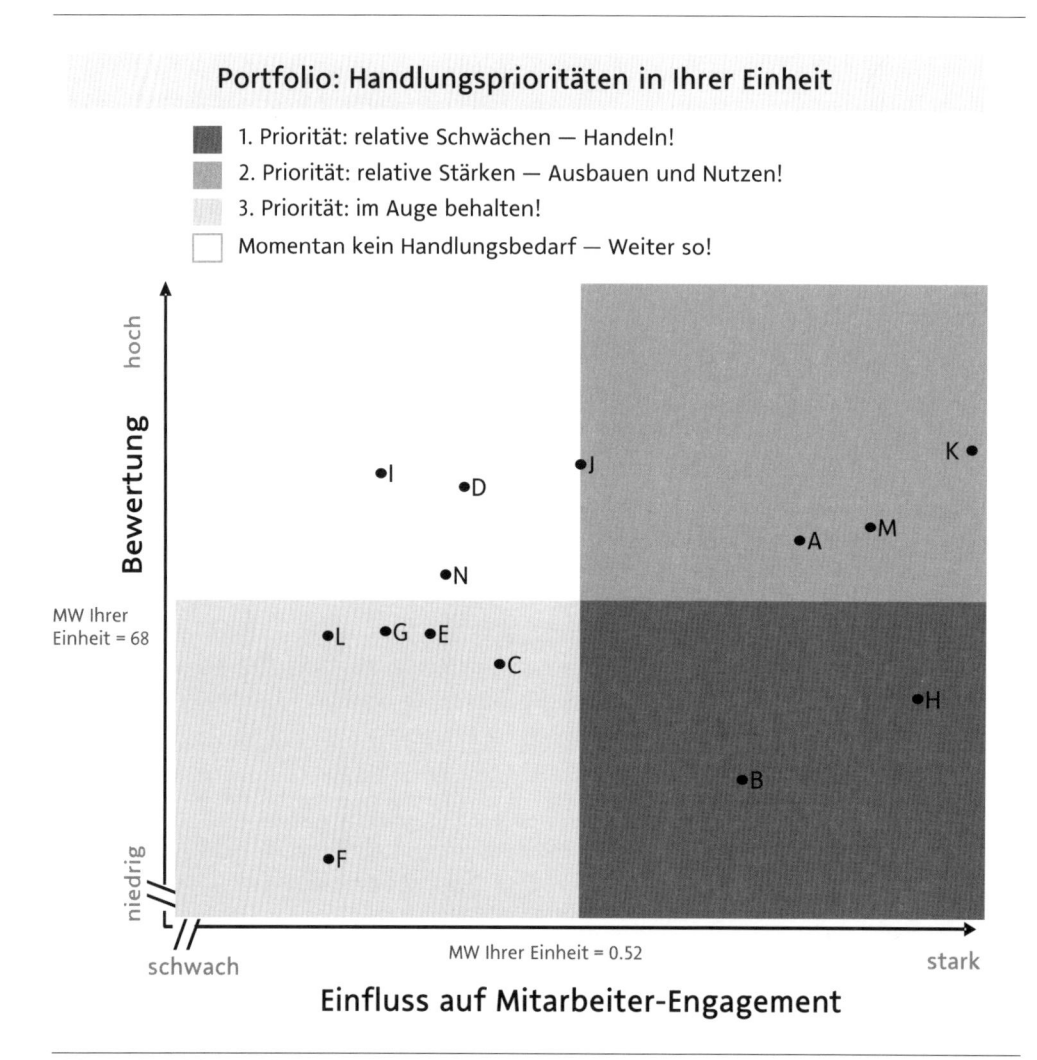

- 1. Priorität: relative Schwächen — Handeln!
- 2. Priorität: relative Stärken — Ausbauen und Nutzen!
- 3. Priorität: im Auge behalten!
- Momentan kein Handlungsbedarf — Weiter so!

Abb. 1: Beispiel für Handlungsportfolio; Quelle: GfK Trustmark, „Creating a High Performance Organisation", 2011

Aufgabe des Personalcontrollings ist es, dabei aktiv mitzuwirken, einen kompetenten Partner für die Konzeption, Umsetzung und Auswertung einer Mitarbeiterbefragung zu finden. Das Controlling trägt dafür Sorge, die Befragung vorzubereiten, die Umsetzung zu begleiten und deren Ergebnisse klar zu analysieren, zu interpretieren und handlungsorientiert zu kommunizieren — je nach Bedarf aufbereitet für das Topmanagement, die Führungskräfte und die Personaler.

12.9 Transparenz gewinnen

Von der Befragung, der Auswertung und einer umfassenden Ergebniskommunikation mit darauf folgenden (sichtbaren) Maßnahmen profitieren beide Seiten: Die Beschäftigten fühlen sich mit ihren individuellen Bedürfnissen ernst genommen und werden motiviert. Gelingt es, ihre Emotionen, Einstellungen und Bedürfnisse zu erfassen, gewinnen die Beschäftigten Transparenz über ihre eigenen Erwartungshaltungen, Wünsche und Motivationsfaktoren. Das ist auch eine gute Grundlage für Entwicklungs- oder Perspektivgespräche, denn wer weiß, was ihn beschäftigt, kann das auch deutlicher zum Ausdruck bringen.

Die Unternehmen freuen sich über geringere Kosten und höheren Output. Die Mitarbeitermotivation steigt, die Fluktuation nimmt ab und die Rentabilität zu.

Wenn es dem Personalcontrolling mit einer Mitarbeiterbefragung gelingt, die qualitativen HR-Faktoren zu erfassen und mit quantitativen Indikatoren wie Fluktuation, Krankenstand oder Output zu verbinden, wird klar, wie die harten und die weichen Faktoren zusammenhängen. Das liefert Antworten auf wichtige Fragen, z.B. „Worauf legen unsere Mitarbeiter wert?", „Weswegen entscheiden sich Mitarbeiter für unser Unternehmen?", „Welche unterschiedlichen Arten von Menschen beschäftigen wir?", „Wie lässt sich die Zusammenarbeit zwischen Mitarbeiter und Führungskraft verbessern?".

Den HR-Verantwortlichen wird mit all dem transparent gemacht, ob die eingesetzten HR-Instrumente und -Maßnahmen wirken.

> **WICHTIG**
> HR bündelt seine Kräfte, wenn es sich bei den Instrumenten vor allem auf strategisch wichtige Mitarbeitergruppen konzentriert: auf Talente, Führungskräfte und Schlüsselkräfte, sprich Beschäftigte, die nur schwierig ersetzt werden können.

12.10 Die Innensicht zählt

Wer nun glaubt, die Ergebnisse einer auf das Engagement zielenden Mitarbeiterbefragung spiegeln die Stärke der Arbeitgebermarke wider, der irrt. Employer Branding ist zuallererst das, was sich die Außenstehenden unter dem Arbeitgeber vorstellen. Hier geht es um die Innensicht. Natürlich sind die Mitarbeiter Marken-

Employer Reputation und Arbeitgebermarke als messbare Größen?

botschafter und beeinflussen mit ihrem Auftreten nach außen das Bild der Marke. Doch hier geht es darum: Was macht das Unternehmen in seinem Innersten aus?

Es stellt sich in diesem Zusammenhang die Frage: Was messe ich, und wie? Beim Employer Branding mag der Auftrag an eine Agentur als Arbeitsnachweis taugen. Schließlich sind Markenaufbau und Imagepflege etwas, was besser Profis erledigen sollten. Aber ist das, was die Agentur macht, wirklich erfolgreich? Während die Marketingkommunikation nicht zuletzt dank der Social-Media-Entwicklung vielfältig nachvollziehbar ist, muss das Employer Branding eigene Methoden entwickeln, um Erfolge nachvollziehbar zu machen. Das ist kein bürokratischer Selbstzweck, vielmehr ist es eine betriebswirtschaftliche Notwendigkeit, die ein eindeutiges Ziel hat: Optimierung. Und ohne irgendeine Form von Erfolgskontrolle gibt es schlicht keinen Verbesserungsprozess.

Wie sich der Erfolg einer Marke messen lässt, wird z.B. in dem Buch „Erfolgsfaktor HR Brand" mit Bezug auf die Arbeitgebermarke — und sogar spezifisch die „Marke Personal" — beschrieben.[109] Darin werden die Grundlagen des Brand Valuation Forums vorgestellt, einer Arbeitsgruppe der Gesellschaft zur Erforschung des Markenwesens (GEM) und des deutschen Markenverbandes. Das Forum hat sich weniger mit den am Markt befindlichen Verfahren befasst, sondern grundsätzlich definiert, was Marken-Messverfahren leisten sollten. Zunächst sollte der Typ der Marke definiert werden. Eine Arbeitgeber- oder Personalmarke hat einen geografischen Geltungsbereich, der sowohl regional als auch national oder international sein kann. Dann geht es um die Stellung in der Markenarchitektur (Markenfamilie, Dachmarke). Auch die Funktion der Marke sollte eine Rolle spielen.

Für die Evaluierung der Markenrelevanz im spezifischen Markt- und Branchenumfeld sind verhaltenswissenschaftliche Analysen oder wertschöpfungsbezogene Indikatoren wesentlich. Der Markenstatus sollte anhand zumindest zweier Komponenten erfasst werden: des Erfolgs der Arbeitgebermarke im relevanten Markt sowie der Anziehungskraft der Marke für den Nutzer (Markenstärke). Bei einer HR Brand können dazu quantitative Marktdaten wie die Häufigkeit der Nutzung von HR-Produkten oder Erfolge beim Recruiting herangezogen werden. Weitere Faktoren sind Markenbindung und -loyalität. Hier kommt das ins Spiel, was auch für die Ermittlung der Employer Reputation relevant ist: nämlich die repräsentativ angelegten Zielgruppenbefragungen mit Hilfe geeigneter Instrumente und Methoden. Die daraus entstandenen Erfolgskennziffern liefern die Grundlage für die Bewertung des Markenstatus.

---

[109] Esser, Marco/Schelenz, Bernhard (2011).

12 Die Marke hinterfragen

Diese Mühe muss man sich erst einmal machen. Tatsache ist, dass nicht alle Unternehmen mit empirischen Mitteln nachhalten, wie es um die Arbeitgebermarke bestellt ist. Im Vagen lässt sich gut spekulieren — und wenn managementseitig die Arbeitgeber-Markenstrategie nicht wirklich hinterfragt wird, auch gut eigenes Tun oder Unterlassen vermeintlich legitimieren.

12.11 Die Marke hinterfragen

So ist Employer Branding vielerorts eine Wissenschaft für sich, die bisweilen wenig Bodenhaftung aufweist. Denn das, was sie vermeintlich transportiert, nämlich ein Top-Unternehmen, in das Nachwuchstalente und High-Professionals lieber gestern als heute wechseln würden, untermauert die Marke nicht mit Fakten. Der Arbeitgebermarke ist Fluktuation egal, die Krankenquote auch — Hauptsache, beim Unternehmensranking XY wurden zwei Plätze gut gemacht. Die Marke hat zu strahlen. Womit diese Strahlkraft tatsächlich unterfüttert ist, wird besser nicht hinterfragt.

Dabei ist Arbeitgeber-Markenführung kein statischer Zustand, sondern ein höchst fragiles Gebilde. Die Attraktivität der Employer Brand wird ebenso wie die der Marke selbst täglich neu definiert, manchmal von einer Sekunde auf die andere, wie bei der Finanzmarktkrise. Plötzlich ist man bei dem angelangt, was Marke ausmacht: ihr Ruf. Um genau zu sein und es auf das Unternehmen zu beziehen: der Ruf als Arbeitgeber.

Wie es um die Employer Reputation innerhalb des Unternehmens steht, lässt sich durchaus ermitteln. Im Gegensatz zum Ansehen der Arbeitgebermarke — der flapsige Vergleich sei erlaubt — befrage ich nicht den Hahn vom Nachbarhof über seine Sicht zur Attraktivität des Eierlegens, sondern die Hühner. Das Instrument dafür ist die Mitarbeiterbefragung. Die zentrale Erkenntnis dazu kommt vor allem aus einem der genannten acht zentralen Engagement-Aspekte: dem Stolz auf das Unternehmen! Er lässt sich mit sehr spezifischen Fragen ermitteln. Eine davon ist: Empfehle ich anderen, bei meinem Unternehmen einzusteigen?

Auch andere Kennzahlen liefern Hinweise, wie z.B. der Benchmark mit anderen Unternehmen aus der Branche oder der Vergleich mit anderen Märkten. Auch hier unterstützen Daten aus der Mitarbeiterbefragung. Wie zufrieden sind die Führungskräfte im eigenen Unternehmen, wie zufrieden bei der Konkurrenz? Wie und in welchen Zeiträumen hat sich der Commitment-Index verändert?

Employer Reputation und Arbeitgebermarke als messbare Größen?

Auch das, was das Talentmanagement oder die Personalberater beitragen, rundet das Bild ab: Wie ist es um die Reputation bestellt? Daraus entsteht ein Gesamtbild, das das Personalcontrolling in das Unternehmen spiegelt. Es gehört umfassend kommuniziert und erfordert dort detaillierte Kommunikation, wo das Detail einen Mehrwert bringt. Nur dann, wenn die Zahlen und die Rückschlüsse daraus etwa beim Gesundheitsmanagement ankommen, können dort die richtigen Rückschlüsse für künftige Handlungsfelder gezogen werden. Ist das Gesundheitsmanagement darüber hinaus willens und in der Lage, HR-intern übergreifend zu agieren, hat es die Chance, etwa die Erkenntnisse der Trendscouts eines Unternehmens in seine Arbeit miteinzubeziehen.

Das Personalcontrolling macht so aus abstrakten Zahlen Themen, damit HR, Topmanagement und Führungskräfte zukunftsorientiert kommunizieren und entsprechend handeln können. Das personalwirtschaftliche Handeln des Unternehmens wird dadurch transparent, und Veränderungen werden sichtbar. Auch diejenigen, die den Ruf eines Unternehmens betreffen.

13 Werteorientierte Unternehmenskultur

Autorin: *Petra Lewe*

Welche Relevanz haben Werte und eine werteorientierte Unternehmenskultur bei der Gestaltung der Arbeitgebermarke und für die Reputation eines Unternehmens? Wie funktioniert systematische Werteorientierung im Rahmen von Unternehmenskulturen? Wie kann das Wertesystem eines Unternehmens sich an künftige Anforderungen anpassen? Antworten auf diese und weitere Fragen zur Werteorientierung gibt dieser Beitrag.

13.1 Werteorientierte Unternehmenskultur

Seit über 20 Jahren wird das Arbeitgeberimage von verschiedenen Seiten beleuchtet und teilweise widersprüchlich diskutiert. Die Entwicklung und „Pflege" der sog. Arbeitgebermarke gehört heute in den meisten Unternehmen zum Standardrepertoire des Personalmarketing.

Doch nichts bleibt, wie es ist: Die Veränderung der Arbeitswelt sowie der gesamten Gesellschaft hat in den letzten Jahren eine Beschleunigung erfahren, die nicht nur traditionelle, gut eingeführte Marken erschüttert, welche immer als stabil eingeschätzt wurden, sondern auch das gesamte Konzept der Arbeitgebermarke in Frage gestellt hat. Mehr als je zuvor geht es bei modernen Mitarbeiterbindungsideen und Rekrutierungskonzepten heute um Nachhaltigkeit. Wenn selbst traditionelle Arbeitgebermarken ihre Stabilität verlieren, muss diese Nachhaltigkeit neu gedacht werden.

Ein neues Denken erfordert die Auseinandersetzung mit dem, was Unternehmen im Innersten zusammenhält, und nicht nur mit solchen Aspekten, die den äußeren Schein prägen. Hier greift, dies kann anhand von Forschungsergebnissen aus mehreren Jahrzehnten nachvollziehbar bewiesen werden, das Konzept der Unternehmenskultur. Die entsprechenden Ansätze und Studien sind sich bei aller Verschiedenheit einig in der Frage, woraus Unternehmenskultur und Unternehmensphilosophie bestehen: aus den Werten, aus den Normen und ungeschriebenen Regeln, welche die Mitarbeiter des Unternehmens in ihrem Verhalten prägen.

Denken wir also die Arbeitgebermarke neu, dann muss auch das Thema der unternehmensinternen gelebten und erlebten Werte thematisiert werden. In einer äußeren Betrachtung des Unternehmens kann der „Ruf" nicht losgelöst betrachtet werden von dem unternehmenseigenen System aus Werten und Normen. Im Folgenden werden Bezüge zwischen diesen Facetten hergestellt und Möglichkeiten aufgezeigt, systematisch im Sinne dieser neu gedachten Arbeitgebermarke Entwicklungsarbeit zu leisten.

13.2 Was bringt Werteorientierung im Unternehmen?

„Man merkt meiner Schokolade an, dass sie von glücklichen Mitarbeitern hergestellt worden ist". Dieser Satz von Alfred Theodor Ritter, Enkel des Firmengründers von Ritter SPORT, enthält eine wesentliche Botschaft: Der Markenkern reicht nicht mehr aus, damit ein Unternehmen als glaubwürdig wahrgenommen wird. Diese Annahme belegen auch die Flut diverser Gütesiegel sowie das immer kritischer werdende Konsumentenverhalten. Hinter diesem Phänomen verbirgt sich das Bedürfnis nach einer glaubhaften unternehmerischen Wertekultur. Gelebte Werte führen — innen für Mitarbeiter, außen für Kunden und andere Stakeholder — zu einer glaubhaften Wahrnehmung des Unternehmens. Sie geben dem Unternehmen einen wertvollen Ruf — eine Reputation.

Employer Branding verfolgt in diesem Kontext u. a. das Ziel, ein Unternehmen mit seinem Markenkern und weiteren Facetten als Wuncharbeitgeber zu platzieren. Neuere Studien geben jedoch Anlass zur Annahme, dass ein bekannter Unternehmensname und gut eingeführte Arbeitgebermarken einen Arbeitgeber nicht unbedingt zum Wuncharbeitgeber für Berufseinsteiger machen. Möglicherweise sind also traditionell durchgeführte Arbeitgebermarkenrankings nichts anderes als Artefakte, die aufgrund vorgelegter Listen von Unternehmensnamen zustande kommen.

13.3 Wertekultur als Zukunftskultur

Unternehmenskultur als Summe der gelebten und erlebten Werte in unternehmensbezogenen Handlungszusammenhängen kann nicht wie ein Produkt konzeptioniert und „erzeugt" werden. Vielmehr entstehen und verändern sich Kulturen, so auch Unternehmenskulturen, über Impulse, die sie aus ihrem Inneren sowie von außen erhalten. Einschlägige Forschungsergebnisse zeigen, dass es schwer ist, die Frage zu beantworten, wann Impulse kulturverändernd sind und wann sie ohne Einfluss auf existierende Wertegefüge bleiben. Es scheint festzustehen, dass dabei lineare Prozesse keine und klare Kausalitäten eine nur untergeordnete Rolle spielen.

Diese, für die systematische Kulturveränderung und Wertebeeinflussung eingrenzende Tatsache muss jeder zur Kenntnis nehmen, der heute von Ist- und Soll-Kulturen im Unternehmen spricht. Notwendig ist vielmehr ein sensibles Vorgehen nicht nur, wenn es um mögliche Veränderungsimpulse geht, sondern bereits dann, wenn das unternehmensspezifische Wertesystem erfasst wird.

Geht man davon aus, dass diese Sensibilität gegeben ist, können Überlegungen angestellt werden, das kulturelle Wertesystem des Unternehmens zu einer entscheidenden Größe der Zukunftssicherung der Organisation zu machen. Ein sich Einlassen auf „weiche Faktoren" und auf die nur bedingte Mess- und Beeinflussbarkeit ist hierfür notwendige Bedingung.

Es geht darum, ein transparentes Wertesystem zu etablieren. Ein solches unterstützt glaubhafte Reputation und ist für die Ausgestaltung einer nachhaltigen Kunden- und Mitarbeiterbindung unerlässlich. Doch wodurch zeichnet sich ein glaubhaftes Wertesystem aus? Wie gelingt das Zusammenspiel unternehmerischer und individueller Werte und wie kann es durch die Arbeitgebermarke transportiert werden? Diese Fragen verweisen auf die Relevanz, die Bedürfnisse und die Werte von Kunden und Mitarbeitern sowohl zu verstehen als auch in der werteorientierten Unternehmensführung zu berücksichtigen.

Für die erfolgreiche Rekrutierung von Fach- und Führungskräften, insbesondere mit Blick auf die Generation Y, ist die Wertekongruenz zwischen Unternehmen und Bewerber ein entscheidender Punkt. Nicht nur diese nachrückende Generation, sondern auch bereits der Generationenmix in den Unternehmen erwartet eine stärkere Berücksichtigung des Einzelnen. Das fordert Unternehmen heraus, ihre Konzepte zur Personalentwicklung auf diese Erwartungen abzustimmen und eine sinnvolle Verbindung klassischer Personalentwicklungsaktivitäten mit Maßnahmen zur Persönlichkeitsentwicklung herzustellen.

13.4 Die Zentrifugalkraft in der Gesellschaft

Wir leben in einer Wissensgesellschaft, die von hohem technischem Fortschritt geprägt ist. Damit spürbar verbunden ist ein gesellschaftliches Wertesystem, das permanent höhere Produktivität sowie Effektivität fordert und von jedem Einzelnen XXL-Leistungen abverlangt. Ein solch forderndes System führt in der Konsequenz zu zunehmender Erschöpfung, psychischen Belastungen, Ungeduld und in der Extremform sogar zu Aggressivität, die teilweise völlig irrationale Reaktionen nach sich zieht. Schaut man z. B. auf die insbesondere vor den Feiertagen nicht abwendbaren Staus auf den Autobahnen, so ist immer wieder zu beobachten, dass Autofahrer anderen das Einfädeln in ihre Fahrspur verweigern. Es geschieht in dem Wissen darüber, dass diese kleine Geste, den anderen Fahrer unterstützen würde, ohne selbst Nachteile in Kauf nehmen zu müssen.

Solch ein dysfunktionales Verhalten macht auch nicht Halt vor den Pforten eines Unternehmens. Es findet sich in veränderter Form am Arbeitsplatz wieder und äußert sich z. B. in Unlust, Müdigkeit, Gelähmtsein oder sogar Verweigerungsverhalten in unterschiedlichen Facetten. Aus diesem postmodernen Wertesystem resultieren also negative Konsequenzen, die für den Einzelnen und für das Unternehmen materiell und immateriell von Nachteil sind.

Phänomene wie diese erinnern an Zentrifugalkräfte, die sich grenzenlos ausweiten. Im hier verstandenen Sinne sind es Energien, die nicht mehr zum Wohle des Unternehmens und der Mitarbeiter wirken können, sondern sich willkürlich und unkontrolliert entladen.

Übertragen auf menschliche Reaktionsmuster beschreibt es eine zunehmende Ausrichtung des Einzelnen nach außen. Es wird mitunter sichtbar, dass das Denken und Handeln nicht mehr durch die eigene Werterichtschnur gesteuert wird. Im Extremfall führt das zu dysfunktionaler Unvereinbarkeit von Positionen und Haltungen unterschiedlicher Parteien, die mehr und mehr von einer gesunden Streit-und Kommunikationskultur abrücken. Negative Auswirkungen für den Einzelnen, das Unternehmen und die gesamte Volkswirtschaft sind in der Folge unvermeidbar.

13.5 Authentische Wertekultur

Bezogen auf Unternehmen geht es darum, die oben beschriebenen zentrifugalen Wirkkräfte wahrzunehmen und ihnen nachhaltig gegenzusteuern. Werteorientierte Unternehmenskultur bietet hierfür einen Lösungsansatz. Es kommt aber dabei darauf an, dass die damit einhergehenden Werte und Ziele von den Mitarbeitern als glaubwürdig wahrgenommen werden. Erst wenn diese die kommunizierten Werte als nachvollziehbar und transparent erleben, die Werte als Übereinstimmung von Reden und Handeln empfinden, entwickelt sich gelebte werteorientierte Unternehmenskultur. Personalabteilung und Führungskräfte sind hier gefordert, denn erlebte Glaubwürdigkeit entwickelt sich aus einem von ihnen nach innen und außen zu gestaltenden Kommunikationsprozess. Er sollte getragen sein von Transparenz, Dialog auf Augenhöhe und Sensibilität für die Dynamik von Prozessen.

So wird das Themenfeld „Was tut das Unternehmen, um seine Werte sichtbar zu machen?" immer wichtiger. Die Lösung sehen viele Unternehmen hier in Unternehmenspräsentationen und Hochglanzbroschüren. Jedoch entlarven Mitarbeiterbefragungen diese Art von Wertekommunikation häufig allzu deutlich als wertlos. Woran liegt das? Die kommunizierten Werte wurden verordnet und haben lediglich programmatischen Charakter. Verordnete Werte sind wenig hilfreich, da sie keiner glaubt und schon gar keiner lebt. Diese Bruchstelle zieht vielfältige negative Folgen nach sich: Mitarbeiter nehmen die Führungskultur als unglaubwürdig und intransparent wahr, Innovationen und Unternehmergeist werden ausgebremst, Kreativität von Teams, Eigenverantwortung und der Wertbeitrag des Einzelnen gehen mehr und mehr verloren. Das Unternehmen kann seinen Nutzen für Kunden und Mitarbeiter nicht optimal positionieren.

13.6 Ansätze zur Kulturentwicklung

Vor dem Hintergrund des oben skizzierten dysfunktionalen Wertesystems und dessen Folgen ist es notwendig, eine Wertearchitektur zu schaffen, die zur Wertschöpfung beiträgt, Identität schafft und konstruktive Entwicklungen ermöglicht. Neben Unternehmensgeschichte und Unternehmenszweck prägen Werte, Normen und Einstellungen die Identität des Unternehmens. Der Psychologe und Organisationsberater Klaus Doppler liefert hierzu einen pragmatischen Ansatz.

> *Wenn sich ... Verhaltensmuster mehrfach bewähren, sozusagen als wertvoll erwiesen haben, entwickeln sie sich nach und nach zu allgemeinen Kriterien für den zukünftigen Umgang mit ähnlichen Situationen. Etwas zu einem Wert erklären heißt: Es ist wichtig, es kann etwas bewirken, es soll gelten.*
> Klaus Doppler, Unternehmenssteuerung durch Werte: Nach vorn mit Blick zurück?;
> in: Wirtschaftspsychologie Aktuell, Ausgabe 4/2014, S. 22

Diese Definition kann zu einer Entwicklung von Leitlinien und Werten in Unternehmen genutzt werden. Vor diesem Hintergrund finden sich in der Unternehmenspraxis z. B. folgende Szenarien:

- **Szenario 1:** Das Unternehmen agiert mit erfolgreichen Strategien und Maßnahmen für Kunden und Mitarbeiter, ohne diese bewusst in einem Wertesystem festgeschrieben zu haben. In diesem Fall liegt ein bedeutendes Potenzial noch völlig brach, das dringend im Sinne von werteorientierter Unternehmensführung und Employer Reputation aufgegriffen und entwickelt werden sollte.
- **Szenario 2:** Langjährig bewährte Strategien werden genutzt und bilden die Kernkompetenzen erfolgreichen unternehmerischen Handelns. Sie sind in Unternehmensleitlinien und Grundsätzen formal eingebunden. Als Bestands- und Erhaltungswerte, die ggf. über mehrere Generationen stabil geblieben sind (Zeitkontinuität), bilden sie das Fundament des Unternehmens. Hierfür stehen in Deutschland beispielhaft die inhabergeführten mittelständischen Unternehmen.

Gerade diese innere Richtschnur, dieses Fundament, das sich aus dem Szenario 2 ergibt, ermöglicht es den Unternehmen, flexibel und offen zu sein für notwendige Anpassungen. Am Beispiel der zunehmenden Globalisierung der Märkte wird dies deutlich: Unternehmen mussten für den Erhalt ihrer Wettbewerbsfähigkeit Strategien zur Erschließung neuer Märkte entwickeln. Der bis dahin lange gültige Bestandswert „Deutsche Wertarbeit" musste angepasst werden.

Als Bestandteil der Wertekultur gibt es infolgedessen neben den Erhaltungs- und Bestandswerten auch jene Werte, die sich aus strategischen Zielen ableiten. Damit sie für Kunden, Mitarbeiter und andere Stakeholder nachvollziehbar sind, sind konsequenterweise aus strategischen Zielen entsprechende Soll-Werte zu definieren, die in der unternehmerischen Praxis mit gezielten Maßnahmen als Ist-Werte umgesetzt werden.

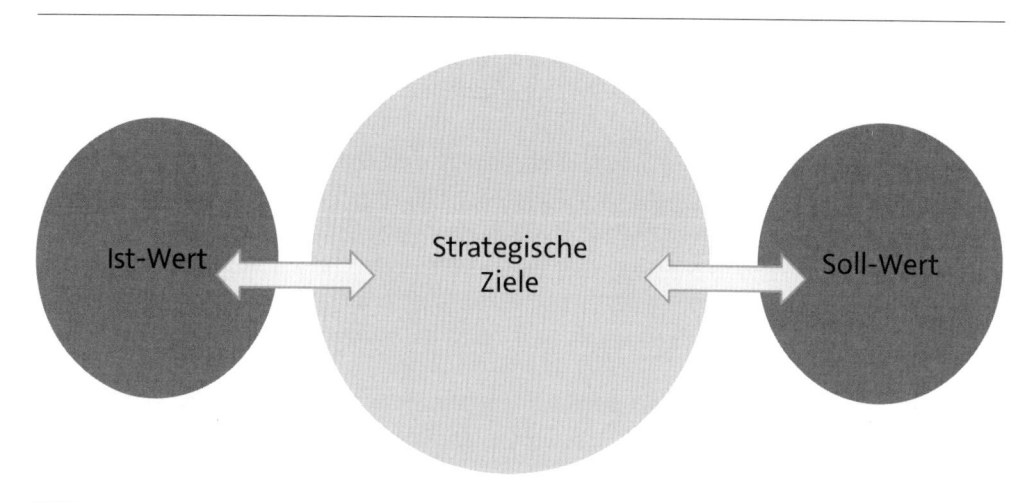

Abb. 1: Dreiklang: Strategische Ziele, Soll- und Ist-Werte

> **BEISPIEL**
>
> Definiert ein Unternehmen „Internationalisierung" als strategisches Ziel, so lautet der davon abzuleitende Soll-Wert „Internationalität in der Mitarbeiterstruktur". Für Mitarbeiter und Kunden erscheint dieser Wert nur dann glaubwürdig, wenn die Personalstruktur deutlich auf internationale Kontexte ausgerichtet ist (Ist-Wert).

Erst eine solche gelebte Konsistenz von strategischen Zielen und den Soll- und Ist-Werten im Zusammenspiel mit Bestands- und Erhaltungswerten steht für eine transparente werteorientierte Unternehmensführung.

Werden nachhaltige Abweichungen zwischen den Ist- und Soll-Werten erkennbar, muss das Management reagieren. Unter der Voraussetzung, dass die strategischen Ziele unverändert valide sind, sind dann die Soll-Werte zu überprüfen und ggf. zu modifizieren. Wenn sich diese als passend erweisen, sind die Einflussfaktoren der Ist-Werte zu korrigieren. Dies kann z.B. bedeuten, weitere Ressourcen zur Verfügung zu stellen oder evt. Einsparpotenziale wirksam auszuschöpfen.

Für die operative Umsetzung wäre es hilfreich, eine Steuerungsgruppe einzusetzen, die neben der Geschäftsführung einen Querschnitt verschiedener funktionaler Bereiche des Unternehmens abbildet.

13.7 Vitale Wertekultur

Sind Werte formuliert und verabschiedet, so entwickeln sie sich nur dann zu einem konstituierenden Merkmal der Unternehmenskultur, wenn sie nach innen und außen, also für Kunden, Mitarbeiter und andere Stakeholder sichtbar werden. Die Aufgabe ist daher, den Transport in die Unternehmensbreite über diverse Touchpoints zu schaffen (siehe hierzu auch den Beitrag von Bernhard Schelenz „Der gute Ruf als Arbeitgeber: HR Touchpoint Management"). Dieser Kommunikationsprozess gewährleistet Transparenz und verbindliche Klarheit.

Das Werte- und Kultursystem in Verbindung mit der unternehmensstrategischen Ausrichtung ist jedoch nur eine Seite der Medaille. Auf der anderen Seite stehen die individuellen Bedürfnisse und Werte der Mitarbeiter.

Werteorientierte Unternehmenskultur

Unternehmenswerte

Wertschöpfung
Nachhaltigkeit
Produktivität
Stabilität
Leistung
Effizienz

Individuelle Werte

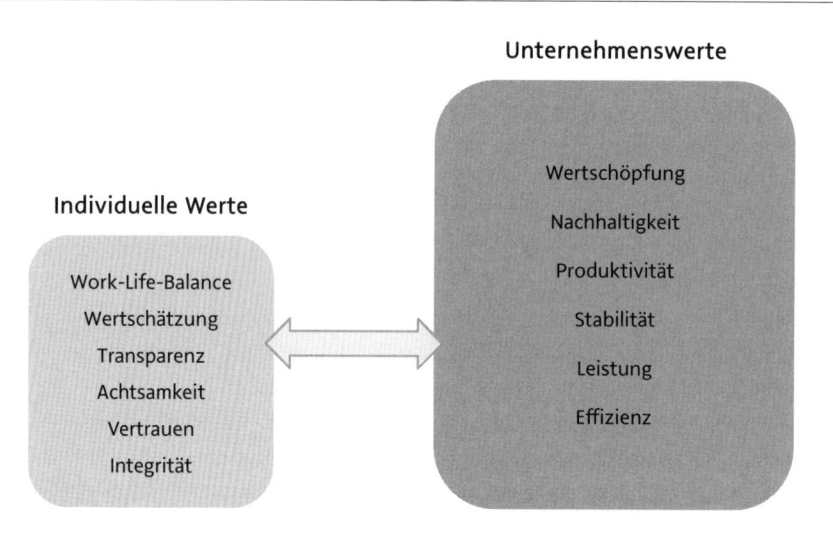

Work-Life-Balance
Wertschätzung
Transparenz
Achtsamkeit
Vertrauen
Integrität

Abb. 2: Zusammenspiel von Unternehmenswerten und individuellen Werten

Damit wird ein Spannungsbogen sichtbar, der auch ein gewisses Konfliktpotenzial in sich trägt. Es ist wichtig, ihn zu berücksichtigen und zu respektieren, um eine Annäherung in der Wertekongruenz als das letztendliche Ziel einer vitalen Wertekultur zu erreichen.

Parallel zu diesen neuen Anforderungen findet ein Wertewandel statt, der dem Lebensbereich Arbeit eine neue Bedeutung zuschreibt. Arbeit muss sinnstiftend sein und Räume für autonomes Handeln zulassen. Mit Blick auf die Wertehaltungen der Generation Y, bei der Arbeitswelt und der private Lebensbereich enger zusammenrücken, tritt die Frage der Vereinbarkeit dieser Bereiche mit besonderer Relevanz hervor.

Die Enactus-Studie, die eine umfassende Bestandsaufnahme der allgemeinen Werteorientierung der Generation Y sowie ihrer Erwartungen an die Arbeitswelt und Präferenzen bei der Arbeitgeberwahl durchgeführt hat, verdeutlicht die pragmatische Relevanz dieser Forderung und ihr sinnstiftendes Potenzial.

Die Psychologin Tatjana Schnell von der Universität Trier erklärt hierzu: „Je mehr einer Verantwortung für andere übernimmt, je stärker er sich als Teil einer Gruppe begreift und je stärker er sein Leben in einen übergeordneten Zusammenhang einordnen kann, desto sinnstiftender erscheint ihm seine Existenz".[110]

---

[110] Manager Magazin Online, Artikel vom 15.02.2005, www.manager-magazin.de/magazin/artikel/a-332828.html.

Ein systematisches Konzept von Personalentwicklung kann dieser Herausforderung gewinnbringend begegnen. Zu den klassischen Modulen, wie z. B. der Personalauswahl, der Stärkung fachlicher Kompetenzen und der Karriereentwicklung, müssen Aspekte der Persönlichkeitsentwicklung hinzukommen. Ihre Ziele gehen u. a. dahin, die Widerstandsfähigkeit (Resilienz) zu stärken und die Achtsamkeit der Mitarbeiter und Führungskräfte zu erhöhen und eigene Bedürfnisse und Wertestrukturen bewusst zu machen. Ebenso wird mit der Persönlichkeitsentwicklung ein Verständnis für Werte und Normen anderer geschaffen.

Diese gewünschten Effekte können z. B. durch individuelles Coaching, ressourcenorientierte, psychologische Trainings und Selbstreflexionsübungen erreicht werden. Innere Stabilisierung ermöglicht eine höhere Toleranzbreite und Flexibilität in der subjektiven Interpretation des Verhaltens und der Werte- und Normvorstellungen von Führungskräften und Kollegen. Vor diesem Hintergrund wird es einfacher, einen konstruktiven, auf Achtung und Respekt basierenden Wertediskurs zu führen und Werte zu akzeptieren, die strategisch abgeleitet durch das Management vorgegeben werden.

Die Unternehmenswirklichkeit wird immer stärker geprägt von einem Generationenmix, in dem die Silver Agers mit den nachrückenden Generationen zusammentreffen. Vor dem Hintergrund des demografischen Wandels ist eine gelingende Annäherung nicht zu unterschätzen, da die Unternehmen darauf angewiesen sind, dass der Generationenmix gelingt. So benötigt ein Unternehmen z. B. die Silver Agers als Mentoren für die jungen Absolventen, die durch die Verkürzung der Schul- und Studienzeiten weitaus früher in ein Unternehmen eintreten als in der Vergangenheit.

Die Umsetzung differenzierter Maßnahmen zur Persönlichkeitsentwicklung federt den Spannungsbogen zwischen unternehmerischen und individuellen Werten nicht nur ab, sondern lässt ihn zu einem integralen Bestandteil eines Wertesystems werden.

13.8 Konsequenzen für das Führungsverhalten

Entscheider und Führungsverantwortliche sind aufgefordert, den Umbruch in diese neuen Arbeitswelten individuell durch einen Führungsstil zu gestalten, der leidenschaftlich, begeisternd und authentisch ist.

Die Führungsverantwortlichen sind zentrales Bindeglied zwischen dem Unternehmen und seinen Mitarbeitern. Sie müssen die Werte durch ihren Führungsstil zentral verankern und für alle transparent kommunizieren. Damit gewinnen Unternehmen auf vielfältige Weise: Starke Persönlichkeiten stehen für stabile Leistung und leisten einen echten Beitrag zum Erfolg.

Führungsverantwortliche sind gefordert, in die Bedingungen zu investieren, die starke und intrinsisch motivierte Mitarbeiter hervorbringen. Lohnenswert hierfür ist auch, starre hierarchische Unternehmensstrukturen, welche die Wertbeiträge des Einzelnen überhaupt nicht erkennen lassen, auf den Prüfstand zu stellen. Hieraus können sich neue Möglichkeiten ergeben, die Mitarbeiter stärker anspornen, sich für den Unternehmenserfolg zu engagieren.

Die Erkenntnisse der Hirn- und Stressforschung zeigen in beeindruckender Weise, dass bei intrinsisch motivierten Mitarbeitern Bereiche im Gehirn stimuliert sind, die für Intuition, Kreativität und unternehmerische Schaffensfreude verantwortlich sind.

13.9 Der unternehmensbezogene Werteprozess

In der Regel bedarf es einer Vorgehensweise in drei Schritten, um den Werteprozess im Unternehmen zu steuern.

1. **Analyse der Ist-Werte durch Werte-Audit:** Im Werte-Audit wird ausgehend und in Abhängigkeit von der unternehmensspezifischen Zielsetzung und Strategie das werteorientierte Gesamtmuster des Unternehmens erhoben und entsprechenden Clustern zugeordnet. Diese Erhebung wird sowohl in Fokusgruppen mit der Geschäftsführung, Führungskräften, HR und Mitarbeitern als auch in Einzelinterviews, um Wirkungsbeziehungen in der Organisation transparent zu machen, durchgeführt. Gleichzeitig ist die vorgenommene Clusterbildung die Voraussetzung für die nachfolgende Intervention, das Value Shaping.
2. **Value Shaping:** Value Shaping, die gezielte Veränderung von Unternehmenswerten, ermöglicht durch die gebildeten Cluster die Bewertung des Status quo und der Potenziale, um die größten Stellhebel für das Unternehmen zu identifizieren und daraus handhabbare Maßnahmen abzuleiten sowie verbindlich festzulegen. Es geht also darum, dem „Ist" gerecht zu werden und dem „Soll", das in enger Beziehung mit den strategischen Zielen steht (siehe dazu Abb. 1), verpflichtet zu bleiben.
3. **Evaluation:** In der ersten Evaluationsphase, nach ca. 6 Monaten, ist zu prüfen, ob die eingeleiteten Maßnahmen tendenziell greifen. Eventuell sind hier noch einmal mögliche sinnvolle Interventionen zu prüfen und umzusetzen, um in der

Der unternehmensbezogene Werteprozess 13

weiteren Phase der Evaluation, nach ca. 12 bis 18 Monaten, zuverlässig prüfen zu können, an welchen Nahtstellen die Brücken geschlagen werden konnten und an welchen nicht.

Auf die Arbeitgebermarke bezogen wird diese mit dem Werte-Audit von innen heraus gestaltungsfähig. Gelingt dieser unternehmensbezogene Werteprozess, so wird eine Kultur sichtbar, die eine nach innen wie nach außen gerichtete Wirkkraft entwickelt und nachhaltigen Einfluss auf das Ansehen des Unternehmens hat: Employer Reputation.

14 Warum es sich lohnt, über Employer Reputation nachzudenken

Autor: Dr. Manfred Böcker

Ist Employer Reputation nur das nächste Buzzword nach dem Employer Branding, das nach zehn Jahren Omnipräsenz in Deutschland jetzt etwas in die Jahre gekommen ist? Drohen die Gründung einer „Employer Reputation Akademie" und die Veröffentlichung zahlloser Sonderpublikationen? Werden Workshops, Webinare und neue Beratungsunternehmen wie Pilze im feuchten Herbstwald aus dem Boden schießen? Oder könnten Arbeitgeber wie Berater und Agenturen den Begriff zum Anlass nehmen, die aktuelle Praxis der externen Arbeitgeberkommunikation kritisch zu überprüfen, und sich von liebgewordenem Ballast trennen? Dazu einige persönliche Überlegungen aus der Perspektive der PR.

14.1 Ein Rückblick auf Arbeitgeberwerbung

Als Ende der 1990er Jahre offiziell der „War for Talent" in Deutschland ausgerufen wurde, bemaß sich die Wertschätzung der meisten Personalmarketing-Verantwortlichen vor allem an der Größe ihrer Media-Budgets. Agenturen verdienten gut. Arbeitgeberkommunikation funktionierte ungefähr so: Man suchte sich eine Agentur aus, ließ sie nach Briefing Bilder und Texte entwerfen und schickte die Kommunikation dann in Form von „Kampagnen" auf den Weg. Fest glaubten die Verantwortlichen an die Macht von Bildern und Claims. Die Botschaft zählte — und die wurde ganz plakativ ausformuliert und direkt zur gefälligen Entgegennahme übermittelt. Dass man die Zielgruppen über handfeste Angebote informieren, sie mit Geschichten und Fakten überzeugen und ihnen zudem halbwegs reinen Wein einschenken musste, galt als Ketzerei. „Das ist nicht der Punkt. Wir brauchen einfach ein bisschen Propaganda", beantwortete noch 2004 ein Personalleiter meine Frage, ob die Kampagneninhalte denn einigermaßen den Stand der Dinge im Unternehmen widerspiegelten.

Aber zurück in die Neunziger. Damals arbeitete ich als Redakteur beim Karrierenetzwerk e-fellows.net. Die Redaktion bestand vorwiegend aus jungen Männern und Frauen mit journalistischem Anspruch, den sie in die Arbeitgeberkommunikation einbrachten. Nicht immer war dieser Ansatz von Erfolg gekrönt, da er zum Teil hart mit den damals üblichen Glaubensüberzeugungen im „Personalmarketing" kollidierte: In zahllosen Abstimmungsschleifen als unabänderlich festgelegte Bildwelten, Slogans und Textbausteine verschafften nach dessen Verständnis wie Zaubersalz den Zugang zu Köpfen und Herzen der Bewerber. Hinweise auf Zielgruppenorientierung, Medieneignung, Verständlichkeit oder andere Aspekte des gesunden kommunikativen Menschenverstandes vermochten diese Überzeugungen kaum zu erschüttern. So wurde uns eines Tages von einem Unternehmen ein Text, in dem es um „Werte" ging, zum Durchreichen an die Zielgruppe übergeben. Der Text bestand vorwiegend aus abstrakten Substantivierungen, Bandwurmsätzen und Passivkonstruktionen, hinter denen die handelnden Subjekte ebenso wie die Unternehmenswerte verschwanden und dessen nur schwer zu entziffernde Abstraktheit an völlige Sinnfreiheit grenzte.

Unsere Hinweise auf die mangelnde Eignung für die Zielgruppe und fürs Medium (damals waren schließlich kurze Seiten, kurze Sätze und „Chunking" im Online-Journalismus gerade besonders hip, und wer etwas auf sich hielt, hatte die entsprechenden Passagen aus Jakob Nielsens „Usability" inhaliert) stießen auf taube Ohren. Doch nicht nur in diesem Fall fuhren wir frontal gegen die Wand; die Verantwortlichen im Unternehmen bestanden darauf, den Text 1:1 an die Zielgruppe zu kommunizieren. Ihr Argument: Nur so könne „Arbeit an der Arbeitgebermarke" funktionieren. Arbeitgeberkommunikation als kommunikativer Dauersport, verschärfte Übung in Zielgruppenorientierung, Dauerlauf über Aufmerksamkeitshürden und permanente Erzählung jenseits von fest zementierten Kampagnenbotschaften war den meisten Personalmarketingverantwortlichen fremd.

Ich erlaube mir jetzt etwas zu springen: Etwa 2005 rauschte die erste Professionalisierungswelle in Gestalt von Employer Branding heran — mit allem Zipp und Zapp und einer eigenen Akademie, die kein Hochschulinstitut, sondern eine ganz normale gewinnorientierte GmbH war und das Thema zumindest für einige Monate lang erfolgreich publizistisch monopolisierte. Danach folgten ein paar Jahre der intensiven Auseinandersetzung mit dem Thema auf Kongressen, in zahllosen Titeln in HR-Fachzeitschriften und einem endlosen Reigen von Studien, Sonderpublikationen und Thesenpapieren. Alles sollte angesichts des „Fachkräftemangels" und des verschärften „War for Talent" besser und strategischer werden, sich vor allem an der Unternehmensmarke ausrichten. Das war ebenso richtig wie banal, hatte aber die unerwünschte Nebenwirkung, dass einige Unternehmen begannen, mit Bewerbern wie mit ihren Kunden zu sprechen und ungefiltert Botschaften aus dem Produktmarketing auf die Bewerberwelt loszulassen. Versatzstücke dieses Prinzips finden sich bei genauerem Hinschauen noch heute in der Arbeitgeberkommunikation, worüber sich Nicht-Eingeweihte verwundert die Augen reiben.

Aber nicht alles war schlecht an der Employer-Branding-Welle. Mittlerweile gilt es unter Kennern der Materie als selbstverständlich, dass die Arbeit an der Arbeitgebermarke deutlich mehr umfasst als Kommunikation. Vielmehr geht es wie bei anderen Marken darum, Bedarf und Angebot in Einklang zu bringen. Employer Branding hieß Arbeit an der Substanz. Arbeitgeber sollten ein Angebot schaffen (Arbeitsbedingungen, Kultur, Vergütung etc.), das kritische Talentzielgruppen überzeugt. Und es ging um Differenzierung — auch in der Kommunikation. Employer Branding versprach eine Bewegung weg vom Einerlei der ausgelutschten Personalmarketingphrasen und eine spezifischere Form der Kommunikation. Mittlerweile ist Employer Branding in der „Mitte der HR-Gesellschaft" angekommen.

Als 2014 der Geschäftsführer einer klassischen Werbeagentur auf einen der Herausgeber dieses Buches zukam und ihm von einem „ganz neuen, heißen Trend" namens „Employer Branding" berichtete, wirkte er dabei ungewollt wie Schlemihl aus der Sesamstraße, der flüsternd, geheimnisvoll und in einen Trenchcoat gekleidet ein „unsichtbares Eis" oder einen Buchstaben verkaufen möchte. Denn aus dem einstigen Hipster-Thema Employer Branding ist mittlerweile längst Mainstream geworden, das ins Glied der HR-Themen zurück getreten ist. Die Anzahl der Sonderhefte in den HR-Fachzeitschriften ist überschaubar geworden und aktuellen Umfragen zufolge taucht Employer Branding in den Prioritätenlisten von HR-Verantwortlichen nicht mehr ganz oben auf.

14.2 Employer Branding – Mission erfüllt?

Trotz des Siegeszugs von Employer Branding bleibt das Hauptversprechen des Konzepts uneingelöst: Die Differenzierungstechnik hat überraschend viel Gleichförmigkeit produziert.

Die Suche nach „hervorragenden Karrierechancen" etwa erzielt in den gängigen Suchmaschinen aktuell rund 300.000 Treffer. Wenn ich auf die Texte und Bilder der Karrierewebsites oder Stellenanzeigen schaue, gibt es dort immer noch reichlich viele der in jahrzehntelanger Personalmarketingpraxis hoffnungslos überbeanspruchten Teamsportmotive oder Worthülsen. Versuchen Sie mal folgende Versatzstücke auf einer Karrierewebsite zu finden:

- attraktive Karrierechancen
- internationale Entwicklungsmöglichkeiten
- hervorragende Entwicklungsmöglichkeiten
- spannende Perspektiven

Warum es sich lohnt, über Employer Reputation nachzudenken

- der optimale Start ins Berufsleben
- jetzt ist die Karriere dran
- Karriereturbo
- führendes Unternehmen
- hervorragende Gehaltsperspektiven
- Mensch im Mittelpunkt
- Work-Life-Balance
- dynamisches Arbeitsumfeld
- Es erwarten Sie nette Kollegen
- einzigartige Unternehmenskultur
- individuelle Förderung
- jetzt durchstarten
- Arbeiten beim Marktführer
- hervorragende Entwicklungsperspektiven
- join the team
- Mitarbeiter sind unser wertvollstes Gut
- internationale Karriere
- attraktives Gehalt
- jeden Tag spannende Aufgaben

Sind Sie fündig geworden? Mit Sicherheit.

Argumente, Sprachduktus und sogar die Wortwahl sind über Unternehmen und Branchen hinweg in weiten Teilen austauschbar. Nun, das liegt sicher daran, dass sich Employer Branding bei den kleineren Unternehmen noch nicht genug durchgesetzt hat, oder? Das ist richtig, davon rede ich aber hier nicht. Ich rede von jenen Unternehmen, die groß genug sind, um einen Employer-Branding-Prozess durchlaufen zu haben und ihre Kommunikation an dieser Analyse auszurichten. Woran liegt es aber, dass alles wie aus einem Guss klingt? Ist es fehlender Mut oder die Macht der Gewohnheit, sich vom etablierten Botschaftenset à la „attraktive Karrierechancen", „hervorragende Entwicklungsmöglichkeiten" und „Arbeiten beim Marktführer" zu lösen? Überraschend wenig spielen Unternehmen im Vergleich zu klassischen Karrieremotiven z. B. Sinnthemen in ihrer Arbeitgeberkommunikation.

Sinn als Thema für die Arbeitgeberkommunikation

Unterschiedliche Studien[111] weisen darauf hin, dass Sinnhaftigkeit der Arbeit ein Attraktivitätstreiber ist. Gerade hier böte sich Unternehmen echtes Differenzierungspotenzial, weil die Konstruktion von „Sinn" in den Unternehmen höchst unterschiedlich ist. Dazu ein paar Leitfragen.
- Welche Produkte stellen wir her/welche Dienstleistungen bieten wir an?
- Warum ist das ein wichtiger Beitrag für Wirtschaft und Gesellschaft?
- Wie tragen Mitarbeiter persönlich mit ihrer Arbeit zu diesem sinnvollen Ganzen bei (im konkreten Beispiel)?

---

[111] Enactus e. V., HHL Leipzig Graduate School of Management, Enactus-Studie 2014. Das Arbeitgeberwahlverhalten der Generation Y, u-Form Testsysteme, Studie Azubi-Recruiting Trends 2014 und 2015.

Sinnhaftigkeit der Arbeitswelt als Erzählinhalt aufzugreifen, ergibt gerade vor dem Hintergrund eines generationenüberspannenden Wertewandels (auch jenseits der Generation Y) durchaus einen Sinn. Abgesehen von wenigen Ausnahmen (z.B. PwC, Anzeigenkampagne des Handwerksverbands), werden Sinnmotive nach wie vor überraschend wenig gespielt — etwa im Vergleich zu klassischen Karriere-Argumentationsmustern. Siegt hier die Tradition, auf die in 20 Jahren Personalmarketing etablierten Standards zurückzugreifen, selbst wenn diese die Zielgruppen nicht mehr erreichen? Müssen „Karrierewebsites" unbedingt penetrant „Karriere" zum Thema machen und das Wort dabei möglichst oft verwenden?

Oder ist es die Unfähigkeit, zwischen den „Botschaften" und der Kommunikation dieser Botschaften zu differenzieren? Branding hat sich auf diese Weise oftmals mit dem bloßen „Markieren" beschäftigt und kam eher „inhaltsleer" daher.

Am Ende einer soliden Employer-Branding-Analyse stehen ein Set von Stärken und Schwächen und eine Empfehlung für mögliche Faktoren der Differenzierung in der Kommunikation. Es bleiben dabei solche Faktoren übrig, die authentisch sind (also zur Arbeitgeber-Substanz passen), von den Talentzielgruppen hoch priorisiert werden und das Unternehmen vom arbeitgeberseitigen Wettbewerb differenzieren können. Die Umsetzung dieser Botschaften in Kommunikation ist nicht trivial.

Für einen großen Industriekunden habe ich vor einigen Jahren einmal nichts anderes gemacht, als die Differenzierungsfaktoren mit Fakten und Geschichten zu verbinden und dazu kleine Grundlagentexte zu formulieren. Aus diesem Set haben sich dann weltweit sämtliche Agenturen bedient, die mit der Umsetzung der Employer-Branding-Kommunikation beauftragt wurden. Ich halte diesen Zwischenschritt für eine gute Idee, weil die Hausagenturen der Unternehmen häufig damit überfordert sind.

Um die in diesem Abschnitt gestellte Frage zu beantworten: Die Mission von Employer Branding ist noch nicht erfüllt. Zum einen liegen Fehler im Prozess an der Wurzel des Problems: Auf dem langen Weg von der Analyse zur kommunikativen Umsetzung geht die Differenzierung verloren. Es liegt aber auch daran, dass die Akteure fast ausschließlich werblich sozialisiert sind — sowohl auf Berater- und Agentur- als auch auf Kundenseite. In der Marketingwelt wird seit Jahren „Content Marketing" als letzter Schrei propagiert; die Content-Marketing-Revolution und der Siegeszug des Storytelling stehen dagegen in der Arbeitgeberkommunikation noch aus.

14.3 Fehler aus der Employer-Branding-Praxis

Wer die Fahne der „Personalwerbung" ganz unbeeindruckt hoch hält, neigt häufig zu Fehlannahmen. Unterschätzt werden die Intelligenz der Bewerber und deren Fähigkeit, die Glaubwürdigkeit des Behaupteten zu überprüfen. Die Employer-Branding-Verantwortlichen achten noch nicht stark genug darauf, ob sie das, was sich die Zielgruppe wünscht, tatsächlich liefern können. Bei Social Media denken sie vor allem an Kanäle, nicht an eine besondere Form der Kommunikation. Sie sind noch zu stark auf die ungestützte Wirkung von „Botschaften" fixiert und unterlassen es, diese Botschaften in überzeugende Geschichten zu verpacken.

14.3.1 Fehler Nr. 1: Bewerber sind blöd

Bei der Employer-Branding-Kommunikation geht es für die Zielgruppe ums Ganze, vor allem, wenn es sich um den ersten Job handelt. Dort werden die Kandidaten möglicherweise für viele Jahre einen Großteil ihrer Lebenszeit verbringen. Er entscheidet über finanzielle Möglichkeiten, darüber, mit wem und mit welchen Themen sie ihre Zeit verbringen werden und wie viel Zeit ihnen noch für andere Dinge bleibt, und ebenso über langfristige Entwicklungsaussichten — persönlich wie beruflich. Die Entscheidung für oder gegen einen Arbeitgeber und für oder gegen einen Job ist deshalb so schwierig, weil sie sehr persönliche Dinge berührt. Diejenigen, die die Kommunikation von Arbeitgebern verantworten, sollten sich das klar machen. Es geht hier nicht um die Vermarktung von Rinderhack-Sonderangeboten. Eher als mit dem Kauf von Lebensmitteln im Supermarkt ist der „Kauf" eines Jobs mit dem Erwerb einer Immobilie zu vergleichen. Da schauen die Kunden sehr genau hin.

Und die Bewerber sind nicht blöd. Das waren sie nie, aber heute wissen sie im Zweifelsfall mehr über den Arbeitgeber als dieser über sie. Das haben Frickenschmidt und Jäger schon vor etlichen Jahren als „Verlust der Informationshoheit" bezeichnet.[112] Informationshoheit in reiner Form hat es vermutlich für Arbeitgeber nie gegeben, aber mittlerweile ist ein Grad an Transparenz erreicht, bei dem flotte Arbeitgeberwerbesprüche aufgrund ihrer einfachen Überprüfbarkeit leicht zur Gefahr für die Reputation werden können.

▶ **BEISPIELE für Reputationsfallen**
„Bei uns steht der Mensch im Mittelpunkt."
Ausgelutscht ist dieser Satz allemal — und gerade mit dem Kollektivsingular stilistisch ein Fehlgriff. Vom „Menschen" zu reden, sollte Anthropologen und

---
[112] Jäger, W./Jäger, M./Frickenschmidt, S. (2007).

Herbert Grönemeyer vorbehalten bleiben. Der plakative Satz kann inhaltlich zudem allenfalls in Unternehmen glaubwürdig sein, hinter denen eine Stiftung oder eine entsprechend werteorientierte Familie steht. Für die meisten börsennotierten Unternehmen dürfte die Aussage sachlich schlicht falsch sein.

„Wir legen Wert auf gleiche Chancen für Männer und Frauen."
Seit wann? Zeigt sich das in den Ergebnissen? Früher mag eine einfache Aussage dazu gereicht haben, aber nach den publizistischen Diskussionen, dem Alleingang der Telekom bei der Frauenquote für Führungspositionen und dem Eingreifen der Politik nicht mehr. Öffentlichkeit und Bewerberinnen geben sich nicht mehr mit Allgemeinplätzen zufrieden, sondern möchten eine überzeugende Geschichte zum Umgang mit diesem Thema im Unternehmen hören — belegt mit Zahlen, Fakten und Erfolgsbeispielen.

14.3.2 Fehler Nr. 2: Brauchst du? Kriegst du!

„Das Leben ist kein Wunschkonzert", pflegte meine ehemalige Chefin zu sagen. Nicht alles, was Mitarbeiter in spe möglicherweise wollen, können Arbeitgeber liefern. In ihrer Kommunikation sollten sie sich auf solche Leistungsversprechen konzentrieren, die im Arbeitsalltag Bestand haben werden. Gefallsucht ist eine schlechte Richtschnur für eine Arbeitgeberkommunikation, die tatsächlich auf die Reputation als Arbeitgeber einzahlen soll. Das fällt z.B. bei der richtigen Form in der Ansprache von Bewerberzielgruppen immer wieder auf. Es kann die Reputation belasten, wenn Bewerber spätestens an ihrem ersten Arbeitstag das Gefühl bekommen, ihnen sei hier kein „reiner Wein" eingeschenkt worden.

Als die ersten Arbeitgeber in Deutschland ihre Zweigstellen auf Facebook eröffneten, standen sie vor einem Problem. Die traditionelle Siez-Kultur in ihren Unternehmen traf auf die Duz-Kultur der Social Media Plattform. Das führte zu dem Phänomen, dass auf Facebook geduzt wurde und ansonsten weiter gesiezt. Schon unter dem Gesichtspunkt der Kongruenz ist es unschön, wenn man auf einigen externen Plattformen duzt, obwohl es die eigene Unternehmenskultur nicht hergibt.

Noch unschöner ist aber, wenn Kommunikationsverantwortliche den vermeintlichen „Trend" aufgreifen und plötzlich anfangen, in ihren eigenen Medien Bewerber zu duzen, obwohl bei ihnen im Haus eine ganz traditionelle Siez-Kultur herrscht. Eine deutsche Großbank verfährt z.B. so. Wahrscheinlich aus der Überlegung heraus, dass die „Kids" das so wollen und das Ganze irgendwie „authentischer" herüberkommt. Über den Begriff der „Authentizität" ist ja im Zusammenhang mit der Kommunikation von

Arbeitgebern recht viel auf Papier geschrieben und fleißig gebloggt worden. Genau das ist es aber nicht. Wer der Zielgruppe nach dem Mund redet, ist nicht authentisch.

> **Voll authentisch, ey!**
> „Authentizität" ist das Ergebnis der Bewertung der Identität des Senders und seiner Botschaft und Stilmittel. Hier geht es um die Frage „Kaufe ich denen das ab?". Es gibt keine „Authentizität" über alle Unternehmensgrößen und Branchen hinweg. Das verwackelte Arbeitgeber-Video kann für ein Start-up authentisch sein; wenn es auf der Website eines Konzerns mit 200.000 Mitarbeitern veröffentlicht wird, wird es schnell unglaubwürdig.[113]

In einer großen, aus den USA stammenden Strategieberatung, die mit ähnlichen Buchstaben wie die global ausgelegte Rindfleischscheibenbratstubenkette anfängt, herrscht traditionell eine ausgesprochene Duz-Kultur. Als ich dort Ende der 1990er Jahre im Münchener Büro (oder meinetwegen „Office") arbeitete und den damaligen Deutschlandchef interviewen sollte, hieß es, ich treffe morgen „den Jürgen". Einzelheiten der Gehaltsabrechnung regelte ich mit „der Karin" in Düsseldorf, ich selbst trat als „der Manfred" auf, mein Chef war vom ersten Arbeitstag an „der René". Ein solches Unternehmen könnte theoretisch sämtliche Bewerber duzen und wäre in dieser Duzerei authentisch. Die von mir beschriebene Unternehmensberatung duzt ihre Bewerber aber gar nicht: „Ihre Karriere" heißt es vornehm-distanziert auf der Karriereseite. Bewerber sind eben keine Mitarbeiter — und was gegenüber Mitarbeitern legitimer Bestandteil einer gelebten Kultur ist, wäre im Umgang mit Firmenfremden grenzüberschreitend. Kundenorientierung und Wertschätzung gegenüber Bewerbern kann sich eben auch im formalen „Sie" ausdrücken.

Ein weiteres Beispiel für anbiedernde Kommunikation, die schnell nach hinten losgehen kann, sind Recruiting-Raps. Das Genre kann man mittlerweile als erledigt ansehen. Plumpe Berufsjugendlichkeit und das unterwürfige Heranrobben an den vermuteten Stil der heutigen „Kids" sind nicht unbedingt „zielgruppengerecht".

▶ **BEISPIEL**

Die gerappte Falschaussage: „Wir sind nicht Kommerz!"
Der Video-Clip eines großen deutschen Automobilherstellers wurde auf der Blogger- und Social-Media-Konferenz „Republica" als schlechtester deutscher Onlinefilm 2012 mit dem „Sibernen Sellerie" ausgezeichnet. Ich glaube zu Recht. Dabei geht es nicht nur um Stilfragen, sondern um Glaubwürdigkeit. Wie ist es darum bestellt? Greifen wir uns dazu mal eine besondere Stilblüte

---

[113] Böcker, M. (2009).

aus dem Rap heraus. Weil es sich denn so schön reimte, heißt es an einer Stelle des Songs: „Wir sind individuell und nicht Kommerz". Das ist eine bemerkenswerte Sicht aufs Unternehmen, die aber in jedem Fall nicht glaubwürdig ist. Der Autohersteller ist nicht kommerziell orientiert? Ich hoffe, dass das genaue Gegenteil der Fall ist. Wahrscheinlich liegt dem Reim die Annahme zugrunde, Kommerzielles sei in der Schülergeneration irgendwie nicht gut gelitten. Das wurde dann mal eben schnell bedient.

Der Shitstorm nach einigen missglückten Arbeitgeber-Raps[114] zeigt zumindest, dass Testimonials allein noch keine Glaubwürdigkeit herstellen. Ich habe in den letzten Jahren oft erfahren, dass selbst „echte Mitarbeiter" mittlerweile gelernt haben, wie ein „Personalmarketingtext" auszusehen hat; sie arbeiten unaufgefordert mit vorgestanzten Textbausteinen. Daher stellt es unter Aspekten des Produktionsprozesses nicht unbedingt die „Lösung" dar, Mitarbeiter diese Texte ohne Briefing und Unterstützung schreiben zu lassen. „Ich werde hier gefordert und gefördert", „Das Besondere am Unternehmen ist die gelebte Diversity" — solche Phrasen mögen vom Entstehungsverfahren her „echt" sein, überzeugender werden sie dadurch nicht.

Was Unternehmen über ihr Angebot als Arbeitgeber an die Talente kommunizieren, müssen zudem nicht gleich Hinz und Kunz ganz prima finden. Es sollen sich nur jene angesprochen fühlen, die sich für ein paar Jahre oder länger für das Unternehmen ins Zeug legen sollen. Vielleicht hilft an dieser Stelle ein Blick auf die viel zitierte, wenn auch historisch nicht belegbare Anzeige, mit der der Polarforscher Shackleton Anfang des 20. Jahrhunderts seine Mannschaft für eine Expedition zusammengesucht haben soll:

Men wanted for hazardous journey. Small wages. Bitter cold. Long months of complete darkness. Constant danger. Safe return doubtful. Honour and recognition in case of success.

14.3.3 Social Media: eine Frage des richtigen Kanals

In der Auseinandersetzung der HR-Community mit dem Phänomen Social Media war man viele Jahre lang vor allem auf die Frage fixiert, wie viele Fans Arbeitgeber-Seiten auf Facebook erreichen. Abgesehen von der falschen Grundannahme, derzufolge sich potenzielle Bewerber massenhaft zu echten „Fans" von Arbeitgebermarken machen lassen, deren Fantum die aktuelle Bewerbungsphase überdauert, und der Tatsache, dass die organische Reichweite von Facebook-Seiten eher schwindet, haben die Resultate nicht überzeugt. Das gilt allein schon für die

---

[114] Ausführlicher dazu: Böcker, Manfred (2014).

Warum es sich lohnt, über Employer Reputation nachzudenken

Zahlen. Die Facebook-Page das FC Bayern hat 28 Millionen Fans, wobei der Begriff Fan die Gemütslage der Facebook-Nutzer in diesem Fall tatsächlich treffen dürfte. Selbst die größten Arbeitgeber-Fanpages sehen da aus wie „Käpt'n Liechtenstein" im Vergleich zu „Käpt'n America". Aber lassen wir das. Selbst diejenigen, die am intensivsten am Facebook Beauty Contest der deutschen Arbeitgeber und am Mythos von Facebook als dem Recruitingkanal der Zukunft mitgebastelt haben, räumen mittlerweile ein: „Facebook ist es nicht".

Ich persönlich glaube, dass es sich lohnt, einmal den Blick vom „Kanal" weg und auf den „Stil" und das Wesen der Kommunikation hinzuwenden. „Wir beschleunigen nur, was in der Welt sowieso per Mundpropaganda passiert", sagte Twitter-Gründer Biz Stone vor einigen Jahren in einem Interview mit der Frankfurter Allgemeinen Zeitung[115]. Stone brachte damit zwei grundlegende Dinge auf den Punkt, die Social Media und die Kommunikationskultur betreffen:

1. Social Media knüpft an eine bestehende Kommunikationspraxis an.
2. Social Media hat diese Kommunikationspraxis verändert.

Neben der offiziellen Arbeitgeberimagebroschürenwelt hat es immer eine ganz andere Art der Erzählung über Arbeitgeber gegeben – in Form von Flurfunk, Mundpropaganda etc. Diese inoffizielle Erzählung stimmte meist nicht mit dem überein, was Arbeitgeber über sich selbst zu dem Zweck aussendeten, Mitarbeiter für sich zu gewinnen. Social Media hat diesen Kommunikationsstrom publikationsfähig gemacht. Jede offizielle Behauptung über Arbeitgeber findet jetzt ihre potenzielle Gegendarstellung in Form von Inhalten, deren Autoren Bewerber oder Mitarbeiter sind. Gravierende Unvereinbarkeiten zwischen werblicher Arbeitgeber-Dichtung ebenso wie dem konkreten Verhalten von Arbeitgebern gegenüber Bewerbern auf der einen Seite und den in diesen Stimmen im Internet dokumentierten, subjektiven „Wahrheiten" führen deshalb schnell zu einem Vertrauensverlust und beschädigen langfristig die Reputation.

Eine gemeinsame Studie der Unternehmensberatung ESCH. The Brand Consultants und der Recruitingplattform softgarden hat 2015 gezeigt, dass fast alle Bewerber über ihre Erfahrungen reden. 46 % nutzen dazu Online-Plattformen wie Facebook oder kununu. Doch das ist nur die Spitze des Eisbergs: 82 % berichten in persönlichen Gesprächen über ihre Erfahrungen. Offline wie online hat diese Word-of-Mouth-Kommunikation weitreichende Folgen. Die Studie zeigt, dass unter negativen Berichten aus den Bewerbungsverfahren nicht nur die Reputation des Unternehmens als Arbeitgeber, sondern auch sein Ruf als Anbieter von Produkten und Dienstleistungen leidet.

---

[115] FAZ, Artikel vom 15.02.2010. In: http://www.faz.net/aktuell/wirtschaft/netzwirtschaft/twitter-gruender-biz-stone-ich-bin-ueberverdrahtet-1941620.html (Zugriff am 06.07.2015).

14.3.4 Auf die Botschaft kommt es an

Kommt es wirklich auf die Botschaft an? Ja, aber anders, als Sie vielleicht denken. Denn die „richtige Botschaft" ist allenfalls ein Hygienekriterium und aus meiner Sicht in der Arbeitgeberkommunikation eher der leichtere Teil der Übung. In den gemeinsam mit meinem geschätzten Wettbewerber Sascha Theisen 2014 veröffentlichten „Zehn Thesen zur Zukunft der Arbeitgeberkommunikation" heißt es: „In der Arbeitgeberkommunikation der Zukunft zählt nicht die Botschaft, sondern die Geschichte hinter der Botschaft".[116]

Was haben wir damit gemeint? Die Botschaft ist nur noch das, was sich im Kopf der Bewerber bildet, nachdem sie sich mit Geschichten und Fakten zum Unternehmen auseinandergesetzt haben — in Form von Videos, Bildern und Texten — und nicht mehr etwas, das explizit in Form eines Merksatzes ausgesendet wird. Dazu brauchen die Verantwortlichen im Employer Branding immer mehr operative Text- und PR-Kompetenz. Denn angesichts des oben beschriebenen und auf Dialog ausgerichteten medialen Umfelds, in dem sich Behauptungen einfach überprüfen lassen, ist ein neuer Stil in der Kommunikation von Arbeitgebern notwendig. Es geht darum, Attraktivität zu *erzählen* und nicht zu *behaupten*. Es geht um Fakten sowie um bewegende Beispiele, Gesichter und Geschichten zur Arbeitswelt im Unternehmen. An die Stelle der Penetration von Werbebotschaften tritt das Storytelling, das Aussenden von Slogans weicht der Setzung und Besetzung von Themen. In Stil, Tonlage und Methode muss sich die Arbeitgeberkommunikation von der Reklame weg und hin in Richtung PR bewegen. Wie das funktioniert, zeigt folgende Tabelle.

	Reklamestil	PR-Stil
Allgemein	abstrakt und austauschbar, Behauptungsebene, z.B.: „attraktive Karrierechancen", „Mensch im Mittelpunkt"	konkret und rückführbar, Ebene der Fakten und Geschichten
	anonym	persönlich, personalisiert
Text	Adjektivitis (hervorragend, einzigartig etc.)	sparsamer Umgang mit Adjektiven
	Penetration von Werbebotschaften	Storytelling
	steife Interviews in lupenreinem Unternehmensdeutsch	wurde so gesagt/hätte so gesagt werden können; das gilt ebenso für Testimonial-Statements.

---

[116] Böcker, Manfred/Theisen, Sascha (2014).

Warum es sich lohnt, über Employer Reputation nachzudenken

	Reklamestil	PR-Stil
Bilder	Models	Mitarbeiter statt Models, auch auf die Gefahr hin, dass sie nicht wie Models aussehen oder das Unternehmen irgendwann wieder verlassen (Models waren nie drin).
	beliebige Bildersprache: Teamsportmotive, Anzugträger vor Flipchart	individuelle Motive — mit Bezug zum Unternehmen

Zur Arbeit an der Arbeitgeber-Reputation passt eine erzählende Sprache, die verständlich ist, Distanz zur Zielgruppe überwindet und leicht ins Ohr geht. Kurzum: eine Sprache, die die Personalbereiche in den meisten Unternehmen spontan nicht verwenden würden. Wichtig ist, dass sich ein solcher Sprachduktus bis in die feinsten Ebenen der Arbeitgeberkommunikation durchzieht. Der Normalfall in zahlreichen Unternehmen ist heute: Die Karrierewebsite ist auf oberen Ebenen meist noch professionell getextet und lektoriert — obwohl die von Bernhard Schelenz mit herausgegebene Kimatek-Studie 2010 selbst hier noch vor einigen Jahren Defizite aufgezeigt hat (Hundt, M./Anders, C./Lasch, A. [2010]: Kieler Modell zur Analyse von Texten auf Karrierewebseiten [KIMATEK]. Studie: Personalrekrutierung durch Sprache). Je kleinteiliger es aber wird, je tiefer es in die unteren Navigationsebenen der Karrierewebsite oder in die gedruckten Anzeigen und bezahlten Arbeitgeberporträts geht, desto schlechter ist es um die Sprache bestellt. Wer Arbeitgeberkommunikation heute nicht mehr in begrenzten Kampagnendimensionen denkt, braucht handwerkliche Sprachkompetenz im eigenen Haus.

Inhaltlich bildet die Arbeit der Menschen im Unternehmen die Zentralachse dieser Kommunikation. Der Ansatz, Attraktivität über Mitarbeitergeschichten zu kommunizieren, wird künftig stärker als bisher die gesamte Kommunikation als Arbeitgeber bestimmen. Solche Geschichten vermitteln im Idealfall am Beispiel aus dem wahren Arbeitsleben, was das Unternehmen als Arbeitgeber einzigartig macht. Unternehmen identifizieren solche Geschichten und kommunizieren sie aktiv: „They share stories — not just slogans — about life in the firm"[117].

TIPP: Weg mit Imagebroschüren!

Arbeitgeber sollten sich das Geld für klassische Imagebroschüren sparen und stattdessen on- wie offline „Bewerbermagazine" verbreiten, die nicht einfach Slogans transportieren, sondern echte Mitarbeiter mit ihren Geschichten zeigen. „Wir sind ein tolles Team" — was heißt das? Wie arbeitet so ein Team kon-

---

[117] Erickson, T. J./Gratton, L. (2008).

kret? Die Aufgaben sind „spannend" — was heißt das? Woran wird wie gearbeitet? Die Entwicklungsmöglichkeiten sind „hervorragend" — was heißt das? Wie sieht eine besonders gelungene Geschichte für persönliche Entwicklung im Unternehmen aus? Bewerbermagazine geben auf diese Fragen am Beispiel konkreter Mitarbeiter Antworten. Das wird zum Teil schon praktiziert, etwa von der Wirtschaftsprüfungs- und Beratungsgesellschaft PwC („stories") oder dem Automobilhersteller Daimler („Carls Welt").

Dabei gehört nicht „der Bewerber" ins Zentrum der Überlegungen, sondern die verschiedenen Bewerbergruppen. Wer sich beim Nachdenken über „die Zielgruppe" vom Kollektivsingular wegbewegt, macht einen wichtigen Schritt: Unternehmen brauchen Azubis und Trainees, erfahrene nicht-akademische Fach- und Führungskräfte, IT-Spezialisten ebenso wie Ingenieure, Betriebswirte, Juristen oder Mediziner. Kann man diese verschiedenen Zielgruppen alle mit den gleichen Botschaften, Argumenten und Geschichten abholen? Klar decken sich in der Kommunikation von Arbeitgeberattraktivität einige Inhalte über die Zielgruppen hinweg. Dennoch müssen sie ganz spezifisch Attraktivität kommunizieren: Die erzählten Geschichten werden sich z.B. für Schüler, die für eine Ausbildung zum Chemikanten gewonnen werden sollen, Hochschulabsolventen mit betriebswirtschaftlichem Hintergrund für das Führungskräftenachwuchs-Traineeprogramm und Fachärzte für Onkologie für die pharmazeutische Forschung sehr stark voneinander unterscheiden. Die Kernzielgruppen brauchen ihre jeweils eigene Selling Story.

14.4 Pressearbeit und Arbeitswelten

Unabhängig vom verwendeten „Kanal" geht es heute in der Arbeitgeberkommunikation darum, Aufmerksamkeitshürden zu überwinden. Eger und Eichstädt[118] haben völlig zu Recht darauf hingewiesen, dass Arbeitgeberkommunikation auf Social Media nur dann funktioniert, wenn sie diese Hürden mit Hilfe „spannender Geschichten" überwindet. Das gelingt ihr in den allermeisten Fällen noch nicht. Ein Grund dafür dürften die fehlende PR-Tradition und -Routine in der externen Kommunikation von Arbeitgebern sein.

Denn das wichtigste, bislang von den meisten Unternehmen vernachlässigte Übungsfeld für diese Art der Kommunikation ist die Pressearbeit zu Themen der Arbeitswelt. Dafür, dass aus einem Personal- ein Pressethema wird, gibt es eine

---
[118] Eger, M./Eichstädt, B. (2012).

recht einfache Regel. Denn auch für Geschichten aus der Arbeitswelt gilt die im Nachrichtenjournalismus verbreitete „Man bites Dog"-Regel: Wenn ein Hund einen Mann beißt, ist das keine Nachricht, wenn ein Mann einen Hund beißt, schon. Die Durchschlagskraft allzu vieler Arbeitswelt-Geschichten leidet daran, dass sie „Hund beißt Mann"-Geschichten sind: Wenn ältere Führungskräfte jungen Mitarbeiterinnen und Mitarbeitern als Mentoren zur Verfügung stehen, ist es das, was Öffentlichkeit und Medien erwarten; mit dieser Geschichte überwinden Unternehmen keine Aufmerksamkeitshürden. Anders sieht es aus, wenn Azubis z.B. Führungskräfte zum Thema Social Media coachen[119]. Gut, das Thema ist mittlerweile durch, vor drei Jahren, als es veröffentlicht wurde, war es das noch nicht.

Da ich mich an anderer Stelle schon ausführlich zu Arbeitswelten in Unternehmen und Pressearbeit geäußert habe[120], beschränke ich mich hier auf nur wenige Anmerkungen zu diesem unterschätzten Thema: Generell ist es um die Pressearbeit zu Arbeitsweltthemen in deutschen Unternehmen eher schlecht bestellt. Das zeigt der Trendreport HR-PR, für den wir in den vergangenen Jahren mehrmals Journalisten befragt haben, die schwerpunktmäßig über Arbeitsweltthemen berichten. In ihrem Urteil schneiden Unternehmen in ihrer PR zu Arbeitgeberthemen deutlich schlechter ab als bei der Produkt-PR. Moniert werden die geringe Priorisierung von Arbeitsweltthemen und entsprechend lange Antwortzeiten, Unkenntnis der Zielmedien oder „Thesenromane" beim Pressematerial — ohne substanzielle Fakten und Geschichten.

Der Hauptgrund für diese Defizite ist in den meisten Fällen die fehlende dauerhafte und aktive Zusammenarbeit der Personalabteilungen mit den Pressestellen. Meist scheitert sie an mangelnden Ressourcen und Prioritäten: Solange niemand in der Unternehmenskommunikation für Arbeitgeberthemen „den Hut auf hat" und einen Mitspieler auf Augenhöhe in der HR-Abteilung findet, fehlt die organisatorische Grundlage und die in konkreten Zielen verankerte persönliche Motivation der Schlüsselakteure dafür, dass die Kommunikation zu Themen der Arbeitswelt als Praxis gelingen kann.

Und die HR-Abteilungen? Bewusst pauschal und im Kollektivsingular formuliert: Der Personaler an sich ist nur ein mäßig starker Fürsprecher in eigener Sache. Wenn Arbeitswelten im Unternehmen entscheidend durch Personalarbeit mitgestaltet werden, so haben die Hauptverantwortlichen in der Vergangenheit kein gutes Händchen für Kommunikationsfragen bewiesen, die diese Arbeitswelten betref-

---

[119] Siehe FAZ, Artikel „Alt lernt von Jung" vom 11.12.2012. In: http://www.faz.net/aktuell/berufchance/umgekehrtes-mentoring-alt-lernt-von-jung-11984517.html (Zugriff am 06.07.2015).

[120] Böcker, Manfred (2013).

fen. Hochrangige HR-Verantwortliche mischen sich in der Regel nicht in öffentliche Debatten im Vorfeld der Personalarbeit ein (Bildung, Hochschulpolitik, Gesundheit, Einwanderung) und zeigen selten Flagge. Die HR-Verbandslandschaft ist zersplittert; es gibt keine starke Stimme für die Zunft. Nicht zufällig ist der derzeit bekannteste Personaler in Deutschland, Thomas Sattelberger, gar keiner mehr bzw. kein aktiv Verantwortlicher mehr.

HR kommt bei der Pressearbeit nicht ohne die Unterstützung der Unternehmenskommunikation im Unternehmen aus. Das aktive Interesse der Unternehmenskommunikation für das Thema ist aus unserer Sicht die Bedingung dafür, dass die Pressearbeit zu Arbeitsweltthemen überhaupt wirksam werden kann. Wie aber können Employer-Branding-Verantwortliche ihre Kolleginnen und Kollegen für ein solches aktives Engagement gewinnen?

Unternehmenskommunikatoren haben ein eigenes Interesse am Thema. Denn es geht um den guten Ruf des Unternehmens. Und der liegt den Kommunikatoren am Herzen. Tatsächlich legen Konsumenten in Deutschland aus der Perspektive von Corporate Responsibility einen besonders großen Wert auf den verantwortungsvollen Umgang der Unternehmen mit den eigenen Mitarbeiterinnen und Mitarbeitern. Extreme Gegenpole waren in dieser Hinsicht in der Vergangenheit in der Drogeriebranche anzutreffen. PR zu Arbeitsweltthemen wirkt zudem imagebildend: Gut gemachte Kommunikationsmaßnahmen, die die Qualifikation der Menschen in einem Unternehmen sowie das professionelle Management des „menschlichen Faktors" in den Mittelpunkt stellen, bauen bei Kunden und Investoren Vertrauen auf. Unternehmenskommunikatoren können außerdem aus pragmatischer Sicht dank einer aktiven Pressearbeit zu Arbeitsweltthemen in Ressorts und Publikationen stattfinden, die ihnen mit einem rein produkt- oder Investor-Relations-getriebenen Ansatz verschlossen bleiben. Damit steuern sie aktiv den wichtiger werdenden Image-Aspekt des Unternehmens als Arbeitgeber im Sinne eines ganzheitlichen Reputationsmanagements. Diesen Argumenten wird sich kaum ein Kommunikator verschließen.

14.5 Auf dem Weg zur atmenden Arbeitgeberkommunikation

Überall in Deutschland steht die Unternehmens- und Arbeitswelt vor einschneidenden Umbrüchen. Disruptive Geschäftsmodelle und die zunehmende Digitalisierung, Industrie 4.0, agile Arbeitsmethoden und Führungskulturen stehen mittler-

Warum es sich lohnt, über Employer Reputation nachzudenken

weile nicht mehr nur in den Programmheften der Fachkongresse, sondern auf der Transformationsagenda vieler Unternehmen.

Bei diesem Wandel muss HR die eigenen Mitarbeiter ebenso mitnehmen wie die Mitarbeiter von Morgen. Mit Kampagnen und einem auf Jahre zementierten Set von Botschaften ist es da nicht mehr getan. Die Arbeitgeberkommunikation muss atmen, flexibel auf Veränderungen reagieren und ihre Zielgruppen mitnehmen, d.h. kontinuierlich informieren und motivieren.

In einem Kontext, in dem Arbeitgeber jahrelang phänomenale Glückserwartungen verheißen haben, sind generische Heilsversprechen unglaubwürdig geworden. Die Arbeitgeberkommunikation sollte weniger Werbung wagen, denn die Kommunikation in Fakten und Geschichten wird insgesamt künftig eine größere Rolle spielen.

Die Marschrichtung heißt weg von der Kampagne und hin zu dauerhafter Erzählung und Dialogorientierung. Die Zusammenarbeit von HR und PR wird für den Erfolg dieser Arbeit an der Reputation von Arbeitgebern eine Schlüsselrolle spielen — unabhängig von der Frage „ob die Tageszeitung eine Zukunft hat".

Die Herausgeber

Torsten Bittlingmaier ist Geschäftsführer der Haufe Akademie Inhouse Training & Consulting und erfahrener Personalmanager mit umfangreichem Know-how in sämtlichen Feldern der operativen und strategischen, auch der internationalen Personalarbeit. Er arbeitet als Unternehmensberater zu den Themen Talent Management, Leadership, Change Management, Vielfalt, HR Strategie sowie Reputation Management. Seine Expertise gewann Torsten Bittlingmaier unter anderem bei der Linde AG, MAN, der Software AG und der Deutschen Telekom in führenden Positionen des Personalmanagements.

Bernhard Schelenz ist seit 2001 geschäftsführender Gesellschafter der Schelenz GmbH. Mit seiner kreativen Unternehmensberatung für das Human Resources Management hat er sich auf Personal- und Arbeitgeberkommunikation spezialisiert. Zu den Kunden zählen DAX 30-Konzerne und Unternehmen des Deutschen Mittelstandes — branchenübergreifend. Seine Arbeiten wurden vielfach ausgezeichnet; er ist mehrfacher Buchautor und Herausgeber von Fachmedien. Der studierte Germanist und Politikwissenschaftler ist seit 1992 in der Kommunikations-/HR-Branche tätig, parallel führt er seit 2011 ein Seminarhaus in Großkarlbach. Mehr unter www.schelenz-gmbh.de.

Die Autoren

Kristina Bierer ist Senior Consultant bei CLEVIS Consult. Seit dem Ende ihres Studiums der Volkswirtschaftslehre mit den Schwerpunkten Bildungsökonomie, Außenhandel und Human Resource Management an der Ludwig-Maximilians-Universität München ist sie für CLEVIS Consult tätig. Neben ihrer Tätigkeit als Studienleiterin des CLEVIS Praktikantenspiegel und des CLEVIS Azubispiegel ist sie auf diversen HR-IT-Projekten tätig. Ihre weiteren Interessenschwerpunkte liegen in den Bereichen Employer Branding, Employer Attractiveness und Talent Relationship Management.

Dr. Manfred Böcker arbeitet als Unternehmensberater in Köln. Er ist Geschäftsführer der HR-PR Consult Dr. Manfred Böcker GmbH und berät Arbeitgeber sowie Dienstleistungs- und Beratungsunternehmen im HR-Umfeld in Fragen der externen und internen Kommunikation. Seit 2004 hat er sich als selbstständiger Berater auf Aufgaben der Kommunikation von Arbeitswelt- und HR-Themen spezialisiert. Zuvor war er mehrere Jahre für das Karrierenetzwerk e-fellows.net tätig, zuletzt als Leiter der Redaktion.

Robert Franken ist Experte für die Digitale Transformation und seit 15 Jahren im Digital Business unterwegs. Er leitete das führende digitale Angebot für Eltern (urbia.de) und war Geschäftsführer der größten europäischen Food-Plattform Chefkoch.de. Aktuell ist er als Chief Digital Officer für das Neugeschäft von Luna media verantwortlich. Neben Food und Parenting beschäftigt sich Robert Franken mit Journalismus, Gleichberechtigung und post-digitalen Geschäftsmodellen. Sein Blog „Digitale Tanzformation" beleuchtet die Veränderungen der Medienbranche und die gesellschaftlichen Aspekte des digitalen Wandels.

Die Autoren

Oliver Gerrits ist als Marketingleiter der MEWA Textil-Service AG verantwortlich für sämtliche Kommunikationsmaßnahmen der MEWA Unternehmensgruppe. Eines der wichtigsten Ziele seines Aufgabengebietes ist die europaweite Etablierung der Marke MEWA Textil-Management. Daraus abgeleitet ist die Implementierung des Unternehmens als Arbeitgebermarke bereits seit 2011 ein weiterer Themenschwerpunkt.

Stephan Grabmeier ist Gründer und Geschäftsführer der Innovation Evangelists GmbH. Sein Team und er beraten Unternehmen und andere Organisationen (u.a. die VW AG, Deutsche Post DHL, Axel Springer, Deutsche Telekom AG, Robert Bosch GmbH, Eurest GmbH, Union Investment, AXA, luftwaffe, Bundesagentur für Arbeit) zu Social Enterprise und helfen ihnen schneller zu innovieren. Mit dem 01.08.2015 wechselt er als Chief Innovation Evangelist zur Haufe-umantis AG. Der Betriebswirt war über vier Jahre Head of Culture Initiatives bei der Deutschen Telekom AG. Dort leitete er u.a. das Center of Excellence Enterprise 2.0 und trieb damit die Transformation der Deutschen Telekom AG zu einer Enterprise 2.0.

Prof. Dr. Markus Hundt ist seit 2006 Professor für Deutsche Sprachwissenschaft an der Christian-Albrechts-Universität zu Kiel. Seine Forschungsgebiete sind die Wirtschaftsfachsprachen, die Unternehmenskommunikation, deutsche Grammatik und Sprachgeschichte. Er ist Leiter der Domäne „Wirtschaft" im Forschungsnetzwerk „Sprache und Wissen" (Universität Heidelberg).

Werner Idstein verfügt über langjährige Erfahrung in der Internen Kommunikation und im Corporate Publishing. In Verlagen und Agenturen war der Physiker und Wissenschaftsjournalist als Chefredakteur, Verlagsleiter und Geschäftsführer für zahlreiche Mitarbeiter- und Kundenmedien verantwortlich. Als Direktor Content Marketing bei der Profilwerkstatt GmbH kümmert sich Werner Idstein vor allem um die Konzeption neuer transmedialer Lösungen und berät Unternehmen bei der strategischen Ausrichtung ihrer Kommunikation.

Isabel Ihm ist Inhaberin von ihmotion und Expertin für Markenidentität. Sie unterstützt Unternehmen und Menschen im Business bei ihrer Markenpositionierung, Markenimplementierung, Arbeitgeberkommunikation und ihrem Eigenmarketing. Ihre Kunden profitieren von ihrer 20-jährigen Erfahrung im Bereich Markenkommunikation und erleben, wie sie im Unternehmen und in eigener Sache zum aktiven Markenbotschafter werden. Als langjährig erfahrene Führungskraft sowie zertifizierte Business-Trainerin und Business-Coach steht der Mensch im Mittelpunkt ihrer Arbeit. Ihr Motto: „Identität bewegt."

Prof. Dr.-Ing. Manfred Leisenberg studierte Informationstechnik und Theoretische Elektrotechnik und promovierte über virtuelle Speichersysteme. Er hat als Wissenschaftler unter anderem am International Computer Science Institute in Berkeley/USA und an der englischen University of Southampton gewirkt. Als Direktor Forschung/Entwicklung war er in einem großen Medienkonzern unter anderem für erste kommerzielle Anwendungen des mobilen Internets verantwortlich. Seit 2002 ist er Professor für Wirtschaftsinformatik an der privaten Fachhochschule des Mittelstands in Bielefeld. Er hat zahlreiche fachwissenschaftliche Publikationen zu Social und Mobile Media und zur Netzwerkkommunikation veröffentlicht.

Petra Lewe begann ihre Karriere bei der internationalen Wirtschafts- und Steuerberatungsgesellschaft KPMG. Sie war dort 15 Jahre in der Personal- und später in der Geschäftsentwicklung tätig. Im Anschluss daran übernahm sie als Geschäftsführerin den Aufbau der weltweit tätigen Studentenorganisation Enactus (ehemals: SIFE) und entwickelte Enactus in Deutschland zu einer der erfolgreichsten Landesorganisationen im globalen Netzwerk. Seit 2008 führt sie ihre eigene Coachingpraxis (www.wertearchitekten.de) und begleitet Unternehmen in Fragen der werteorientierten Unternehmenskultur.

Prof. Dr. Walter Niemeier studierte Diplom-Pädagogik mit dem Schwerpunkt Erwachsenenbildung und Soziale Arbeit. Er promovierte über Kompetenzprofile selbstständiger mittelständischer Unternehmer. Er hat als Dozent und Trainer gearbeitet, war Geschäftsführer von Bildungsunternehmen und in der Personalberatung. Seit 2001 lehrt er an der privaten Fachhochschule des Mittelstands in Bielefeld. Seine Schwerpunkte sind Kompetenzentwicklung, Human Ressource Management und Unternehmensführung. Er hat zahlreiche Publikationen zu personalwirtschaftlichen Themen veröffentlicht.

Die Autoren

Andreas Scheuermann leitet als Associate Director Customer Strategy das Beratungsfeld Arbeitgeberkommunikation der Fink & Fuchs Public Relations AG in Wiesbaden. Zudem lehrt er als Dozent an der Dualen Hochschule Baden-Württemberg in Ravensburg im Fach Marketing. Nach seinem Abschluss als Diplom-Verwaltungswirt (FH) in Ludwigsburg war er als Büroleiter einer Bundestagsabgeordneten, Pressereferent eines Arbeitgeberverbandes und Kommunikationschef eines E-Commerce-Unternehmens tätig. Seit 13 Jahren ist Andreas Scheuermann als Berater in der HR-Kommunikation tätig und spezialisiert auf Strategieentwicklung, Leadership, C-Level-Positionierung und Change. Seine Kundenschwerpunkte liegen im Bereich B2B und Dienstleistungsunternehmen.

Thorsten Ziemann war seit seinem Einstieg 2002 in die Dresdner Bank in verschiedenen Führungspositionen im Konzern tätig, u.a. in Finanzen und der Strategieabteilung des Konzerns. Nach der Integration der Dresdner Bank in die Commerzbank übernahm er die Leitung des Segmentcontrollings für das Wealth Management und Direct Banking und Mitte 2010 die Leitung des Personalcontrollings in HR. Seit Anfang 2013 verantwortet der Diplom-Kaufmann zudem auch das Thema Mitarbeiterbefragungen in der Commerzbank. Seit Februar 2015 leitet er die Einheit Strategy & Business Development in HR.

Stichwortverzeichnis

100-10-1 Regel	165
360°-Touchpoint-Analyse	35

A

Achtsamkeit	211
Agiles Recruiting	98
Alexa-Analyse	175
Anreizsystem	144
Arbeitgeberbewertungsportal	24, 95, 164
Arbeitgebercheck.at	174
Arbeitgebermarkenranking	204
Arbeitgeberranking	24, 68, 153
Arbeitnehmermarkt	20
Authentizität	222

B

Bewertungsplattform	68, 104
Beziehungsaufbau	42
Bildungscontrolling	142
bizzWatch.de	173
Blog	32
Branchenbranding	180
Brand Valuation Forum	200
BYOD	98

C

Campus Captain	105
Change Agent	95
Commitment-Index	201
Content Marketing	219
Corporate Brand	160
Corporate Identity	47, 79
Corporate Reputation	106
Corporate Responsibility Report	64

D

Demografie	19
Digitalisierung	21, 96
Digital Native	87
Dresscode	67

E

EFQM-Modell	169
E-Learning-Tool	141
Employees-First-Strategie	68
Employer-Branding-Analyse	219
Employer-Branding-Ansatz	56
Employer Branding Canvas	59
Employer Branding, Definition	18
Employer Reputation, Definition	20
Employer Value Proposition	49, 103, 154
Engagement, Einflussfaktoren	196

F

Facebook	94, 223
Fachkräftemangel	19, 103, 159
Feedbackkultur	61
Feel Good Manager	88
Fluktuation	194
Flurfunk	151, 224
Fremdbild	33
Führungskultur	66

G

Gedankenbombe	117
Generation Y	87, 107, 210
Gesundheitsmanagement, betriebliches	192
Glaubwürdigkeit	50, 223
Goldene Runkelrübe	59, 104
Greenpeace	26, 116

Stichwortverzeichnis

H
Hidden Champion 159
Hierarchie 65
High Performing Organization 196
Hirnforschung 212
HR-Public-Relation 29
HR Touchpoint Management 33

I
Imagefaktoren 43
Imageschaden 183
Informationshoheit 220
Intranet, soziales 157

J
Jobvoting 172

K
Kanban 99
Key Performance Indicator 90
Kommunikationskultur 61
Krankenquote 191
Krankheitskosten 191
Kritik, Umgang mit 183
Kulturtransformation 62
kununu 95, 175

L
Lerntransfer 142
Loyalität 93

M
Marke, Definition 45
Markenakademie 130
Markenbildung 47
Markenbotschafter 129
Marken-Messverfahren 200
Markenstrategie 147
Markentraining 134
Marketing, virales 163
meinChef.de 173

Mindbomb 117
Mitarbeiterbefragung 153, 195
Mitarbeiter-Blog 140
Mitarbeiterempfehlungsprogramm 68
Mitarbeiterfrühstück 157
Mitarbeitermagazin 156
Mitarbeiterzufriedenheit 195
Motivation, intrinsische 212

N
Nachhaltigkeit 64
Nichtregierungsorganisation 116

O
Öffentlichkeitsarbeit 116

P
People Value, Methode 193
Personalcontrolling 190
Personalmarketing, integriertes 59
Personalmarketing, virales 166
Persönlichkeitsentwicklung 211
Präferenzprofil, Mitarbeiter 193
Präsentismus 191

R
Recruiting-Kampagne 105
Recruitingportal 104
Rekrutierungsstrategie 20
Reputation Management 126
Reputation, Säulen der 29, 33
Reputationsstudie Incompany 500 25
Resilienz 211
Return on Investment 191

S
Schmähkritik 183
Scrum 99
Shitstorm 26, 41, 223
Sieben Todsünden, Employer Branding 51
Silver Ager 211

Social Footprint	95	Unternehmenskultur	55, 63, 93, 150, 203, 221
Social Media	94, 220		
Social Media Guideline	94, 179	Unternehmensmarke	48
Social Media Monitoring	167		
Social Media Optimisation	163	**V**	
Social Recruiting	68, 99	Value Shaping	212
Stakeholder	33, 106, 204	Vergütung	110
Stakeholder-Kommunikation	40		
Storytelling	26, 76, 100, 140, 142, 219, 225	**W**	
Strategic Readiness	196	Wandel, semantischer	82
		Wandzeitung	156
T		War for Talent	46, 88
Testimonial	151, 223	Webinar	141
Touchpoint	21, 209	Wertearchitektur	207
Touchpoint, Definition	33	Werte-Audit	212
Touchpoint Value	35	Wertekultur, vitale	210
		Wertemanagement	64
U		Wertesystem, Unternehmen	205
Unternehmensidentität	47, 48	Wertschätzung	222
Unternehmensklima	195	Word-of-Mouth-Kommunikation	224
Unternehmenskommunikation	39	Work-Life-Balance	89, 148

Literaturverzeichnis

Ambler, Tim/Barrow, Simon (1996): The employer brand. In: Journal of Brand Management 4/1996. S. 185 - 206.

Anacker, Michael (2004): Wissen. In: Ritter, Joachim/Gründer, Karlfried/Gabriel, Gottfried (Hrsg.): Historisches Wörterbuch der Philosophie. Bd. 12. Darmstadt. Sp. 891-900.

Badura, Bernhard/Greiner, Wolfgang/Rixgens, Petra/Ueberle, Max/Behr Martina (2008): Sozialkapital — Grundlagen von Gesundheit und Unternehmenserfolg. Berlin.

Berger, Peter L./Luckmann, Thomas (1969/2012): Die gesellschaftliche Konstruktion der Wirklichkeit. 24. Auflage, Frankfurt a.M.

Bittlingmaier, Torsten/Schelenz, Bernhard (2015): Ein bedeutsamer Schritt: Vom Employer Branding zur Employer Reputation. In: http://www.haufe-akademie.de/blog/themen/personalmanagement/ein-bedeutsamer-schritt-vom-employer-branding-zur-employer-reputation/ (Zugriff am 18.03.2015).

Böcker, Manfred (2009): Das große Simsalabim, Personalmagazin 2/2009.

Böcker, Manfred (2011): Arbeitgeber-Bewertungsportale im Internet. In: http://www.access.de.

Böcker, Manfred (2013): HR-PR — Nach dem Ende der Personalwerbung. In: Armin Trost (Hrsg.), Employer Branding. 2. Auflage Köln.

Böcker, Manfred (2014): Ausbildungsmarketing und PR: Von der Werbung zur Kommunikation. In: Beck, Christoph/Dietl, Stefan, Ausbildungsmarketing 2.0, Köln.

Böcker, Manfred/Theisen, Sascha (2014): Zehn Thesen zur Zukunft der Arbeitgeberkommunikation, PR-Journal vom 13.01.2014. In: www.pr-journal.de/fragen-und-meinungen/autoren-beitraege-themen-der-zeit/14116-zehn-thesen-zur-zukunft-der-arbeitgeberkommunikation.html.

Booz & Company (2011): „Vorteil Vorsorge — Die Rolle der betrieblichen Prävention für die Zukunftsfähigkeit des Wirtschaftsstandortes Deutschland".

Literaturverzeichnis

Buckmann, Jörg (2013): Einstellungssache: Personalgewinnung mit Frechmut und Können (2013). Wiesbaden.

Bundesagentur für Arbeit (2014): Der Arbeitsmarkt in Deutschland — Fachkräfteengpassanalyse — Dezember 2014, Nürnberg.

Bundesministerium für Wirtschaft (Hrsg.) (2012): Fachkräfte sichern. Employer Branding/Arbeitgebermarke. In: http://heilbronn.ihk.de/ximages/1445730_employerbr.pdf (Zugriff am 18.03.2015).

Burel, Simone (2014): Identitätspositionierungen der DAX-30-Unternehmen — Die sprachliche Konstruktion von Selbstbildern in Repräsentationstexten. Diss. Heidelberg.

Burel, Simone (2015): Corporate Identity. In: Hundt, Markus/Biadala, Dorota (Hrsg.): Handbuch Sprache in der Wirtschaft. Berlin/Boston. S. 435-456.

DEBA = Deutsche Employer Branding Akademie (2015): Employer Storytelling. In: http://www.employerbranding.org/storytelling.php (Zugriff am 18.03.2015).

Deloitte (2015): Überlebensstrategie „Digital Leadership". 4/2015. In: www2.deloitte.com/content/dam/Deloitte/de/Documents/technology/20150414_Überlebensstrategie%20Digital%20Leadership_final.pdf.

Doppler, Klaus (2014): Unternehmenssteuerung durch Werte: Nach vorn mit Blick zurück? Wirtschaftspsychologie aktuell 4/2014, S. 21 - 24.

Ebert, Helmut (2015 a): Vertrauen in der Unternehmenskommunikation. In: Hundt, Markus/Biadala, Dorota (Hrsg.): Handbuch Sprache in der Wirtschaft. Berlin/Boston. S. 480 - 505.

Ebert, Helmut (2015 b): Höflichkeit und Respekt in der Unternehmenskommunikation. In: Hundt, Markus/Biadala, Dorota (Hrsg.): Handbuch Sprache in der Wirtschaft. Berlin/Boston. S. 506 - 537.

Eger, M./Eichstädt, B. (2012), Employer Brands erzählen, in: Horizont, Heft 28.

Enactus e.V. und SVI-Stiftungslehrstuhl für Marketing der HHL Leipzig Graduate School of Management (2014): Enactus-Studie 2014. Das Arbeitgeberwahlverhalten der Generation Y.

Erickson, T. J./Gratton, L. (2008): What it means to work here. In: Harvard Business Review on Talent Management.

Esser, Marco/Schelenz, Bernhard (2011): Erfolgsfaktor HR Brand, Erlangen.

Everett, Daniel L. (2012): Language. The Cultural Tool. London.

Felder, Ekkehard (2006): Semantische Kämpfe in Wissensdomänen. In: Felder, Ekkehard (Hrsg.): Semantische Kämpfe. Macht und Sprache in den Wissenschaften. Berlin/New York. S. 13 - 46.

Felder, Ekkehard/ Gardt, Andreas (2015): Sprache — Erkenntnis — Handeln. In: Felder, Ekkehard/Gardt, Andreas (Hrsg.): Handbuch Sprache und Wissen. Berlin/Boston. S. 3 - 33.

Fischer, Ariana/Kaup, Anja/Wagner, Matthias (2013): Employer Branding — Was hat das mit Interner Kommunikation zu tun? In: Dörfel, Lars (Hrsg.): Instrumente und Techniken der Internen Kommunikation. Band 2, Berlin. S. 73 - 91.

Formbrun, Charles J. (1996): Reputation: Realizing Value from the Corporate Image. Boston.

Fritz, Gerd (1998): Historische Semantik. Stuttgart/Weimar.

Fritz, Gerd (2005): Einführung in die historische Semantik. Tübingen.

Gesellschaft für Qualität (2013) „DGQ": Das EFQM-Modell 2013. http://www.dgq.de/dateien/EFQM-Excellence-Modell-2013.pdf (Zugriff am 06.07.2015).

Gigerenzer, Gerd (2007): Bauchentscheidungen. Die Intelligenz des Unbewussten und die Macht der Intuition. 2. Aufl., München.

Gora, Walter (2014): http://www.cisar-gmbh.com (Zugriff am 10.05.2015).

GPTW Deutschland (2015): Deutschlands Beste Arbeitgeber 2015. Köln.

Hattendorf, Kai/Heidbrink, Ludger/Jung, Christian/Mornier, Michele (2014): Führungskräftebefragung 2014, Wertkommission Initiative Werte Bewusste Führung e.V. und Reinhard-Mohn-Stiftung der Universität Witten/Herdecke.

Hays AG (Hrsg.): HR-Report 2014/2015. Schwerpunkt Führung. In: www.hays.de/aktuelles/arbeitsmarkt.cfm (Zugriff am 29.04.2015).

Literaturverzeichnis

Herzberg, Frederick (1968): Studie „One more time: how do you motivate employees?".

Hundt, Markus (2015): Sprache in der Wirtschaft. In: Felder, Ekkehard/Gardt, Andreas (Hrsg.): Handbuch Sprache und Wissen. Berlin/Boston. S. 373 - 391.

IBM (2015): Myths, exaggerations and uncomfortable truths. 2015.
In: http://www-935.ibm.com/services/us/gbs/thoughtleadership/millennialworkplace (Zugriff am 06.07.2015).

Initiative Neue Qualität der Arbeit (Hrsg.) (2013): Monitor: Führungskultur im Wandel. Kulturstudie mit 400 Tiefeninterviews. In: http://www.forum-gute-fuehrung.de/ergebnisse (Zugriff am 23.04.2015).

INQA (Hrsg.) (2013): Monitor: Führungskultur im Wandel. Kulturstudie mit 400 Tiefeninterviews. In: http://www.forum-gute-fuehrung.de/ergebnisse (Zugriff am 23.04.2015).

Institute for Competitive Recruiting (2014): Recruiting Report 2014 — Quo vadis recruitment? Heidelberg.

Jäger, W./Jäger, M./Frickenschmidt, S. (2007): Verlust der Informationshoheit, in: Personal, Heft 2, S. 8 - 11.

Kahneman, Daniel (2011): Thinking, Fast and Slow. London.

Keller, Rudi (1994): Sprachwandel. Von der unsichtbaren Hand in der Sprache. 2. Auflage, Tübingen.

Kienbaum Communications (2012): Benchmark-Studie Internal Employer Reputation 2012. Gummersbach. Towers Watson (2014): Global Workforce Study 2014. Frankfurt am Main.

Köller, Wilhelm (2004): Perspektivität und Sprache. Zur Struktur von Objektivierungsformen in Bildern, im Denken und in der Sprache. Berlin/New York.

Köller, Wilhelm (2006): Narrative Formen der Sprachreflexion: Interpretationen zu Geschichten über Sprache von der Antike bis zur Gegenwart. Berlin/New York.

Köller, Wilhelm (2012): Sinnbilder für Sprache. Metaphorische Alternativen zur begrifflichen Erschließung von Sprache. Berlin/New York.

Kriegler, Wolf Reiner (2014): Praxishandbuch Employer Branding — mit Arbeitshilfen online. Mit starker Marke zum attraktiven Arbeitgeber werden. München.

Krüger, Christian (2000): „Greenpeace auf dem Wahrnehmungsmarkt: Studien zur Kommunikationspolitik und Medienresonanz". Münster.

Kühmayer, Franz (2015): Der Leadership Report 2015. In: www.zukunftsinstitut.de/artikel/leadership-report-2015 (Zugriff am 22.04.2015).

Kühmayer, Franz: Der Leadership Report 2015. In: http://www.zukunftsinstitut.de/artikel/leadership-report-2015 (Zugriff am 22.04.2015).

Lange, Antonia (2013): Erst die Masse macht's, KarriereSpiegel, Artikel vom 01.08.2013. In: http://www.spiegel.de/karriere/berufsleben/arbeitgeber-bewertung-im-netz-zeugnis-fuers-unternehmen-a-913382.html (Zugriff am 06.07.2015)

Leisenberg, Manfred (2015): „So findet man im Netz gute Mitarbeiter". Frankfurter Allgemeine Zeitung, Artikel vom 06.05.2015: V4 ff.

Leisenberg, Manfred/Braunert, Nina (2014): Social Media Recruiting. Ein Kursbuch für Führungskräfte. München.

Leisenberg, Manfred/Roebers, Frank (2010): Web 2.0 im Unternehmen. Theorie & Praxis. Ein Kursbuch für Führungskräfte. Hamburg.

Leisenberg, Manfred/Schweifel, Anna (2012): „Social Media für mittelständische Unternehmen — Thesen und Handlungsempfehlungen". In: Lembke, Gerald/Soyez, Nadine (Hrsg.): Digitale Medien im Unternehmen: Perspektiven des betrieblichen Einsatzes von neuen Medien, Berlin.

Lies, Jan (2015): Employer Branding. In: Gabler Wirtschaftslexikon: http://wirtschaftslexikon.gabler.de/Archiv/596505812/employer-branding-v3.html (Zugriff am 18.03.2015).

Mast, Claudia (2015): Was ist Unternehmenskommunikation? In: Hundt, Markus/Biadala, Dorota (Hrsg.): Handbuch Sprache in der Wirtschaft. Berlin/Boston. S. 3 - 24.

Moll, A./Kohler, G (2014): Excellence-Leitfaden: Praktische Umsetzung des EFQM Excellence Modells. Düsseldorf.

Literaturverzeichnis

Moll, Andre/Kohler, Gabriele (2014): Excellence-Leitfaden: Praktische Umsetzung des EFQM Excellence Modells. Düsseldorf.

Müller, Christian (2011): Jobsuche — Fünf Arbeitgeber-Bewertungsportale im Vergleich, Artikel vom 30.08. 2011.In: http://karrierebibel.de/jobsuche-funf-arbeitgeber-bewertungsportale-im-vergleich/.

Oppaschowski, Horst W. (2012): Die Zukunft der Arbeitswelt: Anders, vielfältig und herausfordernd. Wirtschaftspsychologie aktuell 4/2012, S. 21 - 24.

Otto Group (2013): Corporate Responsibility Report 2013. In: http://www.ottogroup.com/de/die-otto-group/strategie/corporate-responsibility/nachhaltigkeitsbericht.php. (Zugriff am 29.04.2015).

Polanyi, Michael (1985): Implizites Wissen. Frankfurt am Main.

Ryle, Gilbert (1949): The Concept of Mind. New York.

Schelenz, Bernhard/Bittlingmaier, Torsten (2014): Mehr als eine Marke. In: Personalmagazin 5/2014. S. 70 - 73.

Scheller, Stefan (2014): Das neue kununu — der erste Praxistest nach dem Relaunch. Blogeintrag vom 03.02.2014. http://persoblogger.wordpress.com (Zugriff am 27.05.2014).

Schloderer, M. (2010): Reputation im Recruitingmarkt. Working Paper. München 2010.

SCM — School for Communication and Management und Kuhn, Kammann & Kuhn (2012): Kurzumfrage Unternehmenskultur. Berlin.

Seel, Martin (2002): Sich bestimmen lassen. Frankfurt am Main.

Sparda-Bank München eG (2012): Gemeinwohlbericht 2012; In: https://www.sparda-m.de/gemeinwohl-oekonomie.php.

StepStone Deutschland (2011): Der StepStone Employer Reputation Report 2011. Düsseldorf.

Thompson, Richard F. (1994): Das Gehirn. Von der Nervenzelle zur Verhaltenssteuerung. 2. Auflage, Heidelberg/Berlin/Oxford.

Tomasello, Michael (2002): Die kulturelle Entwicklung des menschlichen Denkens. Zur Evolution der Kognition. Frankfurt a.M.

Tomasello, Michael (2009): Die Ursprünge der menschlichen Kommunikation. Frankfurt a.M. (engl. Erstausgabe 2008).

Tomasello, Micheal (2010): Warum wir kooperieren. Frankfurt a.M.

Torsten Bittlingmaier/Bernhard Schelenz (10/2014): Ein bedeutsamer Schritt: Vom Employer Branding zur Employer Reputation. Artikel vom 23.10.2014. In: www.haufe-akademie.de/blog/themen/personalmanagement/ein-bedeutsamer-schritt-vom-employer-branding-zur-employer-reputation.

Towers Watson (2014a): Global Talent Management and Rewards Study. Frankfurt am Main.

trendence Absolventenstudie 2015. In: http://www.trendence.com/unternehmen/rankings/germany.html (Zugriff am 23.06.2015).

trendence Institut GmbH (2015): trendence Graduate Barometer 2015. Berlin.

Trost, Armin (Hrsg.) (2013): „Employer Branding", 2. Aufl., Köln.

Universum Deutschland (2015): Universum Student Survey 2015 in Deutschland. Köln.

von Guretzky, Bernhard (2006): Werte im Unternehmen. In: http://www.community-of-knowledge.de/beitrag/werte-im-unternehmen (Zugriff am 06.07.2015).

von Polenz, Peter (2000): Deutsche Sprachgeschichte vom Spätmittelalter bis zur Gegenwart. Bd. I: Einführung, Grundbegriffe, 14. bis 16. Jahrhundert. Berlin/New York.

Weber Shandwick (2014): Employees Rising. April 2014. In: http://www.webershandwick.com/uploads/news/files/employees-rising-seizing-the-opportunity in-employee-activism.pdf (Zugriff am 06.07.2015).

Weber, Tilo (2009): Explizit vs. implizit, propositional vs. prozedural, isoliert vs. kontextualisiert, individuell vs. kollektiv — Arten von Wissen aus der Perspektive der Transferwissenschaften. In: Weber, Tilo/Antos, Gerd (Hrsg.): Typen von Wissen. Be-

Literaturverzeichnis

griffliche Unterscheidung und Ausprägungen in der Praxis des Wissenstransfers. Frankfurt am Main u. a., S. 13 - 22

Weinrich, Kai (2015): Nachhaltigkeitsorientierte Unternehmensführung. Employer Branding als Ansatz zur Gewinnung geeigneter Mitarbeiter. Wiesbaden.

Westerkamp, Dirk (2014): Formen und Kategorien des Nichtverstehens. In: Niebuhr, Oliver (Hrsg.): Formen des Nicht-Verstehens. Frankfurt am Main u. a., S. 1 - 24.

Westerkamp, Dirk (2015): Sachen und Sätze. Untersuchungen zur symbolischen Reflexion der Sprache. Hamburg.